中央民族大学"十五""211工程"学术出版物编审委员会

主 任 委 员：陈　理
副主任委员：郭卫平
委　　　员：王锺翰　施正一　牟钟鉴　戴庆厦　杨圣敏　文日焕
　　　　　　刘永佶　李魁正　朱雄全　宋才发　冯金朝　邓小飞

经济学院"十五""211工程"编委会

施正一　刘永佶　宋才发　张丽君　李克强　张建平
王文长　王天津　黄健英　李红梅　谢丽霜　王玉杰

中央民族大学国家"十五""211工程"建设项目

罗莉／著

中国佛道教寺观经济形态研究

中央民族大学出版社

图书在版编目（CIP）数据

中国佛道教寺观经济形态研究/罗莉著.—北京：中央民族大学出版社，2007.10
ISBN 978-7-81108-457-3

Ⅰ.中… Ⅱ.罗… Ⅲ.①佛教－寺院经济－研究－中国②道教－寺院经济－研究－中国 Ⅳ.B947.2 B957.2

中国版本图书馆CIP数据核字（2007）第167387号

中国佛道教寺观经济形态研究

作　　者	罗莉
责任编辑	吴宝良
美术编辑	布拉格工作室
出 版 者	中央民族大学出版社
	北京市海淀区中关村南大街27号　邮编：100081
	电话：68472815（发行部）　传真：68932751（发行部）
	68932218（总编室）　　　68932447（办公室）
发 行 者	全国各地新华书店
印 刷 者	北京宏伟双华印刷有限公司
开　　本	880×1230（毫米）　1/32　印张：11.125
字　　数	280千字
印　　数	2000册
版　　次	2007年10月第1版　2007年10月第1次印刷
书　　号	ISBN 978-7-81108-457-3
定　　价	22.00元

版权所有　翻印必究

总　序

　　鲁有执长竿入城门者，初竖执之不可入，横执之亦不可入，计无出。俄有老父至，曰："吾非圣人，但见事多矣，何不以锯中截而入？"遂依而截之。①

　　昔人有痒，令其子索之，三索而三弗中，令其妻索之，五索而五弗中。其人怒曰："妻子内我者，而胡难我？"乃自引手，一搔而痒绝。何则？痒者，人之所自知也。自知而搔，宁弗中乎？②

　　这是古时两则笑话，抄在这里，似乎与本序文无关。但细思量，经济学的基本道理，又都可从中悟得。
　　人类的生产经营，不论像执竿入城这种简单的劳动，还是造飞机、汽车、轮船、计算机、航天器的复杂劳动；不论个体的体力劳作，还是跨国公司的系统经营，都会遇到类似"城门"的阻挡，都要想方设法通过阻挡，才能前进。那位执长竿者只知竖执横执，故不可入城门，而那位老父以其丰富阅历或是戏弄出的主意，虽可入城，却使长竿截成短竿，毁了材料。实际上还有一种方法，就是"顺执"，将竿扛在肩头，顺城门即可入。那位执竿者和老父不知此理，才犯难或毁物。我们不要笑执竿者和老父蠢笨，连这么简单的道理都不知道。今天的我们也常常会像他俩那

---

① 《笑林》。
② 《应谐录》。

样思考问题。现实经济生活中，遇到的问题多种多样，小至工人农民的劳作，大至公司经理的经营算计，甚至政府的经济政策，几乎都有因方法错误不能做成事或毁事坏物者。经济学无非是对一或多个执长竿入城门问题的方式方法的探讨。而经济学家及其著作中，又有多少像那位老父式的说教！

痒，是人皮肤的一种感觉，搔痒是解除这种感觉的方法。感觉的主体自知痒在何处，搔起来手到痒除，他人则不知何处痒，即令妻与子这样的亲近者，也三索五索而弗中。经济矛盾，也可以说是社会的"痒"，解决矛盾，可看成是搔痒的过程。这种对比看似悬殊，其道理是一样的。不论个人处理经济生活中的矛盾，还是解决国家或民族的经济矛盾，都要明确主体。个人的主体是"我"，国家或民族的主体是"我们"。经济主体最清楚矛盾之所在，只有发挥自己的主动性和积极性，经济矛盾才能得到解决。如果像引文中那个人一样，放弃主体性，不发挥主动性和积极性，经济矛盾就不能解决，并会严重困扰个人或国家民族的发展。我们中国人在工业化进程中落后了，现实经济矛盾错综复杂，不仅有痒，还有病。怎么认识和解决中国经济矛盾？有人认为只能用外国的模式、经验、学说来解决，在经济学界这类高论比比皆是，结果，反而引发更多更大的矛盾。这与那位放弃主体性，不发挥主动性和积极性的痒者何其相似！

经济学是研究人生和社会发展基本活动和关系的科学。主要探讨生产经营和社会关系中的各种矛盾，寻找解决矛盾的方式。而解决矛盾又必须明确主体，发挥主动性和积极性。他人的经验和学说当然要借鉴，但既不能像执长竿入城门者那样照那位老人的话去做，也不能借他人之手来解决。这一点，正是今天已有庞大从业人口的中国经济学界要明确的。

经济学作为一门科学，已有二三百年的历史，这期间资本主义与社会主义两大主义所主导的经济学各派系反复辩争，形成了诸多观点,也生出了众多的学科。正如老聃所说"道生一,一生二,二生三,三生万物。"迄今,以学科自称,并有体系论证者,不下几百种,几乎人类经济活动所涉及的各个层次、环节,都有专门经济学科来研究和论说。这是人类思想发展的表现。但"分"不是无限的,能否成为一门经济学科,也有基本的要求,即明确主体、主义、对象、内容、主题、范畴、体系,并以相应的方法系统研究。分析与综合是对立统一的逻辑环节,在经济学科分化的同时,必须从总体上对之综合,万物归三,三归二,二归一,一归道。进而再以综合为起点,进行分析、分化,就可达孔丘所说"吾道一以贯之"。在这众多的经济学科中,"道"就是主义,明确主义,由主义而生一,生二,生三,进而贯彻于各学科的体系中。

中国经济学各学科的生成与发展是一个相当困难的过程。但不是要等完美无缺才论说,而是在探讨中论说,在论说中探讨,逐步成熟完善。这个过程,难免会遇到各式各样的"城门",也会出现"竖执"、"横执"或"以锯中截而入"的想法。关键是要明确主体性,再以理性的辨析,探求矛盾的解决。中央民族大学经济学院的各位同志在教学研究中,概括前人成果,将各自心得编成教材,以求在教学中验证和征得批评,再加改进,虽不能涉及全部经济学科,也可为中国的经济科学发展尽一份心力。

刘永佶

二〇〇六年三月五日

目 录

前言 ··· (1)
第一章 中国佛教的形成与佛寺的建立 ························· (1)
  第一节 佛教教义、经典与制度 ································ (1)
    一、佛教的教义 ·· (1)
    二、佛教的经典 ·· (3)
    三、佛教的僧伽制度 ·· (5)
  第二节 佛教的宗派源流与在中国的传播 ···················· (5)
    一、佛教的宗派源流 ·· (6)
    二、佛教传入中国及其发展 ································· (10)
  第三节 佛寺的形成与命名 ······································ (14)
    一、佛寺的形成 ·· (15)
    二、佛寺的命名 ·· (17)
  第四节 佛教在中国兴盛的历史原因 ·························· (18)
第二章 道教形成与道观建立 ······································ (25)
  第一节 道教的教义与形成渊源 ································ (25)
    一、道教教义的基本思想 ···································· (26)
    二、道教的形成渊源 ·· (28)
    三、道教的流派 ·· (33)
  第二节 道教诸神及其宫观 ······································ (37)
    一、"神仙"崇拜是道教信仰的基本内容 ················ (38)

二、道教宫观及其特点 …………………………………（40）
　第三节　宫观的形成及其文化内涵 ………………………（42）
　　一、道教宫观的形成 ………………………………………（42）
　　二、道教宫观的文化内涵 …………………………………（44）
第三章　佛道教财富观与寺观经济特征 ………………………（51）
　第一节　佛教财富观 ………………………………………（51）
　　一、主张"五明兼举"、"农禅并重" ………………………（52）
　　二、主张以合法途径获得世间财富 ………………………（53）
　　三、合理支配财富 …………………………………………（55）
　　四、社会经济思想 …………………………………………（56）
　第二节　道教的财富观与宫观经济 ………………………（57）
　　一、财富的分配观 …………………………………………（58）
　　二、主张"君子爱财，取之有道" …………………………（58）
　　三、主张修道之人不积累任何财富 ………………………（59）
　第三节　寺观经济的特征——以崇尚"佛"、"道"
　　　　　神圣事业为基础 ……………………………………（60）
　　一、寺观经济的集资和积累特征 …………………………（61）
　　二、寺观经济的经营活动特征 ……………………………（62）
　　三、寺观经济的消费特征 …………………………………（64）
　　四、特殊的行业经济特征 …………………………………（65）
　　五、所包含的宗教范畴和经济范畴 ………………………（66）
第四章　汉传佛教寺院"地主"经济形态 ……………………（71）
　第一节　寺院"地主"经济早期形态 ………………………（71）
　　一、魏晋南北朝：佛寺寺产的形成 ………………………（72）
　　二、寺院"地主"经济初步形成 ……………………………（74）
　第二节　寺庄的形成及其主要特征 ………………………（77）
　　一、寺庄的形成 ……………………………………………（77）
　　二、寺庄的双重性质特征 …………………………………（79）

三、由庄客制向庄佃制过渡…………………………(83)
第三节　唐朝寺庄稳定性发展的原因………………………(87)
第五章　"农禅并重"的寺院经济形态…………………(94)
第一节　禅宗的形成与发展…………………………………(94)
一、禅宗的形成………………………………………(94)
二、禅宗的发展………………………………………(97)
第二节　从《禅门规式》到《百丈清规》…………………(99)
一、《禅门规式》………………………………………(99)
二、《百丈清规》………………………………………(101)
第三节　"农禅合一"体制及其特征………………………(102)
一、禅宗农业的形成…………………………………(102)
二、"农禅合一"体制…………………………………(104)
三、禅寺土地来源……………………………………(106)
四、禅林体制的发展…………………………………(108)
第四节　"农禅合一"体制的特点…………………………(112)
一、禅林经济是寺院地主经济的亚种………………(112)
二、禅林经济具有自然经济特点……………………(113)
三、禅林经济必然向地主经济转变…………………(114)
第五节　少林禅寺的古与今…………………………………(116)
一、少林寺的兴与衰…………………………………(117)
二、"功夫拯救了少林寺"……………………………(118)
三、功夫改变了地方经济……………………………(120)
第六章　金融性的"无尽藏"寺院经济形态……………(124)
第一节　三阶教及"无尽藏"的产生………………………(124)
一、三阶教的形成……………………………………(124)
二、"无尽藏"的经济含义……………………………(127)
第二节　金融性的"无尽藏"高利贷………………………(129)
一、"无尽藏"——寺院高利贷的早期形式…………(129)

二、"无尽藏"经营的理论依据 …………………………（131）
三、"无尽藏"经营的形式 ………………………………（132）
第三节 "无尽藏"演化为"长生库" ……………………（133）
一、宋代寺院"长生库" …………………………………（134）
二、元代寺院"长生库" …………………………………（137）
第四节 关于"无尽藏"经济形态的评述 …………………（138）

第七章 "政教合一"制度下的寺院经济形态 …………（141）
第一节 藏传佛教的形成与历史地位 ……………………（141）
一、藏传佛教的形成 ……………………………………（142）
二、藏传佛教的历史地位 ………………………………（146）
第二节 藏传佛教寺院经济的形成 ………………………（148）
一、封建领主制社会的必然产物 ………………………（149）
二、"政教合一"制度与寺院经济 ………………………（151）
三、寺院经济与藏传佛教传承方式 ……………………（157）
第三节 藏传佛教寺院财富的基础来源 …………………（158）
一、源于世俗政府的封赐 ………………………………（159）
二、藏传佛教教化功能收入 ……………………………（164）
第四节 藏传佛教寺院经济的形式 ………………………（167）
一、寺院农牧业 …………………………………………（168）
二、寺院手工业 …………………………………………（176）
三、寺院商业 ……………………………………………（176）
四、寺院高利贷 …………………………………………（181）

第八章 社会主义条件下的寺观经济形态 ………………（186）
第一节 佛道教及寺观经济性质的转变 …………………（186）
一、佛道教性质的转变 …………………………………（186）
二、寺观经济性质的转变 ………………………………（190）
第二节 我国宗教"自养"政策规定 ………………………（194）
一、关于宗教问题的基本观点和基本政策 ……………（194）

二、佛道教"自养"政策规定……………………………（199）
　第三节　"内循环，外环寺"的寺观经济模式…………（208）
　　一、南普陀寺收支情况分析……………………………（209）
　　二、"内循环，外环寺"的寺观经济特征………………（216）
　　三、"外环寺"的寺院经济模式…………………………（222）
第九章　当代汉传佛教寺院"自养"经济………………（226）
　第一节　多种形式的"自养"经济………………………（226）
　　一、寺院农业及加工业…………………………………（227）
　　二、寺院商业……………………………………………（227）
　　三、寺院旅游业　………………………………………（230）
　　四、各种宗教活动收入…………………………………（234）
　第二节　寺院"自养"经济的意义与问题及调整………（236）
　　一、寺院"自养"经济的积极意义………………………（236）
　　二、寺院"自养"中存在的问题…………………………（238）
　　三、新世纪寺院"自养"的调整…………………………（239）
第十章　当代藏传佛教寺院"自养"经济………………（242）
　第一节　"自养"经济的必然性…………………………（242）
　　一、寺院经济存在的各种根源…………………………（243）
　　二、是寺院自身开放和发展的需要……………………（246）
　　三、是与社会主义市场经济相适应的需要……………（247）
　第二节　寺院"自养"经济的类型………………………（249）
　　一、寺院农牧业…………………………………………（251）
　　二、寺院加工业…………………………………………（254）
　　三、寺院商业……………………………………………（255）
　　四、寺院旅游业…………………………………………（257）
　第三节　寺院"自养"在藏区经济中的
　　　　　意义与示范作用……………………………………（262）
　　一、寺院"自养"的意义…………………………………（262）

二、寺院"自养"经济的示范作用……………………（267）
　　第四节　当代藏区寺院经济的管理………………………（271）
第十一章　南传佛教寺院"自养"经济……………………（277）
　　第一节　南传佛教寺院经济的历史考察…………………（277）
　　一、南传佛教的传入与封建领主制………………………（277）
　　二、历史上的南传佛教寺院经济…………………………（280）
　　第二节　南传佛教寺院经济的现实分析…………………（284）
　　一、当代南传佛教的性质转变……………………………（285）
　　二、南传佛教寺院"自养"的现实考察…………………（287）
第十二章　道教宫观"自养"经济…………………………（291）
　　第一节　历史上道教宫观的"自养"情况………………（291）
　　一、道教宫观观产的形成…………………………………（291）
　　二、宫观经济的基本形式…………………………………（295）
　　第二节　当代宫观"自养"经济的形式…………………（300）
　　一、宫观农业与商业………………………………………（302）
　　二、宫观旅游业……………………………………………（303）
　　三、庙会经济………………………………………………（304）
　　四、宫观经济的进一步发展………………………………（309）
第十三章　寺观经济的特种产品……………………………（312）
　　第一节　寺观的素食………………………………………（312）
　　第二节　禅茶一味——茶…………………………………（317）
　　第三节　寺观香品与香的供养……………………………（321）
　　第四节　佛道教音乐………………………………………（328）
　　一、佛教音乐………………………………………………（329）
　　二、道教音乐………………………………………………（330）
结束语……………………………………………………………（332）
参考资料…………………………………………………………（335）
后记………………………………………………………………（339）

前　言

宗教作为人类社会发展到一定阶段的历史文化现象和社会上层建筑的一部分，对当代世界的经济发展、政治运动、社会变迁、人类生活产生着重大影响。宗教之所以能伴随着人类历史长期存在并还将继续存在下去，是因为宗教自身有社会和人类所需要的教化作用和神化功能。此外，还有政治、经济、文化等世俗化的一般功能。宗教与经济究竟是一种什么关系？在我国传统宗教理论中，对宗教与经济的关系上，通常得出宗教纯粹阻碍经济发展的结论。即形成了"宗教现象→对经济的破坏作用"的简单逻辑，而几乎没有对宗教与生产、消费、积累、交换分配等问题进行过系统客观地分析，更谈不上在特定的社会经济背景下考察宗教对经济产生的具体影响。宗教与经济的关系表现在两个方面：一方面宗教是一定社会生活的反映，另一方面经济是宗教的基础，两者相互影响，互相制约，是一种互动关系。任何宗教都是以一定的经济条件为基础。宗教在任何时候首先要依赖于社会经济，并受社会经济本身状况的制约。无论从历史的角度还是从现实的角度来看宗教与经济的关系，可以看出寺庙经济这种特殊的经济形态，是伴随着宗教的发展而发展的，并成为宗教进一步发展的经济基础。这种经济现象具有明显的交叉特征，它既是宗教的物质基础，又是经济领域的一种特殊现象，不具有普遍性。

我国是多民族、多宗教的国家，道教、佛教、伊斯兰教在中国均有悠久的历史；天主教、基督教（新教）在近一个半世纪以来也有较大的发展。全国56个民族中约有1亿以上的人信仰宗教，其中有十几个少数民族在新中国成立前基本上全民信教，多民族、多宗教成为我国国情的重要特征之一。因此，宗教问题在我国具有长期性、群众性、民族性、国际性和复杂性的五个特性。佛教在传入中国的两千多年中，形成了许多优良传统，如爱国爱教、庄严国土、利乐有情的传统；重伦理道德、导人行善的传统；兴办慈善事业、扶危济困、农禅并重的传统；注重环保的传统等。道教是中国土生土长的宗教，提倡济世利人，强调"善行功"，即奉道者多做有益于社会、有利于大众的事，这些都是道教的优良传统。佛、道教都有自己传播与活动的物化载体——寺院、道观，它们作为各宗教传播与活动的物质基础和宗教领域、经济领域的一种特殊现象，其经济活动统称为寺观经济。在不同的历史时期，寺观经济的性质、特征和内容都是不同的，对社会经济的影响也是不同的，因而有必要对此从理论上进行系统考察、论证和分析，以此发现宗教在我国不同的历史时期的本质特征及其对社会经济的影响。

在改革开放的新时期，我国佛道教界在与社会主义社会相适应的道路上迈出了较大的步伐。佛道教人士和广大信教群众发扬爱国爱教的精神，积极参与社会生活，为国家的现代化建设作出了积极的贡献。佛教界提出要建"人间佛教"，强调"报国土恩、父母恩、师长恩、众生恩"；道教界提出要弘扬道教的真精神，使道教跟上时代，为人民生活幸福和社会进步作出贡献。在中国普陀山召开的首届2006年世界佛教论坛会议上，通过了《普陀山宣言》。宣言指出："作为人类伟大的精神传统之一，自佛陀始，佛教就一直在探寻世界和谐、人心安宁之道。佛教之道，绵绵不绝，究其根底，在明心见性，自净其意。心为诸法之本源，若人人修心正心，扩展胸怀，放大心量，熄灭贪、瞋、痴，由个体而家庭而社区而国家而天下，则心净国土净、心安则众生安、心平天下平"。宣言强调"世界和谐，人人有责。和谐世界，从心开始。"据此提出了新六和愿景①：

愿培植善心，发乎善行，则人心和善。
愿亲情稳固，爱心充满，则家庭和乐。
愿真诚沟通，平等互助，则人际和顺。
愿各得其所，相安互敬，则社会和睦。
愿彼此欣赏，尊重包容，则文明和谐。
愿将心比心，化怨为友，则世界和平。

古今中外，寺观的兴盛说明社会上有为数不少的信教群众的存在，寺观是佛道教意识的物化形态，是信教群众的信仰心理需求的物化表达。对佛道教来说，寺观兴建是物质财富的积累。而对信教者来说，则是物质财富的精神性消费支出。也可以说，寺观经济的存在首先是因为宗教的传播与发展需要有经济作为支撑，而当宗教因为其经济基础不断巩固与发展以后，对广大信教群众而言，则是精神性的消费支出。宗教与经济的关系便成为一种更加稳定的互动关系。

寺观作为一种社会实体，它们不仅参与社会经济活动，是商品生产者，而且它本身作为一种特殊的群体，其特殊的消费也将刺激某些方面的生产，从而促进经济的发展，这些经济的发展，更进一步证明，寺观所具有的经济功能和寺观经济存在和发展均是不可避免的。因为经济是一切社会活动的基础，佛道教当然也不例外，而佛道教的意识、组织、礼仪和文化等功能性作用的发挥，均要以寺观实体的经济实力为基础。佛道教组织体系的构建以及佛道教意识的传播、佛道教设施建设、佛道教的法事活动等等，也都是建立在寺观经济实力的基础之上的，否则其运转就寸步难行。佛道教系统只要经济能力所能及的，都要在这方面投入

---

① 圣辉：《弘扬佛法构建和谐社会——在"弘扬精神文明，建设和谐香港"论坛上的致词》，载《法音》，总第263期。

相当大的消费。这种消费从表面上来看似乎是一种纯粹的寺观经济消费,但实际上它又是一种很大的社会经济资助的反馈力量,可以从各种社会集团和个人的捐赠中得到大量的经济资助,同时也体现了寺观经济的分配功能,即取之于社会,服务于社会。寺观经济消费的良性运转,利于佛道教机体活力的良性循环。但若是寺观经济的积累和消费超过了社会总体经济所能承受的量度,也不可避免地会遭遇灭顶之灾,因为这种情况的出现,必然会导致社会财富大量地积聚于寺观而不能用于社会扩大再生产,这绝不只是历史的偶然现象,而且是一种经济规律。因此,积极引导寺观经济的良性发展,而避其消极影响,对当代佛道教寺观经济及其他宗教经济的发展都有着重要的警示意义。

第一章 中国佛教的形成与佛寺的建立

佛教以"佛"为最高教主，以佛崇拜为基本特征，是与基督教、伊斯兰教并列的世界三大宗教之一，公元前6世纪—前5世纪由释迦牟尼创立于古印度，以后广泛传播于亚洲及欧美很多国家和地区，对许多国家的社会政治和文化生活产生重大影响。目前全世界佛教徒有3亿多人，约占世界总人口的6%，其中95%的佛教徒在亚洲[①]。

第一节 佛教教义、经典与制度

世上有多种宗教，佛教与其他宗教相比，一个突出的特点就是它的典籍最为浩瀚，仅汉文大藏经的典籍就有四五千部、几万卷之多。因此，致使很多人对佛教不敢问津，其实，佛教最根本的道理却非常简单，就是"缘起性空"。

一、佛教的教义

缘起，就是说万事万物都是因缘和合而生。这里，因是指根本、内在的作用与条件，缘是指辅助、外在条件。佛教中常用一切诸法来代表人们所说的万事万物，缘起的道理简单来说就是：因缘聚合则诸法得生，因缘不具备则不生，因缘变灭亦随之变

[①] 当代世界民族宗教编写组：《当代世界民族宗教》（内部发行），第144页，中共中央党校出版社，2001年版。

灭。正因为任何事情都须依一定条件而生起，这其中没有一点自性（这里自性是指自己本有、不依于他、不变不易的实体），因此，任何事物从它的理体上来讲都是"性空"的[①]。"缘起性空"是指万物都是由因缘和合而形成的，无一物不因互为条件而独立形成和存在。

佛教的基本教义主要有四谛、缘起、五蕴等[②]。

四谛是佛教关于宇宙人生的四种道理，即苦、集、灭、道。苦谛是佛教对人生问题的价值判断，认为人生在世本质上是一个充满痛苦的过程，这些痛苦概括为八种：生苦、老苦、病苦、死苦、怨憎会苦、求不得苦、爱别离苦、五阴盛苦。集谛揭示诸苦的根源，即贪（贪爱）、嗔（嗔怒）、痴（无明或无知）。灭谛说明除贪、嗔、痴就能断绝烦恼进入涅槃的途径和方法，有八种正道，即正见（正确的世界观）、正思想（正确的方法论）正语（正确的语言）、正业（正确的行为）、正命（正确的生活方式）、正精进（正确的修行）、正念（正确的思想意识）、正定（正确的禅定）。这里所谓正确是指符合佛教教义。

缘起是对苦、集二谛的展开，佛教把人生现象分为无明、行、识、名色、六处、触、受、爱、取、有、生、死等12个连续不断、互为因果的环节，说明人生苦恼的深层原因和形成过程。无明和行是过去世之二因，识、名色、六处、触、受为现在世之五果，爱、取、有是现在世之三因，生与死是未来世之二果。十二因缘互为因果、循环相生，导致众生在生死海中轮回受苦。

五蕴是原始佛教关于宇宙万有的基本理论：色（质料）、受

[①] 宗伟主编：《中国宗教六讲》，第8页，中国友谊出版公司，1993年版。
[②] 当代世界民族宗教编写组：《当代世界民族宗教》（内部发行），第145－146页，中共中央党校出版社，2001年版。

(感觉)、想（思维）、行（意志）、识（精神）是构成宇宙万有和众生的五种基本要素，五蕴的聚散离合造成万事万物的生灭变化，因此，"诸行无常"（一切事物生灭不定）、"诸法无我"（一切事物没有主宰和常住不变的本性）、"涅槃寂静"（超脱生死烦恼的涅槃境界是清静永恒的）就成为判断一切学说或理论是否符合佛教原理的"三法印"（三项基本标准）。

后来的各种佛教著作和说教，都是在不同的历史背景和社会条件下从不同的立场和角度对原始佛教基本教义的深入阐述、系统整理和通俗解释。

二、佛教的经典

佛教典籍分为经、律、论，又称为三藏。藏的原意是盛放东西的竹箧，有容纳、收藏之意，佛教用以概括其全部典籍。经是释迦牟尼本人所说的教义；律是佛陀为教徒制定的必须遵循的规则及其解释；论是为阐明经、律而作的各种理论的解释和研究。还有一部分佛教僧侣、学者对三藏所作的注疏、撰述，称为"藏外典籍"。三藏在中国南北朝时称"一切经"，隋代以后称"大藏经"[①]。

现存的"大藏经"，可分为汉语系、藏语系、巴利语系三个系统。

汉文《大藏经》，是汉文佛教经典的总集，在各个时代的、所编纂的内容与形式互有不同，宋代以前尚未发明印刷术基本都是卷轴装帧的书写本，北宋开宝年间（968－975）第一部木版雕

---

① "大藏经"是佛教典籍的总称，包括经（释迦牟尼在世时所说教义）、律（释迦牟尼为弟子制定的戒律）、论（后代佛教大师对佛教教义理的阐述）三部分，所以，又称"三藏"。"大藏经"是佛去世后由弟子们结集而成，以后又逐渐收入了后代佛教大师对经、律、论的注解和各种著述，实际上成了一部佛教文献的总集。

印的《大藏经》问世，以后历元、明、清至民国，共出版过木刻与排印大藏经 20 种。佛教传入日本后自 13 世纪至 20 世纪 20 年代的 700 年间，日本曾印行了七种版本的汉文《大藏经》。朝鲜也印行了一种汉文《大藏经》。目前，汉文《大藏经》以日本大正二十三年印行的《大正藏》（全称《大正新修大藏经》）最为流行。全藏分三个部分：正藏 55 册，续藏 30 册，别卷 15 册，共 100 册，收入佛教典籍约 3493 部、13520 卷[①]。汉语系大藏经流传在中国和朝鲜、日本、越南等国，主要内容为翻译印度的佛教经、律、论和中国等国僧人的撰述，有几十个版本，目前中国正在编纂《中华大藏经》，从 1984 年起已陆续出版发行。

藏语系《大藏经》，是藏文佛教典籍的总集，自公元 7 世纪开始分别从印度梵文与中国汉文译出，全藏分为甘珠尔、丹珠尔和松绷三部分。甘珠尔又名佛部，也称正藏，收入经、律、咒三部分；丹珠尔又名祖部，也称续藏，收入赞颂、经释、咒释三部分；松棚即杂藏，收入藏、蒙佛教徒的有关著述。据统计，藏文《大藏经》（德格版）共收佛教经籍 4569 部，自 1313—1939 年共刻 11 种不同版本，其中属密教及论藏等内容，十之七八是汉文大藏经所没有的。藏文《大藏经》流传在中国藏、蒙、土、羌、裕固等民族以及尼泊尔、不丹、锡金、蒙古、俄罗斯等国。此外，还有从汉语或藏语转译的蒙文大藏经、满文大藏经和西夏文大藏经。

巴利语系《大藏经》，是南传佛教典籍的总称。公元前 29 年在锡兰（今斯里兰卡）第一次用僧伽罗文字母音译刻印了巴利语系佛典，公元 5—9 世纪，在东南亚地区逐渐形成以泰文、缅甸文、高棉文、老挝文和四种傣文字母音译的巴利语系三藏典籍。该藏内容包括律、经、论和藏外四部分。各种文字字母音译的巴

[①] 宗伟主编：《中国宗教六讲》，第 66 页，中国友谊出版公司，1993 年版。

利语系大藏经共有贝叶、纸写和排印本八种。现存最好版本是《巴利语大藏经》，是1954—1965年间缅甸政府组织编定的。流传在斯里兰卡、缅甸、柬埔寨、老挝、印度、泰国和中国云南的傣、布朗和德昂等少数民族地区，主要是上座部佛教的经典。

三、佛教的僧伽制度

佛教的组织形式称为僧伽制度，是出家僧尼共同遵守的制度、规定及传统习惯的统称。传说释迦牟尼曾建立过僧团，但未成定制。随着佛教的发展，信徒人数增多，犯过失的也多了起来，于是陆续制定相应的禁戒，逐渐形成系统而且完备的律制。佛教分成上座部、大众部两个部派后，南传佛教奉行上座部律，延续至今。由于对律制的理解和奉行渐有差异，各国又分成若干派别。僧人们除了有共同遵守的戒律如五戒、十戒外，还有适应本国情况的僧团制度。有的国家还设有管理僧伽事务的僧王、僧议会和僧内阁或大长老会等。

佛教的宗教仪式称为佛事，原是释迦牟尼时代所行的宗教活动，传到中国后演变为一套固定仪式，主要有忏法、水陆法会、盂兰盆会、焰口等。藏族地区的佛事仪式，其诵经说法、传召大会告示显宗法事与汉地佛教基本相同，另有密宗的传法灌顶和修法等仪式，傣族地区的佛事仪式则受到当地鬼神崇拜和精灵崇拜等民俗的影响。

第二节 佛教的宗教源流与在中国的传播

佛陀示教，自利利他，普度众生。2500余年来，佛教超越种族与国界，东渐西输，南传北播，流布寰宇，蔚为世界三大宗教之一。佛教传入中国的历史也有2000多年，长期以来，与中国的本土宗教——道教及儒教，共同形成"儒、释、道"——中国的传统文化的重要组成部分。

一、佛教的宗派源流

佛教创始人释迦牟尼生于今尼泊尔境内的迦毗罗卫，是释迦族的一个王子。据说释迦牟尼青少年时感到人世变幻无常，深思解脱人生苦难之道，29岁时出家修行。觉悟（得道成佛）之后，在印度恒河流域中部地区宣传自己的学说和主张，吸引了大量的信徒，进而组织教团，形成佛教。

佛教创立后，在印度经历了多次演变。释迦牟尼（佛陀）及其嫡传弟子所奉行的佛教，称为根本佛教。佛陀去世后，其弟子奉行四谛等基本教义，在教团生活中维持其生前的设施和惯例。随着时间的推移，佛教的教义和惯例逐渐演化。大约在释迦牟尼去世后100年，佛教分裂为上座部和大众部两大派。此后100多年间继续分化，先后分成十八部与二十部。公元纪年前后，佛教徒中开始流行佛塔崇拜，逐步形成菩萨众。该派自称为大乘，主张普度众生而把早期佛教称为小乘。公元2世纪前后，龙树、提婆等人阐述"空"、"中道"、"二谛"等大乘思想和实践，形成中观派（空派）。5世纪前后，无著、世亲等人阐发"万法唯识"、"三界唯心"等大乘思想，形成瑜珈行派（有宗）。空、有宗构成大乘佛教两大系统[①]。7世纪以后，大乘佛教一部分与婆罗门教结合形成密教，波罗王朝在那烂陀寺以外另建超戒寺作为研习和宣传密教的中心。9世纪后密教更盛。11世纪起，伊斯兰教逐步进入东印度各地。到13世纪初，超戒寺等许多重要寺院被毁，僧徒星散，佛教在东南亚次大陆消失。

---

① 当代世界民族宗教编写组：《当代世界民族宗教》（内部发行），第144页，中共中央党校出版社，2001年版。

第一章 中国佛教的形成与佛寺的建立

佛教原来只流行于印度恒河流域一带。公元前3世纪孔雀王朝时期，阿育王奉佛教为国教，广建佛塔，刻敕令和教谕于摩崖和石柱，使佛教遍传南亚次大陆的很多地区。同时还派传教师到周围国家传教，东至缅甸，南至斯里兰卡，西至叙利亚、埃及等地，使佛教逐渐成为世界性宗教。佛教向亚洲各地传播，大致分为两条路线：南向最先传入斯里兰卡，又由斯里兰卡传入缅甸、泰国、柬埔寨、老挝等国；北经帕米尔高原传入中国，再由中国传入朝鲜、日本、越南等国。北传佛教以大乘为主，南传佛教以小乘（上座部）为主[①]。

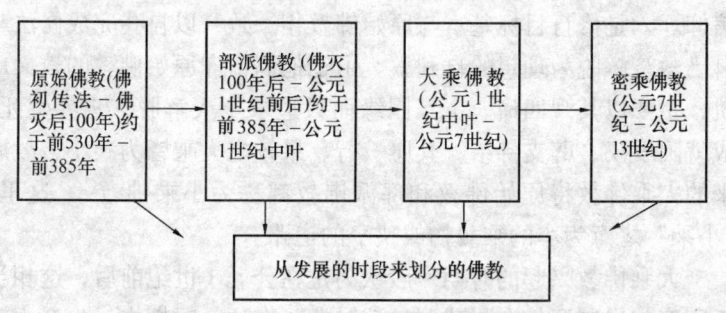

上图的部派佛教是指从原始佛教分化出来的各个教团派别的总称，就是原始佛教时代以后，形成的根本二部（即上座部、大众部）的基础上又逐渐分裂，经过三百年左右的分裂后，佛教最后形成了所谓小乘十八部或小乘二十部的部派，史称"枝末分裂"。从释迦牟尼逝世二百年后，从大众部又分出了一说部、说出世部、鸡胤部三部以及多闻部、说假部，后来又有制多山部、西山住部、北山住部。这样，大众部本末合为九部。上座部在释迦逝世后三百年初分为说一切有部和雪山部，进而从说一切有部

---

① 当代世界民族宗教编写组：《当代世界民族宗教》（内部发行），第145页，中共中央党校出版社，2001年版。

分出犊子部，从犊子部分出法上部、贤胄部、正量部、密林山部；又从说一切有部中分出化地部，从化地部分出法藏部以及饮光部。释迦逝世后四百年初，从说一切有部分出经量部。这样，上座部本末共十一部①。

部派佛教的主要特点可归结于：一是各派对持律的态度和见解不同。二是所处地域不同而受到所在地方文化的影响深浅有别。三是将原始佛教的人生哲学扩展到宇宙领域。四是佛教传播地域不断扩大，佛教理论趋于丰富发展。佛经、佛塔、佛像、象征物等佛教文化艺术开始兴起。五是对佛陀的崇拜转向对佛陀的信仰。六是修行目标基本与原始佛教相一致，以自我完成修法与自己救济解脱为理想的自利教。由于他们恪守原始佛教的教义戒轨，主要以其观四谛、十二因缘而只追求个人解脱，三界生死，成就阿罗汉、辟支佛果，其愿、行、果较之大乘皆为狭小，故后来的大乘佛教将原始佛教和部派佛教都称为小乘佛教②。这里，"小乘"之意为小的乘载物或狭窄的道路。

大乘佛教兴起的时期一般认为是在公元1世纪前后，这相当于印度奴隶制开始向封建制过渡时期。在这个时期内，生产力有了一定的提高，商品经济也有了相当发展，出现了大批富裕的商人，在商业和高利贷的影响下，农村公社成员迅速分化，越来越多的自由公社成员沦为封建地主的佃农或者卖身为家务奴隶。这是大乘佛教在印度兴起的社会背景，也是它的群众基础，还有佛教自身内部的原因。在部派佛教时期，很多部派佛教建立了自己的僧团，这些僧团的僧侣们在统治阶级的优渥礼待下，过着十分富裕的生活，专门从事经典的编纂和佛教玄学的思考，但是他们的理论和实践在一定程度上脱离了社会生活和世俗活动，因而激

---

① 罗桑开珠：《佛学原理概述》，第52页，民族出版社，2005年版。
② 罗桑开珠：《佛学原理概述》，第51页，民族出版社，2005年版。

起了一部分有改革思想的僧侣和在家修行佛教徒的不满。他们企图在佛教中寻求新的思想和信仰,从而出现了修大乘"菩萨道"的菩萨众(菩萨集团)。并蔚成了大乘运动[1]。"大乘"意为大的乘载物或广阔的道路,自称能运载无量众生从生死苦恼的此岸到达觉悟解脱的彼岸。大乘佛教的信仰者最初大部分是在家的佛教徒,他们膜拜佛陀偶像,敬礼佛塔,巡视佛迹,诵经说法,行咏梵呗,用譬喻、本生、佛传、戏曲等形式宣传菩萨成道思想,并在这些思想基础上编集和制作了大量的经典,其中对后世影响较大的有《般若经》、《法华经》、《无量寿经》等。这些佛经虽称是佛说,但实际上是后世某些佛教学者假托佛的名义编述的,反映了佛教思想随应时代的发展。

在佛教理论与修持实践方面大乘佛教与小乘佛教都有重要区别。在理论方面,小乘一般主张"我空法有",大乘则主张"我法两空";在实践方面小乘各部派或多或少地认为佛陀是一个历史人物,大乘则把佛陀渲染为绝对真理的化身,是人们无限崇拜的对象;在修行的行径和最终目的方面,小乘主张求取阿罗汉果,即要求达到自我解脱。大乘认为小乘的目标太低,主张进取佛果,能够成佛。因此,在修持的内容和方法上,小乘主修戒、定、慧,大乘兼修普度众生的六波罗密(到达彼岸世界的六种道路)即布施、守戒、忍辱、精进、坐禅、智慧。所谓小乘重在利己,大乘强调利他。

大乘佛教的基本特征:一是将佛教推向世俗化。即力图参与和干预社会的世俗生活,要求深入众生,救度众生。因此,其适应能力强,包容范围广,传播渠道多,发展速度快,内容也异常繁杂。二是强化佛的崇拜和构造佛的本生。即把佛陀渲染为绝对真理的化身,佛由人变为神,成为人们无限崇拜的对象。并将佛

---

[1] 罗桑开珠:《佛学原理概述》,第54页,民族出版社,2005年版。

的数量及范围扩大至无量无边,即诸佛分布出现"三世十方世界"。还将诸佛的生身上升到与佛理相配合的"三身佛"①。把大乘佛教的本体论哲学与偶像崇拜紧密地结合起来,把佛塑造成至真至善、至高至尊、全知全能、拯救众生的救世主②。三是弘扬菩萨精神。大乘佛教将自我解脱的目标提高到功德成佛的信条上。就是把解脱众生当作自我完善、满足成佛条件的前提。这种寓自我解脱于救苦救难、普度众生中的践行为"菩萨行"。其基本精神表现在"慈悲喜护"的"四等心中":大慈(仁爱万物)、大悲(怜悯众生)、大喜(使众生欢乐幸福)、大护(卫护众生安宁)。于是提倡修"四摄"③、"六度"④。四是提倡内外调和与容纳多种信仰。大乘佛教在保持佛教基本教理的基础上,采取了相对的方便之道:因地制宜、与时俱进、因势利导。这种入世思想和权宜之说,促进了佛教内部宽容调和倾向的滋长,也兴起了吸取"外道"思想和土著宗教观念、地域风俗文化及时代新潮流,由此形成了许多新的经典。

二、佛教传入中国及其发展

关于佛教何时传入中国,自古以来说法不一,但学术界基本认为佛教是在西汉末、东汉初(公元前后)由西土印度传入我国的。永平十年(67年),奉命西行求法的蔡愔等人在大月氏国遇沙门迦叶摩腾、竺法兰2人,邀其来华,并得佛像、经卷用白马驮归洛阳。明帝特于洛阳城西雍门外建立精舍以居,名白马寺。据考证,白马寺是中国历史上的第一座寺院,并成为中国佛教寺

---

① 罗桑开珠:《佛学原理概述》,第54页,民族出版社,2005年版。
② 罗桑开珠:《佛学原理概述》,第56-57页,民族出版社,2005年版。
③ 罗桑开珠:《佛学原理概述》,第56-57页,民族出版社,2005年版。
④ 罗桑开珠:《佛学原理概述》,第56-57页,民族出版社,2005年版。

院建置的起点。自此,佛教随着历代统治者的扶植与支持,逐渐广泛传播开来。佛教所到之地,必建寺院,佛寺文化也自成体系。佛教传入中国后,对中国思想文化的发展产生了巨大的影响,开始主要在士大夫阶层中传播,随着佛经不断被译成汉文,人们对佛教哲理理解深化,加之佛教向民间的传播和扩散,佛教同中国原来的儒学和道教信仰接触、碰撞也增多,最后在相互争论、相互吸收的过程中逐渐融合,走上了佛教中国化的道路。

三国时期,佛教的传播虽不普遍,但据考证,此时已有汉人由信佛而出家修道,朝野对佛教的信仰也已相当普遍,出家沙门渐渐增多。魏晋南北朝时期,"寺庙图像崇于京邑"[①]。北魏时期是寺院发展的一次高峰,据《释老志》、《洛阳迦蓝记》记载:到北魏末年各地寺庙达三万多座,仅洛阳一地就有佛教寺庙1376所。遗留至今的著名佛教遗迹——云冈石窟就是在北魏时期开凿的。西晋时的洛阳已有白马寺、车牛寺、菩萨寺、石塔寺等十几所寺庙。除现存记载中的十几所寺庙外,相传西晋时仅洛阳与长安的寺院就达180多所,出家修行的僧尼3700多人。整个东晋104年共建寺1768所,度僧2.4万余人。[②] 历史上著名的东林、道场、瓦官、长干诸寺,大都建于此时期。南北朝时期,佛教在中国日益兴盛。天竺各国屡次遣使来华通好。当时不仅皇室开始崇信佛教,道武帝还利用佛教来收揽民心。南朝时宋、齐、梁、陈四个朝代诸帝多崇佛,并广建庙宇。寺院兴建在北朝也盛极一时,达到了"招提栉比,宝塔骈罗"的地步[③]。

隋唐时期,佛教传播与寺庙兴建接近成熟时期。隋文帝于开皇元年(公元581年),力图建立"以儒学为核心,以佛道为

---

① 《出三藏记集》卷13。
② 法琳:《辩证论》卷3;道宣:《释迦方志》卷4。
③ 费长房:《历代三宝记》卷11。

辅助"调和三教思想的统治政策，确立了以佛教为其巩固统治的方针。他在位期间弘传佛教，并以长安为中心建立了佛教弘法系统，这一政策对后世产生了深远的影响。唐时佛教传播已越来越广，并逐渐深入到平常百姓生活中，佛教的某些基本教义也变成了大众的观念。但唐代诸帝对于佛教真正信仰的少，多从政治上考虑对佛教进行整顿和利用，对儒、释、道采取"以儒为主体，调和并用"的方针。由于每个皇帝对三教侧重点不同，所以使佛教的发展也受到一定的影响与制约，兴佛、灭佛均有发生。在唐代，佛教在中国的传播已达到了鼎盛时期，据记载，至少在唐朝中期，佛教在中国的兴旺与发达已居世界第一，甚至可以说佛教已经由印度转移到了中国。随着文成公主、金成公主入藏，佛教开始传入藏区。自此逐渐形成了中国佛教的另一巨大支派——藏传佛教并以其特有的文化形态成为青藏高原地区占统治地位的意识形态。与此同时，佛教寺院的兴建开始带有明显的宗派色彩。

宋、辽、金时期，佛教已呈现多元化发展。宋太祖赵匡胤为巩固皇权，充分利用佛教来维护宋王朝的统治，并重视发展佛教文化事业。宋代寺院大致分为禅、教、律三类。当时的"禅院五山"、"禅院十刹"、"教院五山"、"教院十刹"以及"五山十刹"均系当时江南著名的梵刹。辽王朝则不仅利用佛教，而且对佛教实施保护政策，因而佛教在辽代臻于极盛，辽代的南京（今北京）佛刹林立，庵院遍布，圣寿寺、弘业寺、仰山寺、天王寺（今天宁寺）、蓟州独乐寺、盘山感化寺等在当时都很著名。而建立金朝的女真人在开国前就已经有了佛教的信仰，但金采取的是既轻视儒学，也限制佛教的政策。金世宗对寺庙的建立屡做严格限制，但所建寺庙在政治经济方面又受到朝廷的照顾与扶植，所以金代所建寺庙多为"官办寺院"，如大圣安寺、大觉寺、大永安寺、庆寿寺等都是官办的寺庙，这些官办的佛寺，大部分兼作金朝皇帝的行宫。

元、明、清时期,佛教的传播进一步发展。元是继辽、金王朝后又一个入主中原的少数民族政权。从成吉思汗时起,蒙古贵族就崇信藏传佛教。元朝建立后就以藏传佛教为国教,并以藏传佛教萨迦派五世教祖八思巴为国师,赐玉印,使其成为全国佛教的首领。元朝蒙古族统治者大力扶植藏传佛教,其最初用意是把它当作安藏定边的策略,蒙古族入主中原建立政权后,也有意使藏传佛教成为控制汉民族的手段。为了加强对佛教的管理,元朝在入主中原后在中央政府还专门设置了总制院(后称宣政院),以掌管全国佛教和藏族地区事务。八思巴以国师身份兼管总制院事。元朝上自皇帝下至后妃都崇信藏传佛教,朝廷对藏传佛教的领袖封以高官显爵,使藏传佛教发展日盛一日,这是汉传佛教无法比拟的。元朝虽然以藏传佛教为国教,但是对汉传佛教及其他宗教也不排斥,采取宽容姿态,所以汉传佛教也受到元朝帝室崇尚。因为元代诸帝崇信佛教,元朝帝都也是佛教发展的中心。全国造寺日盛,出现了"凡天下人迹所到精兰胜观,栋宇相望"的状况。据宣政院至元二十八年(1291)统计:全国共有寺院24318所,僧尼合计213148人。①

明朝建立后,一反蒙古贵族崇奉藏传佛教的做法,转而支持汉传佛教各宗派,于是汉传佛教的禅宗、净土宗、律宗、天台宗、贤首宗等宗派逐渐恢复并发展起来。明建国初期,为实行和平外交政策,太祖朱元璋便开创了利用佛教,以僧为使的先河。明成祖对藏传佛教也极为重视,在永乐年间,多次遣使入藏,使藏传佛教再度东来,从而也加强了明朝中央政府对西藏地区的管理。佛教的发展规模在明朝形成了一个新的高峰。到1644年明朝灭亡时仅北京地区佛教寺庙就达一千多所,据清初礼部统计,

---

① 中国佛教协会:《中国佛教》(一),知识出版社,1980年版。

全国佛寺共79622处,僧尼118907人,这些数字足以说明佛教在明朝发展臻于极盛[1]。

清王朝于1644年定鼎北京入主中原,建立了多民族统一的大清帝国。清政府对佛教采取的方针几乎完全继承了明朝的制度,即一方面尊崇,另一方面加以控制、利用。自顺治帝定鼎北京,历经康熙、雍正、乾隆三朝,随着国力的日益强盛,佛教再度复兴与发展起来。出于政治目的,清代自世祖顺治皇帝始至历代诸帝,不但尊崇汉传佛教,而且对藏传佛教也采取扶植的态度,其目的是利用藏传佛教来强化对蒙、藏地区的统治。由于清朝历代皇帝对于藏传佛教采取尊崇利用的政策,藏传佛教继元朝后再次得到大规模的发展。仅据藏地统计,到光绪八年(公元1882年),仅黄教大寺庙就有1026余个[2]。

总之,佛教在中华民族的传播,既保持了佛教的基本特点,又吸收了中华民族的传统文化,最终成为与中华民族经济、政治、文化相适应的一个具有中华民族特色的宗教。其中又包括汉传佛教、藏传佛教、南传佛教三大派别,并且各自都建有特色不同的佛教寺院。

第三节 佛寺的形成与命名

佛教寺院是佛教活动的场所,简称佛寺,"寺庙"成为佛教的专用术语是佛教传入中国以后的事情。佛寺在印度称"僧伽蓝摩",也称"僧伽蓝",略称"僧伽"、"伽蓝"。"僧伽"是僧众的意思,"蓝摩"是园的意思,合而称之即为"僧众共住的园林,"

---

[1] 中国佛教协会:《中国佛教》(一),知识出版社,1980年版。
[2] 中国佛教协会:《中国佛教》(一),知识出版社,1980年版。

因为梵汉并举，又译作"僧园"、"僧院"。① 至于"梵刹"的意思，有两种解释：一种认为，"梵"——意思是清净，"刹"——意思是地方，连在一起即是"清净的地方"；另一种认为，佛寺前的幡杆称"刹"，"梵"指印度，合称即指来自印度的寺庙。佛寺是僧众居住、修行和举行各种法事活动的地方，也是信徒进香朝拜、参加宗教活动的中心。寺庙是佛教文化的实际载体和依托，其兴衰发展状况是佛教兴衰的缩影。

一、佛寺的形成

"寺"作为佛教的寺院，在中国是从东汉开始的。由于受到汉代官署称名的影响，中国汉传佛教寺庙一般称寺。古代最早的"寺"是指官吏办公的地方，如大理寺、鸿胪寺，是"官署"的意思。寺，古文作"侍"解。《经典释文》说："寺，本亦作侍，寺人，奄人也"。另有论者，我国古代三公所居称"府"，九卿所居称"寺"。秦朝，凡宦官任外职，官邸通称寺。东汉明帝时，"寺"成为僧人藏经、讲佛的场所。隋炀帝曾将其改称道场，唐朝又复改称为"寺"，沿用至今。相传永平年间，明帝命羽林郎蔡愔、秦景等人出使天竺（即今印度），取来佛经40多卷及释迦牟尼立像，偕同迦叶摩腾和竺法兰二天竺高僧同来下榻于洛阳鸿胪寺。因这些佛经是用白马驮来的，后来就在洛阳修建了一座寺院以弘扬佛法，取名"白马寺"，这是中国第一座佛教寺院。对于这座中国第一古刹为何以"寺"为名而不名之为"伽蓝"、"兰若"，人们比较一致的说法：因为两位印度僧人来中国最先入住的是鸿胪寺，以后就借"寺"字作为中国佛院的通称。这种说法有一定道理，因为"寺"在当时既是一种政府机构的名称，又是官署的名称，鸿胪寺也就是大鸿胪（相当于现在的外交部长）的

---

① 段玉明著：《中国寺庙文化》，第45页，上海人民出版社，1994年版。

办公之所，同时也就是大鸿胪所管理的政府部门。其职责大致就是各邻国诸侯及使节的送往迎来之类。在为印度僧人建筑专门的居所时，恐怕起初所想的仅是建一座用来招待佛教僧人留居的馆舍，所以自然而然地沿用鸿胪寺中的"寺"字为名，仍把它当作是官署建筑的一种。后来遍布各地的寺庙的名称，都沿用了这样的借称。这就是中国佛寺名称的由来。①

关于白马寺

白马寺建成后便成为东汉最主要的译经场所。摄摩腾、竺法兰首先在这里译出了第一部汉文佛经《四十二章经》，之后天竺僧人昙柯迦罗又译出了第一部汉文佛律《僧祇戒心》。随着佛经汉译本的逐渐增多，佛教在我国日益广泛传播开来。所以尽管后来佛教派系繁多，刹庙林立，但白马寺一直被佛门弟子同尊为"释源"，即中国佛教的发源地。白马寺原来的建筑规模极其宏伟壮观，千百年来已几度兴衰，现存建筑多为明清两代修建。整个寺庙坐北朝南，为一长形院落，总面积约4万平方米。主要建筑有天王殿、大佛殿、大雄宝殿、接引殿、毗卢阁等，均列于南北向的中轴线上。虽不是创建时的"悉依天竺旧式"，但寺址都从未迁动过，因而汉时的台、井仍依稀可见。整个寺庙布局规整，风格古朴。园内古树成荫，四时落英缤纷，增添了佛国净土的清净气氛。白马寺山门采用牌坊式的一门三洞的石砌弧券门。"山门"是中国佛寺的正门，一般由三个门组成，象征佛教"空门"、"无相门"、"无作门"的"三解脱门"。由于中国古代许多寺院建在山村里，故又有"山门"之称。明嘉靖二十五

---

① 沈祖祥主编：《旅游宗教文化》，第35页，旅游教育出版社，2000年版。

年（1546）曾重建。红色的门楣上嵌着"白马寺"的青石题刻，它同接引殿通往清凉台的桥洞拱形石上的字迹一样，是东汉遗物，为白马寺最早的古迹。山门左右两侧各立一匹青石圆雕马，身高1.75米，长2.20米，作低头负重状。相传这两匹石雕马原在永庆公主（宋太祖赵匡胤之女）驸马、右马将军魏咸信的墓前，后由白马寺的住持德结和尚搬迁至此。

二、佛寺的命名

后来，寺有了一些别名如刹、香刹、精舍、窟、庵、院、林（丛林）、庙等。寺庙的名称是民间较为普遍的称谓。"佛"的音译为"浮陀"、"浮屠"，早期佛教也有仿照中国原始宗教寺庙的称呼称其浮屠祠者。两晋以后，随着佛经翻译的普遍，伽蓝、精舍、支提、兰若之类梵文称谓也随之移入，成为中国佛寺的一般名称。隋朝时期，又称"道场"。唐太宗时，玄奘取经回国，政府特设翻译院于寺中——如翰林院、监察院等为政府机构，"院"又逐渐成为继寺之后中国汉传佛教寺庙的又一泛称。唐时规定：佛教寺庙官赐额者为寺，私造者为招提、兰若。唐宋以后，丛林制度兴起，《大智度论》有如此记载："僧伽，秦言众，多比丘一处和合，是名僧伽；譬如大树丛聚，是名为林"。"众"者，丛也；"林"者，聚也。僧伽丛聚之所当然即指寺院。丛林，本指禅宗寺院，又称"禅林"，后世其他一些宗派，有的也仿照禅林制度称寺院为"丛林"。丛林意指众多僧人居住一处，犹如树木之丛集为林。也是借喻草木生长有序，用来象征僧众有完整的法度和严格的规矩。"庵"原是隐遁者所居住的茅屋，不知从何时起与佛教有了缘分，出家人聚集的小寺庙被称作"庵寺"，后来庵寺多指尼姑修行之处，俗称"尼姑庵"。化于梵刹而来的则有"寺刹"、"僧刹"、"宝刹"种种。尽管如此,"寺院"一直是中国汉传佛教寺庙最为常见的称名①。随着佛教的兴起,寺又产生了许多异名别称,如"香界"、"萧寺"、"绀寺"、"绀殿"、"净住"等。在梵语中,"寺"叫"僧伽蓝摩",简称"伽蓝",指"僧众所住的园林"。

中国藏传佛教因受原始宗教影响颇大,其寺庙称名或"寺"或"庙"均有。由于"政教合一"制度的需要,寺院、宫殿往往一并兼之,因而除寺、庙之称而外,个别也以"宫"(如布达拉宫)相称。在小乘佛教中,"寺院"一词,傣语称作"瓦",来自巴利语中的 Vana——"园林"②。中国小乘佛教寺庙除极少数外,一般不专命名,仅以所在村寨名字命之,如曼阁佛寺、喊撒佛寺等等。因其佛教传自缅甸,佛寺建筑受到缅甸建筑的影响颇大,故又多称"缅寺",有的地方习惯上也称作"庄房"③。

第四节 佛教在中国兴盛的历史原因

佛教自从传入西亚、南亚、东亚各国家后,对这些国家的社会产生了巨大影响,佛教不仅成为这些国家的主流文化,而且具有广泛的群众基础。佛教在中国"汉化"、"民族化"、"中国化"的程度很高,也是所有宗教中在中国发展最为充分的一种宗教,它与中华民族固有传统文化之间的冲突、渗透和融合,经历了艰苦漫长的发展历程。最后由于儒、释、道"三教合一"运动的推

---

① 段玉明著:《中国寺庙文化》,第65页,上海人民出版社,1994年版。
② 宋恩常:《西双版纳傣族的小乘佛教》,载《云南少数民族社会调查研究》,云南人民出版社,1980年版。
③ 段玉明著:《中国寺庙文化》,第65页,上海人民出版社,1994年版。

动,在中国形成了一个完整的佛教文化圈[①]。成为中国传统文化的重要组成部分,具有广泛的社会基础。

然而佛教作为一种外来宗教传入中国,确切地说传入汉地,先是在皇室皇族、贵族、地主等上层社会中有所扩散,并未在广大知识分子和劳动群众中产生值得注意的影响。在大城市中,屈指可数的佛寺主要是供西域来华的僧侣和商人们参拜。从东汉开始,直到东晋,佛教才在汉地植根勃兴,并在中国封建社会的土壤中显示出它的强大生命力。

据史记载,佛教最初在西汉末年(公元1世纪)传入汉地时,其传播者为了使佛教立足于中国,基本上依赖中国古老的传统文化,如方术而生存。佛教在当时的中国封建社会也被视为神仙方术,曾遭到中国传统思想的排斥和抗拒。当时儒、佛两家思想格格不入,儒家把佛教视为与尧舜周孔之道相对立的夷狄之术,并指责佛教徒的"清虚"[②] 行为,但由于被称为道术的黄老之学、神仙方术和佛教在表面上都讲"清虚",所以,佛教竟在道术那里找到了相通之处,使道术充当了它的保护伞,因此整个东汉时期,佛教都是依附于当时流行的道术而存在的。这一时期,虽说佛教和道教融合,但实际上是佛教融于道教,佛教迎合了道教。至汉末及三国时期,由于佛教传入渐多,佛教倡导的"因果报应",提倡人们扬善弃恶与儒家所倡导的仁义礼智伦理思想相呼应,共同起到了维护封建社会等级统治的作用。而从东汉末年到南北朝的400年间,时逢魏晋玄学思潮兴盛,社会动乱,佛教得到了与汉地文化契合亲近和在汉地社会各阶层扩大发展的机会,逐步演变成"南朝四百八十寺,多少楼台烟雨中"的宏大

---

① 田真著:《世界三大宗教与中国文化》,第77-78页,宗教文化出版社,2002年版。

② "清虚":指佛教徒的行为,如弃妻子、剃头发、无跪起之礼不合孝子之道,违服貌之利,乖缙绅之饰等等。

局面，佛教才开始在中国稳固发展起来①，但这并不意味着佛教文化的形成。经魏晋南北朝的发展，佛教逐渐在中国扎下了根，成为中国封建社会上层建筑的一个组成部分。在这数百年中，虽然有过"排佛"和"灭佛"的事件，但总体上说，佛教始终得到朝廷大力推崇。特别是在南北朝时期，佛教不仅在理论上更具独立特色，还逐渐形成了相当独立的寺院经济②。这为隋唐时期佛教的大发展创造了条件。

隋唐时代是中国佛教的成熟时期。隋朝虽然立国不久，但是它结束了近300年的战乱与分裂，统一了南北二朝，是中国封建社会第二次大一统王朝的重建，国家日益昌盛富强起来，也为佛教走向繁荣提供了社会基础。隋文帝③于开皇元年（公元581年）便确立了以佛教为巩固其政权的方针，一改周武帝毁佛灭法的政策，在位期间弘传佛教，并以长安为中心建立了佛教弘法系统，力图建立"以儒学为核心，以佛道为辅助"调和三教的统治政策。这一政策对后世产生了深远的影响。隋文帝之子隋炀帝杨广，在其他地方没有继承父业，唯在对待佛门一事上比其父有过之而无不及。佛教由此在东土中国进入了一个大红大紫的黄金时代。隋炀帝笃信佛教，但也要佛教接受皇权的支配，体现了教权服从皇权的特征。隋代，由于国力雄厚、文化繁荣，佛教也进一

---

① 田真著：《世界三大宗教与中国文化》，第15页，宗教文化出版社，2002年版。

② 田真著：《世界三大宗教与中国文化》，第15页，宗教文化出版社，2002年版。

③ 隋文帝杨坚，据传出生在同州（今陕西大荔县）般若尼寺里，并在该寺生活了13年，对佛教自然有一种特殊的感情。开皇元年（公元581年），当他取代北周，龙袍加身登上天子宝座后，便普诏天下，听任人们自由出家，广做佛事，大兴佛教，并诏令各州广建佛舍利塔安置智仙（在般若尼寺里收养杨坚的尼姑）。而隋文帝之子杨广，在其他方面没有继承父业，唯在对待佛门一事上比其父有过之而无不及。佛教由此在东土中国进入了一个大红大紫的黄金时代。

步得到发展,四邻诸国来中国学佛的僧侣络绎不绝,此时佛教已由我国传向当时的高丽、百济、新罗和日本,在这样的历史条件下,佛教开始进入了鼎盛的时期。

唐朝时期,佛教进一步与中国传统文化融合,其传播日广。唐太宗一生都很会利用佛教为自己的统治服务。唐朝大力扶植佛教,致使佛教势力和社会影响越来越大,佛教在唐朝的传播达到中国佛教史上罕见的极盛时期。公元625年,唐高祖在京师长安的慈恩寺西院建造起大雁塔,用以保存著名高僧玄奘从印度取回的佛经。公元656年,唐高宗欣然撰写了《慈恩寺碑》,并亲临安福门,观看玄奘迎接御赐碑文的盛大仪式,奉迎队伍以天竺法仪幢幡为先导,车骑千余乘,浩浩荡荡,前后延绵30余里,长安百姓、官宦纷纷前来观望,人数多达百万以上。随着佛教的发展,佛教观念逐渐深入到平常百姓生活中,佛教的某些基本教义也变成了大众的观念,因而佛教在唐代又相继产生许多新的派别。这一时期中国佛教的形势是,完成了此前各种佛经总结和概括;不仅在汉地自成体系的僧团相继蔚然兴起,各具特点、规模空前庞大的教派如天台宗、三论宗、净土宗、唯识宗、律宗、华严宗、密宗、禅宗等先后形成,佛教文化日益渗透到中国民族信仰和日常生活、民俗活动中,传播到越来越多的地区,唐朝中期中国佛教的兴旺与发达居世界第一。隋唐时期,佛教之所以会出现这样的形势,是中国封建社会发展所决定的,也是我国隋唐时期政治、经济和文化综合发展的结果。

首先,隋唐佛教的盛行和其宗派的形成,是当时我国封建社会从长期分裂割据到相对统一在意识形态领域里的反映。隋唐帝国的建立,实现了国家的统一,标志着统治阶级内部的纷争暂趋缓和,国内的主要矛盾有所转移。为了巩固统一的封建政权,统治阶级一方面采取了一系列发展经济、缓和阶级对立的措施;另一方面在政治思想方面比以往任何时候都更加重视用精神手段去控制人民，而在一切能影响百姓的精神手段中第一个和最重要的手段就是宗教，其中包括佛教。特别是南朝后期和隋代末年的农民起义风暴，使统治者亲身体验到佛教是周孔之道有力的补充工具，认为佛教"玄妙可师"①。因此，伴随隋唐政权大一统，封建统治者不仅大力提倡佛教，而且要求佛教以统一的、适应统治王朝需要的新面貌出现。但是，由于统治阶级内部还存在着不同的集团，他们对佛教信仰强调的方面不同，从而支持的僧团势力也有所不同，这就决定了佛教在强调统一性的同时，又必然形成不同的宗派。由于各个宗派都有其支持的力量，因而，使佛教相对于其他宗教在中国的进一步发展具有了更加有利的条件。因为佛教本身有比较丰富的思想内容，有比较完整的宗教仪式，它的教义可以适应各个阶层的需要。佛教自印度传来时，已经具备了一套系统化的宗教理论和因果报应的说教，以及种种宗教仪式、修行方法和清规戒律。进入我国后，又注意与中国固有的传统封建文化相结合，尽可能减少人们的思想阻力。在后来的发展中，逐渐中国化，不仅成了儒家与道教的同盟，而且成了中国封建文化的组成部分，并由于宣扬因果报应，和儒家的伦理思想互相补充，深得统治者的推崇。因此，尽管佛教是一个外来宗教，却成功地移植到中国并得到很大的发展②。

其次，佛教比我国本土文化——儒家文化和我国本土宗教——道教，更能适应统治阶级的需要。我国的封建社会是世界上封建制度发展得比较成熟和完备的。与此相应，它不仅要求具备成熟而完备的政治制度和官僚专制机构，而且要求具有完备而成熟的意识形态，其中包括哲学、伦理、法律等，也包括宗教。虽然早在汉代就确定了意识形态中"独尊儒术"的格局。然而儒学

---

① 田真著：《世界三大宗教与中国文化》，第16页，宗教文化出版社，2002年版。
② 田真著：《世界三大宗教与中国文化》，第19页，宗教文化出版社，2002年版。

是个十分复杂的思想体系，自身有其无法克服的缺陷。道教虽然是产生于中国的宗教，然而由于儒家已被定为一尊，尽管有时道教被抬得很高，但终未能在儒家之外独树一帜，形成强大的宗教。随着中国封建社会的发展，统治者欢迎更加完整、更加系统化的宗教，来弥补儒道不足。佛教在两汉之际适时而入，虽然它渊源于印度，但自进入中国后，一直适应封建地主阶级的需要，不仅在理论上逐渐中国化，在现实中广泛深入人心，还逐渐形成了日益膨胀的寺院经济，使僧侣地主成为地主阶级的一个组成部分，而且使佛教的发展同整个地主阶级的政治经济利益密切地结合在一起，致使中国佛教的命运必然与中国封建地主阶级的命运共休戚、相始终①。隋唐时代，由于佛教进一步被统治阶级所推崇，得到统治阶级的扶持也是自然的，从而导致了以田产为主体的寺院经济继续膨胀，为佛教的盛行及其宗派的形成提供了强大的物质基础。隋唐时期寺院经济空前发达，绝不是偶然的，原因是多方面的：其一是朝廷所建佛寺栉比鳞次；其二是官僚豪富大量建立兰若（私人所立的庙宇），广招无偿僧众耕种田地，发财致富；其三是僧侣巧取豪夺，他们不仅勾结官府逼夺民产，而且经营"长生库"（高利贷）、工商等杂业，聚敛财富，以至"十分天下之财佛有七八"。佛教僧侣拥有大量田产，成了披着袈裟的大地主。由于有了独立雄厚的寺院经济，中国佛教就具备了独立发展的条件。

第三，我国封建社会的自然经济、半自然经济和城乡小生产者，为佛教在中国的发展提供了市场。在我国长期的封建社会中，分散的个体的农业经济和手工业经济一直在国民经济中占着绝对优势。这种情况造就了大批的小生产者。封建时代的小生产者具有反抗者被奴役者的两重性，加上连绵的战争和社会动乱，

---

① 田真著：《世界三大宗教与中国文化》，第18页，宗教文化出版社，2002年版。

使他们大量迁移流离，惶惶不可终日。既然在现实世界无法安身，就寄希望于来世和彼岸，这就给佛教的发展造成了有利的条件，扩大了佛教在中国的社会基础。

作为一种文化模式的佛教，也只有在隋唐时代近 400 年的时间里，才具备了全面成熟的条件：这就是社会普遍信仰。佛教的出世思想和行为价值规范深入人心；经典翻译基本完成；宗派全部成立；国家管理僧众和僧众自我管理的组织机构也已稳定下来；在文学、艺术各个领域的传播手段也越来越成熟多样化，渗透到民俗之中；还有相对独立和强大的寺院经济做后盾。佛教开始真正走向民族化与民俗化，形成一个相对稳定的全面的文化模式。

佛教倡导信徒出家，故其寺院一开始即与僧众集团发生关系，特别是到了南北朝，伴随中国佛教派别的出现，稳定的僧众集团形成与扩大，佛教僧众集团的势力得到前所未有的壮大。为了这些僧众集团的生存和延续，寺院没有一定的寺院经济是绝对不行的。佛教寺院常常得到朝廷的巨额扶持，使其获得了发展寺院经济的前提条件，从而形成了庞大的寺院经济，这是历史上一个不争的事实。但若是寺院经济的积累和消费超过了社会总体经济所能承受的量度，也不可避免地会遭遇灭顶之灾，因为这种情况的出现，必然会导致社会财富大量地积聚于寺院而不能用于社会扩大再生产，这绝不只是历史的偶然现象，而且是一种经济规律。历史上先后出现的"三武一宗"大规模灭佛事件就是这种恶果的必然反应。比如唐代后期，寺院乘均田制的破坏，不断扩充庄园，并和达官显贵相勾结，逃避赋税，因为寺院经济的迅速发展所以加重了国家的负担，同时也削弱了朝廷的实力，致使唐武宗在整顿朝纲，收复失地，稳定边疆的同时，决定废除佛教，致使佛教一度失去了繁荣的客观条件。佛教虽然最终没有被消灭，但经历的起伏不定说明古代佛教与政治的关系是关系中国佛教生死存亡的大事。

第二章 道教形成与道观建立

道教是我国封建时代早期形成的宗教，也是地地道道的中国本土的宗教。它植根于中国这块深厚的文化土壤，是中国传统文化直接孕育的产物，同中国传统文化的许多领域有着密切的联系，是我国整个思想文化体系的一个有机组成部分。其信仰内容，具有汉民族古代宗教意识的特点。在我国漫长的封建社会，道教与佛教并称为两大宗教，是封建统治阶级的精神支柱之一。道教对我国封建社会的政治、经济和文化思想都产生过深刻的影响，同时它也形成了自己独特的宗教神秘主义体系。正因为如此，道教文化具有鲜明的中国汉民族的特色，与其他宗教文化相比，有很大的差异，更多地表现出中华民族传统信仰的特质。

第一节 道教的教义与形成渊源

道教是在汉代黄老道家（在思想理论上以"道"作为最高范畴，主张尊道贵德，效法自然，以清静无为法则治国修身，因此被称为道家）理论基础上，吸收古代神仙的方术和民间巫术鬼神信仰而形成的一种宗教实体。"道教"的意思即"道"的教化或说教，或者说就是信奉"道"，企图通过精神的修炼而"成仙得道"的宗教。作为一种宗教实体，道教不仅有其独特的经典教义、神仙信仰和仪式活动，而且还有其宗派传承、教团组织、科戒制度及宗教活动场所。

一、道教教义的基本思想

（一）关于"道"崇拜①

道教将"道"作为教义的核心。"道"的概念出自被道教尊奉的《道德经》。老子的《道德经》将"道"视为"虚无"，是超越时空的永恒存在，是天地万物的根源，有"道生一，一生二，二生三，三生万物"之说。由于道教在产生之初就尊老子为教主，因此这个"道"的涵义已经不是老子书中的原意了，已经宗教化、神化了。关于"道"，历来研究家著述极多，有的称"道"是物质的，有的称"道"是规律，还有的称"道"是精神的，众说纷纭。其实，根据《道德经》的原文"道可道，非常道；名可名，非常名"；"有物混成，先天地生。寂兮寥兮，独立而不改，周行而不殆，可以为天下母。吾不知其名，强字之曰'道'，强为之名曰'大'"。可以发现，"道"就是"道"，既是物质的，又是精神的；既是规律，又是情感。只有从整体上认识和理解"道"，才是真正的"道"。对于道教而言，"道"包含了物质世界和精神世界的全部内容。而道教对于"道"的诠释也主要用于解释宇宙是如何产生的，如何解释物质的本原等核心问题。因此，道教认为，"道"是宇宙的本原、宇宙的主宰，是产生和支配天地万物的造物主，是至高无上、具有神秘力量的人格化的神，是最值得崇敬的。这是道教最基本的教义，也是道教不可动摇的信念。

（二）生命观和人生观

道教看重个体生命的价值，认为生活在世界上是一件乐事，而死亡才是痛苦的。因而它的生命观念不仅不否定现世利益，反而对现世人们的生活欲望予以最大限度的肯定，鼓励人们以现世生命为基础，抓紧时间修道，争取早日成仙享受永久的幸福和快

---

① 沈祖祥主编：《旅游宗教文化》，第127页，旅游教育出版社，2000年版。

乐。道教这种"生道合一，长生不死"的基本教义同其他宗教以"死"为解脱、为脱离苦海的观念可谓大相径庭。因此，强调以生为乐，重生恶死，甚至追求长生不死，是道教与其他宗教的根本不同之处。其他宗教都主张"出世"，所关注的是"人死后如何"的命题，强调精神生活和现实生活的对立，把世俗生活冷漠地看作虚幻的和暂时的生活，而把超现实的彼岸世界（有的称"天国"、"天堂"、"乐园"，有的称"极乐世界"、"西方净土"等）的生活看作永恒的生活，不对世俗的现实生活作出任何实际的解决，而鼓励人们幻想"未来世界"的生活，把一切希望寄托于彼岸世界。而道教所要讨论的是"人如何不死"的命题，即主张"入世"。道教一方面坚信虚无缥缈、奇妙纷繁的神仙世界的存在，同时又相信人的寿命不完全由"天"决定，提出了"我命在我不在天"的口号，认为人可以通过自行的修炼养生、修道成仙，达到"长生不死"、"肉体飞升"，以登清虚三境，把理想寄托于现实世界，从而使其人生观也深深打上了"重生乐生"的烙印。道教的这种"入世"的人生观念启发、诱导人们去探索人生、人体、命运、社会、宇宙等各方面的奥秘，充分显示了中国人重人生、乐人生的积极人生态度，显示了中国人既重实际又富于幻想的传统精神。

（三）天道承负、善恶报应观

天道承负、善恶报应的教义早在道教创教初期就载入了《太平经》。《太平经》称"力行善反得恶者，是承负先人之过，流灾前后，积来害此人也。其行恶反得善者，是先人深有积蓄。大功，来流及此人也。"大致意思是说，前人行善，今人得福；今人行恶，后辈遭殃。前人有过失，后人则无事受过，这就叫承负。怎样才能截断承负而免除厄运呢？道教认为一是要行善积德为后世子孙造福，二是要虔诚地信道修行，免除自身的承负之厄。道教的这种"承负说"作为道教的伦理观，把宗教道德和儒家"三纲五常"结合起来,是中国封建宗法制度在宗教上的反映,显示了中国人重血缘、重家族、重德性的伦理道德观[①]。

在宣扬天道承负以外,道教还十分信奉因果报应,道教经典普遍强调所谓的吉凶祸福是个人行为善恶的必然报应。道教将主宰恶报应的超自然的异己力量改换为道教的司功过神(意即专门将道教徒所行之事分别"善恶"逐一登记,考察功过的神灵),认为他们在天上仔细观察着人们的一举一动。到了一定的时候,上天便会根据个人的善恶,予以赏罚。对于善者赐福、增寿;作为恶者则降福、减寿,还要把他的灵魂打入黄泉、地狱。道教的因果报应论与基督教和佛教的因果报应论不同:世界其他宗教的因果报应论主要是为了求得自身的解脱,以免受来世之苦,道教的因果报应论不仅劝说人们求得自身的解脱,而且结合"承负说"提醒人们为了子孙后代积功累德。

二、道教形成的渊源

中国的道教与佛教、基督教、伊斯兰教不同,它并不是由某一个人单独创立的,而是多种华夏文化整合相融,逐步积累,经过若干代人的努力、数千年的发展演变,才最后形成的。我们可以说在释迦牟尼以前没有佛教史,也可以说在穆罕默德以前没有伊斯兰教史,但我们却不能说在张道陵以前没有道教史的存在。因为,在张道陵创立五斗米教以前,道教的核心信仰体系——"道"崇拜和"神仙"崇拜早已在我国原始宗教中产生,因此,我们有理由相信,道教的发展历史源头很长,至少在两千年以上。

道教最初的渊源是我国原始社会的巫鬼道和春秋战国时期燕、齐一带的方仙道。在远古时期,人类还处于蒙昧与野蛮阶

---

① 沈祖祥主编:《旅游宗教文化》,第129-130页,旅游教育出版社,2000年版。

段，他们不了解自然界变化的原因和人类社会发展的规律，对于阴阳四时、风云雨雪、山崩地震以及人们的生死祸福等，都感到神秘，感到冥冥中的一种超自然、超人类的力量在支配这一切，于是产生了最初的鬼神崇拜。他们把天地山河、日月星辰、死去的部落首领、传说中的英雄以及自己的祖先等都奉为神灵，经常进行祭祀和祈祷，希望得到它们的护佑和指示。后来，逐渐产生了一种专门以祭祀和祈祷为职业的人们，他们声称能充当人神之间的媒介，能转达天神和祖先的意图，可以预测吉凶祸福，帮助人们决嫌疑、定成败，这就是巫觋和巫祝。人们希望通过巫祝求神去祸、治病消灾、预测前程、驱邪镇鬼。商周的甲骨就是巫祝用来占卜的材料，其中的甲骨文则是占卜的记录。从原始社会末期直到奴隶社会，这种巫鬼道在社会上都占有举足轻重的地位，也成为道教最初的渊源之一。

　　历史发展到春秋战国之际，在燕、齐沿海一带出现了一批鼓吹长生成仙之术的方士。他们利用邹衍的阴阳五行学说解释自然界和人类社会的一切现象，鼓吹渤海中有蓬莱、方丈、瀛洲等三神山，山上居住着仙人并有长生不老之药。这就是以宋毋忌为代表的方仙道。他们的主张不仅得到了齐威王、齐宣王、燕昭王等人的崇信，而且吸引了具有雄才大略的秦皇、汉武。秦始皇派徐福率童男童女入海求神仙及长生不老之药，汉武帝也曾大规模地派人入海求仙，它说明这时的方仙道已从民间扩展到皇室与贵族。到魏晋时，这类方士就摇身一变，成为主张修炼、追求长生的神仙道士[①]。

　　黄老道也是道教的一个渊源。战国时，在齐国的稷下学宫出现了一派学者，他们把道学的创始人老子同田齐尊奉的始祖黄帝撮合到一起，主张清静养生，无为而治，被人们自然称为稷下黄

[①] 朱耀廷、崔学谙主编：《北京宗教文物古迹》，第221页，光明日报出版社，2004年版。

老学派。西汉初年,曹参以黄老清静之术治天下,收到了社会稳定、生产发展的良好效果。从此历经文、景直至武帝初年的窦太后,汉朝实行黄老政治达六七十年之久,致使黄老学说深入人心。其中有一些神仙方士将黄老学说与方仙道结合起来,逐步将黄帝、老子神化,形成了一种尊奉黄帝、老子的黄老道。

学术界普遍认为道教正式产生于距今一千八百多年前的东汉末年,以张道陵创立"五斗米教"作为道教正式创教的标志,当然这并不排除道教的形成历史有更长的渊源。道教所说的"神仙",包括至高天尊、诸天神、地祇、人鬼、仙真的统称。道教是多神宗教,信奉的神仙很多,其"神"和"仙"的系统,也是在发展中逐渐扩充而成的。大体上说,道教所信奉的诸天神,大都是承袭我国古代社会的鬼神崇拜而来;至高之天尊、仙真,则是从道信仰所虚构出来的。由于道教发展阶段不同,宗派不同,故崇拜的神仙也有所差异。

由此,对神、仙、鬼的信仰,是早期道教——太平道与五斗米道在教义方面的基本内容。相信"天应天威"、"心神合一",这是早期道教的神学理论基础。到西晋,道教尚未确立理性较强的神仙理论体系,直到东晋,才由道教著名学者葛洪完成。东汉末年,黄老道分衍为三支,一为张角的太平道,一为张鲁的五斗米道,一为魏伯阳的金丹道。由于这是道教形成后的第一次勃兴时期,故一般称之为早期道教。魏晋南北朝时期(公元220—589年)是道教史上的第二次勃兴时期,特别是东晋至南朝梁(公元317—577年),道教有较大的变革与发展。东晋南朝的许多门阀士族都是信奉五斗米道的世家。① 齐、梁时期,道馆已遍布江南各地。南北朝期间,南朝曾在庐山建招真馆、南岳衡山建九真

---

① 陈寅恪:《天师道与滨海地域的关系》,载《历史语言研究所集刊》,1933年第3卷第4期。

馆、桐柏山建金庭馆、茅山建曲林馆、太平山建日间馆。

隋唐时期,国家统一,经济发达,由于丝绸之路的开拓,随着中外贸易的开展,中外文化交流也日趋频繁。在此基础上,出现了我国封建社会经济最为繁荣的局面,同时也出现了文化思想方面灿烂的景象。隋唐五代的道教,是南北朝道教的延续与发展。特别是在唐朝,道教作为皇族宗教,曾一度呈现十分兴隆的景象,老子被神化为最高天神,并尊为道教教祖,老子的《道德经》被奉为最崇高、最奥妙的经典。

唐玄宗二十六年(公元 738 年),改各地宫观为开元观。天宝年间(公元 742—756 年)又设置真符玉芝观、升仙观、太清观、太微宫等,并在各地建立玄远皇帝庙,以后宫观大兴。据《唐六典·祠部》记载:"凡天下观总一千六百八十七所。"大兴土木,劳民伤财。唐朝是道教的鼎盛时期,之所以如此,很大的原因在于道教与唐室的结合,成为皇族宗教。在统治者的扶持之下,得到在社会上、政治上的优越地位,既能与势力强大的佛教相抗衡,又恃势扩张了教团。唐朝统治者特别重视和扶持道教的发展,主要是因为道教的斋醮法事可以为统治者祈福禳灾,祷告天下太平;道教的炼丹和养生方术,可以满足帝王贵族追求长生不死的愿望;道教清静寡欲,与世无争的思想,可以为某些官场失意的官僚文人提供精神安慰和寄托。但是除了上述原因外,唐朝统治者,特别是皇室对道教的尊崇和扶持,还有其特殊的政治需要,即利用道教为李氏皇族的统治制造合法根据。① 因而,道教能成为唐代的皇族宗教,根本原因在于政治与经济原因,换句

---

① 隋唐之际,魏晋以来盛行的门阀士族统治已趋衰落,但其社会地位和影响还很大。唐朝皇族原本出身于朝鲜卑军户,并非名门望族。当李渊、李世民父子在隋末起兵争夺天下之时,为了抬高其门第,争取上层贵族的支持,便利用道教祖师老子姓李的巧合,尊奉老子为唐王室的祖先,宣称自己是神仙后裔,借此制造"君权神授"的舆论。

话说，唐室扶持道教，主要不是由于信仰，而是利用神权以巩固其统治地位，是一种政策，或权宜措施。

继唐以后，宋代是道教发展的又一高峰时期，也是道教发展的重大转折时期。在中国历史上，北宋是继唐朝之后道教的兴盛时期。宋朝开国之初，太祖、太宗皇帝即注意扶植道教，礼遇隐逸道士，搜访道教经书，敕建宫观，使遭受唐末五代战乱破坏的道教有所恢复。宋时，封建统治者不惜耗费巨大财力、物力和人力来兴建宫观庙宇。全真道、大道教、太乙教等相继兴起于北方民间；南宗、净明宗、清微宗等先后出现于南方民间，对以后道教的发展产生了深远的影响。北宋统治者对道教的扶持，与唐朝一样，也是为了利用道教神化其统治，制造所谓"天神授命"的神话。道教在金元时期分衍宗派，各立教团，发展教义教规，曾一度十分活跃。但自明朝开国后，由于朝廷对宗教采取了检束并用的政策，即笼络其头面人物，从而控制其势力的发展，因此道教势力逐渐趋弱。道教传至清代，虽仍有众多信奉者，但已大不如前朝之盛。究其原因，主要由于新文化思想的兴起与西欧科学技术的传入，使旧的封建落后的宗教意识受到冲击；同时又因基督教的传入，与我国固有的宗教争夺信教群众；更为重要的原因是清政府对待道教的严峻态度。

清代以后，道教遭受革命运动和内忧外患的冲击更趋衰弱。1911年，满清帝制被推翻，成立中华民国，特别是1919年"五四"运动时期，青年学生掀起科学和民主的思潮，使浸透着封建宗法思想的道教受到了强烈的冲击，其教义、教理中的封建伦理基础也发生了动摇。新中国成立以后，由于实行宗教信仰自由政策，道教又重新获得发展的机会，许多历史上著名的宫观得以恢复和发展。

三、道教的流派

西晋初年，五斗米道在四川一带得到恢复与发展。据传有一位名叫陈瑞的人曾自称天师，在川中传播五斗米道。西晋末年，各族人民大起义，李特、李雄率军攻占成都，曾任用五斗米道首领范长生为相。范被尊为"开地太师"，协助李氏建立了大成政权。东晋时，天师道在南京得到迅速发展，不少有名的士族，包括王羲之、谢安等也世代信奉天师道。后因天师道没有出现杰出的领袖，一些祭酒各自为政，人人称教，导致了教团涣散、各奉异法的局面。正是在这种情况下，才出现了南北朝时期对天师道的改革。

北魏道士寇谦之，自称东汉功臣寇恂之后，幼年即倾心五斗米道，但学无所成。后入嵩山修道 7 载，声称太上老君亲临嵩山，授予他天师之位，并传授道书及导引服气口诀诸法，命他"清整道教，除去三张（张道陵、张衡、张鲁）伪法；租米钱税及男女合气之术"，"专以礼度为首，而加之以服食闭幕炼"。后来得到北魏重臣崔浩的帮助，在平城（今山西大同）建立新天师道道场，北魏太武帝封他为国师，并将年号改为"太平真君"，采取了兴道灭佛的政策。从此天师道在北方得以广泛传播，被后人们称为北天师道。

继寇谦之之后，南朝也出现了一个著名道士陆修静。他曾在云梦山、庐山隐居修道，并曾两次前往刘宋首都建康（今南京）。在建康期间，他将自己收集到的道经加以校刊整理，分为洞真、洞玄、洞神三大类，奠定了《道藏》的基础，此后又编辑了我国最早的道经总目——《三洞经书目录》。他吸收佛教思想、仪节，认为修道应当用礼拜、诵经、思神三种方式，这样才能洗心、洁行、达于至道。于是他编纂了斋戒仪范类道经一百余卷，使道教初步具备了统一的仪礼。他死后被尊为简寂先生，宋徽宗时被封为丹元真人。经他改造过的天师道，后世称为南天师道。唐宋之后，南北天师道合流，元朝后多数归于正一道。

从东晋中叶到唐宋时期，南北天师道还曾分化出若干大小派别，其中包括南方的上清派、灵宝派、茅山派，北方的楼观派、紫阳派和净明派等①。上清派又称上清经箓派，以奉上清经箓为主，此派声称，得道后可以升入上清天，高于天师道的太清天，故而自称上清家。魏晋以来，此派成为道教大宗。陶弘景乃此派第九代宗师，南朝齐、梁之际的著名道教学者、炼丹家、医药学家。他继承了老庄哲学和葛洪的仙学思想，主张道、儒、佛三教合流，并进一步整理道教经书，编写了《真灵位业图》，对传说中的天神、地祇、人鬼以及群仙真人分排座次，构建了一个等级森严的神仙世界，对此后道教的发展产生了深远的影响。

灵宝派产生于东晋中叶的江南一带，以阁皂山为中心，信奉与传承《灵宝经》。其主要代表人物是葛洪从孙葛巢甫。陆修静曾将其经书加以增删，立为仪轨，致使灵宝派信徒日增，成为南朝一大道派。此派奉元始天尊为最高神，注重斋戒仪轨，主张劝善渡人。曾分化为丹阳、洞明、通明等若干小宗派。到唐代，其灵宝经法为上清派所吸收；其修炼理论与斋仪则多为茅山宗继承。

茅山宗是道教符箓科教派三大宗（龙虎宗、阁皂宗、茅山宗）之一，其创始人为陶弘景。他曾隐居茅山传道，尊三茅真君（茅盈、茅固、茅衷）为祖师。既是上清派的重要传人，又是茅山派的开山宗师。他主修的经典为《上清大洞真经》，同时兼收并蓄各派道法及儒、佛思想，主张三教合一。其信徒居道馆修炼为主，又兼习灵宝、三皇等经戒法箓。到唐朝时成为道教的主流

---

① 朱耀廷、崔学谙主编：《北京宗教文物古迹》，第 213－215 页，光明日报出版社，2004 年版。

派，受到唐皇室的尊崇。元朝后汇于正一派。

楼观派是兴起于北魏的一个道教派别，它以陕西终南山为中心，崇奉老子，尊尹喜为祖师。楼观本是周康王时大夫令尹喜的住宅，相传他曾结草为楼，观星望气，故名楼观。为与佛教相抗衡，此派力主老子西行化胡之说，成为与佛教辩争的主要力量。他们崇奉的经典主要有《道德经》、《西升经》等。唐代皇室以老子为始祖，李渊及其子孙教尊崇道教，曾在此处修建宗圣宫，致使楼观派达于鼎盛阶段。安史之乱后趋于衰落，元代合并于全真道。

紫阳派本是北宋道士张伯端创立的一个道教派别，以浙江天台山为传道中心。此派融会了儒家"穷理尽性"和佛教"顿悟圆通"的理论，主张内丹修炼、性命双修。后来成为全真道的南宗，张伯端则被奉为南宗五祖之道，号称紫阳真人。

净明道又称净明忠孝神仙道教，以江西南昌西山万寿宫为宗坛，以晋人许逊为祖师。南宋初年，南昌人何真公祈请许逊降临解救战乱，相传许逊授予他《飞仙度人经净忠孝大法》。其教义强调以忠孝廉慎、调养心性为基，以内炼修养为本，才能神渐通灵，道法自备。它顺应了当时社会文化发展的需要，得到了社会各阶层的欢迎。元朝后合并于正一道。

以上各派虽然师承系统有别，道法和道术的侧重点有所不同，但其教义却基本一致，同样属于南北天师道。历史发展到南宋与金、元南北对峙时，道教才出现了各占山头、各立门户和几大派别：开始是正一道、全真道、真大道和太一道四大宗派。到元代中期，太一道与正一道合流；至元代末年，真大道销声匿迹，于是只剩下全真道与正一道两大道派，一直流传到今天[①]。

[①] 朱耀廷、崔学谙主编：《北京宗教文物古迹》，第215页，光明日报出版社，2004年版。

全真道①是兴起于金代的北方最大的道教宗派，其创造人为陕西咸阳人王吉，号重阳。他自称48岁时于甘河镇遇见仙人吕洞宾，授予要道口决，于是抛弃家室，进入终南山修真养性。金世宗大定七年（公元1167年），他云游山东，在宁海等地先后收纳马钰、谭处端、刘处玄、丘处机等七大弟子，这就是著名的北七真。因他曾筑全真庵修行，故而他所创立的道派被称为全真道②。此派主张三教合一，以老子的《道德经》、儒家的《孝经》、佛教的《般若心经》为主要经典，教人孝谨纯一、正心诚意，少私寡欲，以"明心见性"为全真。它有严格的教规，要求入道者不娶妻、不茹荤，出家住丛林。王重阳死后，其七弟子分散各地传教。王处一、丘处机曾先后被金朝廷召至中都（燕京，今北京）传道，于是全真道名声大振。后来，西征路上的成吉思汗下诏召见长春真人丘处机。丘处机率弟子十几万里西游，向成吉思汗宣传"敬天爱民为本，清心寡欲为要"的道教主张，明确提出"天道好生恶杀，治尚无为清静之理"③，对成吉思汗及其子孙的政策转变发生了深刻影响。成吉思汗尊丘处机为神仙，命他掌管天下道教，并下诏改燕京天长观为长春宫（今北京白云观），由长春真人居住。从此全真道进入全盛时期，北方道教的楼观派和紫阳派也先后归入全真道。明清时，凡主张内炼成真的道派都统一于全真派。全真道与正一道成为天下的两大道派。

正一道即传统的天师道④，主要由上清派、灵宝派及净明道等符箓联合组成。早在东晋南北朝时，天师道就尊称张道陵为正一天

---

① 朱耀廷、崔学谙主编：《北京宗教文物古迹》，第215－216页，光明日报出版社，2004年版。
② 朱耀廷、崔学谙主编：《北京宗教文物古迹》，第215页，光明日报出版社，2004年版。
③ 《元史·释老传》。
④ 朱耀廷、崔学谙主编：《北京宗教文物古迹》，第216－217页，光明日报出版社，2004年版。

师；后来，上清派也宣称传授正一法。唐宋以后，江西龙虎山成为正一道的活动中心。南宋理宗敕命35代天师张可大提举在三山（龙虎山、茅山、阁皂山）符箓兼御前诸宫观教门公事，从此龙虎山正一天师取得了统领上清派、灵宝派等江南各派道教的地位。元世祖忽必烈曾命36代天师张宗演主领江南道教事，元成宗大德八年（公元1304年）授38代天师张与材为正一教主，主领三山符箓。从此天师道正式改名为正一道，龙虎山的张天师则成为正一道的当然领袖。此派以《正一经》为主要经典，宣称正一之义，乃从正以证道。即伐诛邪伪，整理鬼气，统承三天，佑国育民，与天下万神分付为盟，悉承正一道的真一不二之道。它与全真道的主要区别是，不重修持，崇拜神仙，相信画符念咒、降神驱鬼、祈福禳灾之术。但在其发展中，此派也不断吸收其他道派的主张，因此有几代天师既主张符箓雷法，又主张内丹炼养，颇有兼收并蓄道教各派精华之意。该派允许结婚家居，也可以出家山居。早在唐代，此派就将其道众分为七等，即天真、神仙、幽逸、山居、出家、在家、祭酒等，可见它不像全真派那样严格划一。

第二节 道教诸神及其宫观

道教是中国土生土长的宗教，它与佛教、伊斯兰教、基督教的一个重要区别是：它不是一神教，而是多神教。道教崇奉神仙[①]。

[①] "神仙"之说，在道教产生之前已经在中土广泛流传。《庄子·逍遥游》中说："藐姑射之山，有神人居焉，肌肤若冰雪，绰约若处子，不食五谷，吸风饮露，乘云气，御飞龙，而游乎四海之外。"而在燕齐滨海一带则传说有蓬莱、方丈、瀛洲三座神山。这件事在司马迁的《史记·封禅书》中有详细的记载，"诸仙人及不死之药在焉。"秦汉之际，经方士的大力宣扬，神仙传说在宫廷和民间的影响越来越大。不少皇帝都曾专门派人到海上寻找神仙和仙药，以求跻身神仙之列。

一、"神仙"崇拜是道教信仰的基本内容

根据道教的说法,道气化为三清尊神:元始天尊住玉清境,灵宝天尊住上清境,道德天尊住太清境。"三清"是道教崇拜的最高神灵,其中元始天尊地位最高,但影响最大的却是道德天尊,即太上老君,他是由老子神化而来的。道教的神仙信仰,并不是西方的一神教,而是尊奉主神的多神教。在道教看来,只要是修炼成道、神通广大、变化无方、长生不死的人都可以成为道教徒心目中的"神仙"。因此在三清尊神以下,还有玉皇大帝、护法神将、瑶池女仙、城隍、土地、灶君、财神、八仙、黄帝等诸神仙,共同构建了一个超然于人间之上的虚无缥缈而瑰丽多彩的神仙世界。对于这个神仙世界的景仰构成了道教信仰的基础,因为道教认为,不崇拜这个神仙世界的浩渺,也就是不承认创始主——"道"的浩大与力量无穷;不相信世上存在天神、天帝、天庭,道教的祈禳醮仪等等就毫无意义;不相信神仙、仙境的存在,也就没有道教徒追求得道成仙、长生不老的愿望。所以说,"神仙"崇拜是道教最基本的信仰内容。不仅有本教的开山祖师,而且有我国上古神话传说中的各种神灵;不仅有与人们和生死祸福、日常生活息息相关的天、地、日、月、星辰、山、川等各种俗神,而且有历代圣贤及得道成仙的传说中的人物。据有关专家统计,见于著录的道教神仙当在 1000 名上下[①]。

在如此庞大的道教神仙体系中,有十几位神仙在道教中占有崇高的地位,人们习惯上称他们为道教尊神。其中包括三清、四御、西王母、真武大帝、文昌帝君以及三官大帝(三元大帝)等[②]。

[①] 朱耀廷、崔学谙主编:《北京宗教文物古迹》,第 228 页,光明日报出版社,2004 年版。

[②] 朱耀廷、崔学谙主编:《北京宗教文物古迹》,第 229-230 页,光明日报出版社,2004 年版。

所谓三清即道教尊奉的三位最高神，他们是玉清元始天尊、上清灵宝天尊、太清道德天尊。早期道教本来奉老子为教主，晋代葛洪撰写《抱朴子》，认为老子也有老师，其老师即名为"元君"。到南朝齐、梁之际，著名道教学者陶弘景编撰《真灵位业图》，系统排列了道教神仙的座次，将元始天尊列为道教最高神，位于老子之上。到唐朝时又增加了太上道君，与元始天尊、太上老君并列。后来，太上道君又名灵宝天尊，太上老君又称道德天尊。相传他们分别居于36天中仅次大罗天的三清天，即玉清境清微天、上清境禹余天、太清境大赤天。因而习惯上称他们为三清神。

四御也是道教最高领导集团的主要成员。"御"者，帝也。四御即辅佐三清的四位天帝，他们是昊天金阙至尊玉皇大帝、中天紫微北极太皇大帝、勾陈上宫南极天皇大帝、承天效法后土皇地祇。相传玉皇大帝乃万神之王，他住在天宫，其办公处所是凌霄宝殿，所有天神、地祇、人鬼包括四海龙王、十殿阎罗等都归他管辖。北极太皇大帝本是北极星的简称，古人崇拜星辰，将其神化，其任务是协助玉皇大帝执掌天经地纬、日月星辰和四时气候等。南极天皇大帝又称勾陈大帝，本是勾陈六星的化身，代表后宫，并协助玉皇大帝执掌南北极和天地人三才，统御众星，同时主持人间兵革之事。后土皇地祇是一位女神，相传她掌握阴阳生育、万物之美和大地山川，一般与玉帝相配，被人们尊为天公地母。

西王母，俗称王母娘娘，相传她本是西方一个原始部落的女首领，后来被道教尊为天界的第一夫人——玉皇大帝的太太。她是女仙的领袖，在天界具有崇高的地位。她在瑶池举行的蟠桃会即各院神仙的盛会。在女仙中除了王母娘娘之外，还有东岳大帝之女碧霞元君、北斗七星之母斗姥即斗母元君、玉皇大帝与王母娘娘的小女儿三圣以及观骊山老母、后土老母等。

真武大帝，又称玄武大帝、真武帝君、荡魔天尊等。他是道教尊奉的职掌北方天界的重要天神。我国古代将天上的星宿分为28群，称为二十八宿。后来又将二十八宿分为四组，称为东方青龙、南方朱雀、西方白虎、北方玄武。北方七宿形如龟蛇，于是龟蛇作为玄武神的象征受到人们的崇拜。宋真宗时，因避其祖先赵玄朗之讳，改名为真武大帝。另有一说认为，真武帝原是净乐国太子，为除尽天下妖魔，不继王位，在太和山（今武当山）修道。后得真人传授，功德圆满，玉帝令其统摄北方，元明时不断加封。从此武当山成为一座道教名山。

文昌帝君乃我国传说中学问、文章、科举士子的保护神。三官大帝又称三元大帝，即天官、地官、水官。相传天官可以赐福，地官能够赦罪，水官则能帮助人们解除危难。此外尚有黄帝以及三皇等也被人们尊为道教神仙。

兼收并蓄、无所不包，是道教神仙体系的一个突出特点。与道教神仙同时并存的，还有道教仙人、真人（称为仙真祖庭），以及一个队伍庞大的道教俗神系统。所谓仙人、真人，都是中国历史上实际存在过的人物。传说他们经过修身养性，或者炼制、服食长生不老之药，或者经过内丹炼养，终于变成了仙人、真人，变成了整个道教或某一个道派的开山祖师，因此一直受到历代道士们乃至世人的尊敬与崇信。

二、道教宫观及其特点

几千年来，道教代代相传，历朝历代的帝王贵族也有不少人信奉道教，而民间的善男信女们更是对道教寄托着无限的希望，因此道教尊神宫观不仅历代均有修建，而且越修越气派，基本上做到了香火不断，信徒广有。

目前，我国尚存的著名道教尊神宫观也有几十处之多。如主祀三清、四御的三清宫几乎遍布全国各地，其中著名的有山东崂山太清宫、沈阳太清宫、上海白云观、苏州玄妙观等；主祀玉皇大帝的玉皇阁有天净玉皇阁、山西晋城玉皇阁、山西汾阳太符观、江陵玉皇阁等；主祀真武大帝的庙宇在武当山紫宵宫、太和殿、金殿、昆明太和殿与金殿以及台南真武殿等；主祀天仙圣母的殿堂有泰山碧霞元君祠、华山翠云宫、骊山老母殿、山西汾阳母殿等；主祀文昌帝君的有四川梓潼文昌阁、扬州文昌阁、安徽泾县文昌阁、贵阳文昌阁等；主祀三官大帝的庙宇有千山无量观、广州三元官等[①]。另外，仙人、真人都是中国历史上实际存在过的人物。传说他们经过修身养性，或者炼制、服食长生不老之药，或者经过内丹炼养，终于变成了仙人、真人，变成了整个道教或某一个道派的开山祖师，因此一直受到历代道士们乃至世人的尊敬与崇信。他们生前活动过或者修行过的场所，就被视为仙真祖庭，成为历史上道士们修真学道的圣地，善男信女们焚香膜拜的场所，目前又成为我国文化旅游的重要景点。其中包括太上老君胜迹，吕洞宾胜迹，全真道祖庭，葛仙葛洪胜迹以及其他仙真祠庙等。

另一道教庙宇是大自然的礼拜堂——岳、镇、海、渎庙，其中包括泰山东岳庙，华山西岳庙，衡山南岳庙，恒山北岳庙，嵩山中岳庙，医巫闾山北镇庙，济渎庙以及南海神庙等。山、海、大河崇拜本是我国古代由来已久的自然神崇拜，不少朝代将这些山、海、河神列入国家祀典，定期进行隆重的祭祀。道教产生后，逐步将这些神灵拉入了道教神仙队伍，于是五岳、五镇、四海、四渎庙也成为道教的重要庙宇。

我国是一个多神的国家，道教俗神更是多到了难以计数的地步，因此我国古代道教俗神祠几乎是无所不在，遍布全国城乡。

[①] 朱耀廷、崔学谙主编：《北京宗教文物古迹》，第 230－231 页，光明日报出版社，2004 年版。

保存至今的道教俗神庙宇也有数百座，其中有不少庙宇已经或准备进行修复。其中包括遍布全国城乡的土地神，护佑城池的城隍神，冥府的最高统帅东岳大帝，鬼国都城丰都的阴间天子，治病救命、救死扶伤的药王，专司风火、保佑人们平安的风火神，海上的保护神天后妈祖，河流、湖泊的龙王、火神以及牛王、花神、盐神等。人们根据自己的需要，创造了各种神灵，道教则毫不例外地将他们请进自己的家族，并给他们封官晋爵，让他们各司其职，镇守一方。哪里有人群，哪里就会出现道教俗神，他们几乎是无所不在，为各个阶级、各个阶层、各行各业的人们提供精神上的安慰，描绘美好的前景。从而也长期得到不少善男信女的崇奉，因此其庙宇也几乎遍布全国。

第三节 宫观的形成及其文化内涵

中国现行五大宗教，在宗教活动场所的称谓上，以道教最为复杂，诸如祠、庙、府、洞、道院等等，最常见的是某某宫或某某观。

一、道教宫观的形成

称作宫观，有一个历史过程。《道书援神契》说："古者王侯之居，皆曰宫，城门之两旁高楼，谓之观"。自秦以后，宫为帝王皇宫、行宫之专称。观是皇城城门两侧的建筑物，登高可以望远，取义而名为观。因此，"观"，古代宫阙两旁的望楼称"观"。因道教为西汉帝王所重视，据《史记·封禅书》记载，汉武帝元封二年（公元前109年），齐人公孙卿上书武帝："仙人可见，……今陛下可为观如缑城，置脯枣，神人宜可致也。且仙人任好楼居。"此为道教祠宇称观之由来，道教也由此袭用了武帝致神之所名"观"这个称呼。用观来指称道教庙宇，可以说起源于汉，相沿于北朝，通行于唐代。封建社会，统治者崇奉天神，所以祀神之所也叫"宫"，唐代尊奉老子为宗祖，并以高祖、太宗、高宗、中宗、睿宗五帝画像陪祀老子，因而"观"也称"宫"。以后道教祠宇都称道宫、道观。隋、唐以后，道馆先后改称为观，大型道观又别称"宫"，道教宫观制度正式确立，并一直沿袭至今[①]。

由于道教源流不同，所处地域也不同，五斗米道的活动场所不称作观，而称为治、靖室，起源于张道陵所设"二十四治"。"治"初为五斗米道教的传教点区，转而成为早期道士祀神传道之所，"置以土坛，戴以草屋"。作为其流系的南朝天师道，又多取名为馆。中国道教宫观根据现有资料发现，道馆之设源于东晋丹阳许氏。晋时，巴蜀陈瑞道派的活动场所称为"传舍"，江东于君派则称"精舍"，而北方帛家道仍以"治"称。南北朝时，新天师道也称坛为寺。

历代宫观修筑形式，虽规模有大小，但形式大都为宫殿式，也大都金碧辉煌，甚为豪华。道教宫观的建筑，在设计、布局、营造等方面，并不强求一律。宫观是按照想像中的神仙天堂和洞府仙境而建制的，拟仪天堂而建宫观，让天堂再现于人间，可以说这是宫观建制的基本指导思想。所以宫观建制没有教条性的模式，给自由想像留下了广阔的空间，也符合道家文化中崇尚自然和谐的审美意识。宫观作为建筑群体，其中的殿堂楼阁并非纷然杂陈，混乱无序，在殿堂布局、殿堂设置等方面，都有一定的法式规制。历史地看，这种基本准式是在唐代形成的，以后虽代有沿革，但总体上看始终保持着唐代建制的雏形。

[①] 段玉明著：《中国寺庙文化》，第65—66页，上海人民出版社，1994年版。

从总体上看，道教宫观具有宫殿式建筑和园林式建筑的双重风格。殿堂为祀神之所，具威仪，但并不给人高耸突兀的感觉，不突出那种凌驾于众生之上的宗教气氛，具威仪而可以亲近，是天堂却并不悬隔于现实，这大概就是殿堂建制最通常的视觉效果。宫观作为建筑群，既浑然一体，又层次分明，在殿堂楼阁之间都有所间隔，构成一个相对独立的院落。院中或古木参天，或茂林修竹，或花团锦簇，与主体建筑形成一种立体效果。

二、道教宫观的文化内涵

道教著名尊神宫观在当代一般都被列为国家级或省市级重点保护单位，有的还成为当地道教协会所在地，成为我国对外开放的重要文物古迹旅游景点。游客有幸到此一游，既能欣赏到中华大地的大好风光，也可以领略到道教文化的丰富内涵，既能陶冶性情，又是一种难得的艺术享受。道教名山宫观大都是在中国封建时代建造的，因此，与其他宗教建筑相比，道教名山宫观具有如下文化内涵：

第一，崇尚自然，顺应自然，还于自然，美化自然[①]。

老子在《道德经》中就明确指出："地法天，天法道，道法自然。"崇尚自然，顺应自然，返璞归真这一基本思想，在道教名山宫观的建筑中也有明显体现。道教宫观是道教徒祭神礼拜的场所，也是道士们修身隐居之处；金元出现的全真道学习佛教出家修行的传统，建立了十方丛林制度，宫观又成为全真派道士出家后集体生活的居室和祭神诵经修身之地。为了便于修身养性、长生成仙或经常与神仙沟通，这些宫观大多建于幽静秀丽的山林之中；在具体建造这些宫观时，道徒们也多是顺应自然，巧妙地

[①] 朱耀廷、崔学谙主编：《北京宗教文物古迹》，第230－231页，光明日报出版社，2004年版。

利用自然，或依山就势，或见水筑桥，或因高建殿，或就洞修宫，灵活布局，就地取材，建造了许多超凡脱俗、出神入化的道教建筑。比如号称"天下幽"的青城山、号称"神仙宅窟"的崂山以及武当山、四川灌县二郎庙等就都是因山就势而建。

青城山在四川省都江堰市，她背倚岷山雪岭，脚抵川西平原，左临都江堰，右瞰鹤鸣山。峦壑连绵若激天波涛，方圆达百二十公里。山色苍翠，经年郁郁葱葱，岁寒不凋；洞壑纵横，清泉碧溪相交错，潺潺有清远之音。山势则峰峦叠嶂，峻岫层出，赤壁峭立千仞，而腹背皆披青染绿，入其山环顾，则青峰四合，犹若城郭之状，故状其山而名曰"青城"。幽邃、清远、隐逸，青城山天然就是仙家福地，所以这里古有仙道风气，被道教目为十洞天的第五洞天，号曰"九仙宝室之天"。

崂山，在很远古的时候，这里便传说有神洲仙岛，岛上有仙子神人。崂山古属于齐国，处蓬莱神仙境界的中心地带，战国的齐燕方士，曾把崂山誉为"神仙宅窟"，并因其山水之卓异，仙话之美妙，号之为"灵异之府"。

武当山是我国道教著名的福地，传说是仙人隐显之地。战国的尹喜真人、汉代阴长生、晋代谢允、唐代吕洞宾、宋代陈抟、明代张三丰、清代王常月等，均曾修炼传道于此；正一道的大茅派、恩赐派、三茅派均在武当山传宗接代。从此，武当山遂成为我国道教名山之一，并以武当拳发祥地而闻名天下。

天下名山必为道教所染迹。这些地方既保存了自然山林的宏伟秀丽，又突出了道教宫观的幽静神圣；既给人以地设天成之感，又不乏巧夺天工之作，不愧为中国的道教名山，闻名海外的旅游胜地。

道教认为，高山的顶峰高耸入云，与天庭只有咫尺之隔，他们将此视为天地交汇处，神仙真人往往在那里出没，因此在那里最容易见到神仙，自然也最有成仙的机遇。于是，不少宫观被修在山巅，如武当山的金顶、千山的"观顶"玉皇阁以及岱顶的碧霞祠与玉皇观等。道教还认为，著名的山洞乃神仙真人修真养性、烧炼金丹的洞天福地，那里不仅风景秀美，而且清净幽深，既可以远离尘世的喧嚣，有利于清心静养；又便于吸收天地之真气，有可能成为天灵地杰；还可以及时受到神灵的启示。因此借洞筑观、以洞名观，或者在洞旁建观等，又成为道教宫观的一个建筑特点。比如齐云山就是利用天然的洞窟，将太素宫、玉虚宫等建在洞穴之中，成为我国道教建筑中借洞筑观的典型。其他如青城的天师洞号称第五洞天，著名的古常道观就建在天师洞前；浙江楠溪江的陶公洞号称天下第十二福地，其文昌阁、广福灵真宫、胡公殿等就都建在洞内；有的洞穴虽小，也建造了一些象征性的道教殿堂楼阁，如庐山的仙人洞就是一个典型；其中有一座石雕的纯阳殿，殿内还有一尊吕洞宾的背剑石像。即使建造在城镇中的道教宫观，为了能够接近自然、体现自然，也要千方百计地种植树木、广植花草，或者尽可能地修建花园、假山、使道士与游客感到身处大自然之中。比如北京的白云观、成都的青羊宫、苏州的玄妙观等就不愧为人海中的丛林、闹市中的洞天。

总之，道法自然、崇尚自然，回到自然去，这是我国道教建筑的一个突出特点。目前，这一特点已经引起世界上许多国家建筑师的重视，如何将人类居住与活动的场所建筑得自然美观，既合于天趣，具有浪漫色彩；又便于人们生活与工作，有利于人们修身养性、益寿延年，这是道教名山宫观给今人的一个重要启示。

第二，体现了道教教义与哲理

黄老道、易经八卦、阴阳五行以及谶纬神学是道教教义的主要组成部分，这些理论与观念不仅融合于道教教义之中，渗透在道教的宗教活动之内，而且反映到道教的宫观建筑之上。

道教宫观一般都讲究天地阴阳、八卦方位。从总体布局看，道教宫观一般都坐北朝南，体现天南地北，乾南坤北，并以子午线为中轴，将道教尊神的殿堂建在中轴线上，分为二进、三进或四、五进院落。大型宫观还分左右二路，根据日升月西，坎离对称的原则，建造供奉诸神的殿堂或道众的居室。按阴阳五行的说法，东为青龙、西为白虎、东属木、西属金。因此东路一般作为道众生活用房，取其吉利并努力返于"纯阳"的修道目的。西路则设配殿或作为云游道众与信士香客们的临时住房。有的宫观建筑甚至直接用八卦命名，如四川成都青羊宫的八卦亭、山西太原纯阳宫的八卦楼等。有的则象征八卦，如张天师分设24治，其中就分为上八治、中八治、下八治、与八卦对应；三八为24，则应24节气。北京白云观中的御殿院内，建筑殿堂64间，象征的则是八八64卦。泰山岱庙围墙四角建有四座然角楼，分别以八卦中的巽、艮、乾、坤命名。四川青城山的入口处，地上就有一个图案。青羊宫的八卦亭上雕刻着81条龙，象征的则是老子81化。甚至包括宫观的山门、围墙上，也往往绘有或雕刻上八卦、阴阳五行图等①。

道教宫观的大门称为"山门"，一般都有三个门洞，这不仅是为了美观对称，主要是体现道教中的三界，即无极界、太极界、现世界。告诉人们进入了三门，就意味着跳出了三界，才有资格修真成仙。山门前一般都建有影壁，据说可以起到藏风避气的作用。多数宫观往往建成四合院格局，其四方人代表金、木、水、火，中间则代表土，说明五行俱全，吉祥如意。宫观的围墙

---

① 朱耀廷、崔学谙主编：《北京宗教文物古迹》，第231页，光明日报出版社，2004年版。

一般涂成红色,红代表火,也代表南方,属阳,取其吉利之意。有的则涂为黄色,黄代表土,土以代表中央,以示处于坚固的中心地位。

此外,为了反映吉祥如意、长生不死以及飞千成仙等教义,道教建筑还多以壁画、浮雕等形式,对殿堂楼阁进行装饰。其中不仅有八仙过海、王母庆寿、福、禄、寿三星的故事,而且还有各种各样的图案:如描绘"鹤鹿松猴",象征高官厚禄,宰相门第;描绘日月星云,表示光明普照;描绘山水岩石,表示坚如磐石、山海年长;或者描绘扇、鱼、水仙、蝙蝠、鹿等,取其谐音,分别象征善、裕、仙、福、禄等。有的宫观为了避邪,还在山门或殿堂悬挂一面反光镜,名之为神鉴或照妖镜。总之,道教是一个充满了良好愿望的宗教,用一切手段和办法,使人们逢凶化吉、遇难呈祥,这是道士们的理想。这一理想也充分体现在名山宫观的建筑上。

第三,体现了严格的封建等级思想[①]

道教产生于东汉末年,历经魏晋南北朝、隋、唐、宋、元、直至明、清,目睹了我国封建社会的发展、兴盛与衰亡。尽管曾有几次农民起义均是由道教发动,道教教义中也不乏反抗封建压迫的主张,但在长期的发展中,道教却接受了当时占统治地位的封建专制主义思想。无论是道教神仙体系,还是道教各派内部,都有着严格的等级划分,因此这种封建等级思想在道教官观建筑上也有着明显的体现。

道教是一个多神教,它有一个庞大的神仙集团,这些神仙从一开始就有严格的等级划分。南梁道教学者陶弘景专门写作了《真灵位业图》,目的就是给道教传说中的各路神仙排座次。他把

[①] 朱耀廷、崔学谙主编:《北京宗教文物古迹》,第 236-237 页,光明日报出版社,2004 年版。

神仙世界分为七级,第一级者阳一元化领导,设一位主神,左右配以两位或若干助手。其中道教尊神地位最高,相当于人间的帝王,因此他们在天界的住处和办公地点也是金碧辉煌,相当于帝王的宫殿,故而被称为"宫";然后是道教的创造者与各个道派的祖师,他们活动过的地区被奉为道教祖庭,有的被称为"宫",的有则被称为"观";而一般的仙人、真人或山神、地鬼其地位只相当于人间的各级臣子,因此供奉他们的地点只能够称为"观"或称为"庙";还有一些道士结草为庐,或自寻山林修行,也留下了一些道教建筑,这些建筑充其量只能叫作"道院"。道教宫观的等级划分,不仅与所供神仙的地位有关,而且与人间帝王的尊崇程度有关。唐代皇室尊老子为祖先,终南山的楼观台由"观"升为"宫";明成祖尊奉张三丰,大建武当山宫观,不仅建了金殿,还修了紫禁城;以吕洞宾为首的八仙受到人们尊崇,西安就建八仙宫;长春真人丘处机受成吉思汗接见,下诏准其居住燕京长春宫;明初不重视全真道,则下令将长春宫改为白云观。由此可见,道教宫观地位的高下,不仅受封建等级观念的影响,而且与封建朝廷有直接关系。

  道教宫观的等级不同,建筑规格与建筑材料也有很大差别。在人间,房屋建筑分为三个等级;即殿式建筑、大式建筑与小式建筑。道教宫观的建筑也大致上与此相当。如尊神宫殿一般为殿式建筑,允许用黄琉璃瓦覆顶,允许有崇台基座,允许用龙凤图案等;而一般神灵的庙宇,如各地的城隍庙等,就只能是大式建筑或小式建筑,它只相当于人间的地方政权在地,因此绝不能使用黄琉璃瓦,也不能设重檐屋顶。从建筑材料看,又分为金、铜、玉、石、砖、瓦、木、竹等,只有著名的宫观才能用金、铜,如武当山金殿、云南昆明金殿等,其他中观只能等到而下之。

  道教宫观占地的多少,院落的大小,与所供神仙地位的高低、与朝廷是否尊崇有关。这种严格的封建等级思想与老子、庄子返璞归真、无为而治的主张，与张角、张鲁的造反思想都是格格不入的，它是封建社会加到道教身上的历史烙印，并不值得欣赏与提倡。

中国传统文化博大精深、源远流长，道教文化是中国传统文化的重要组成部分，又是带有中国特色的古代文化，不愧为中国传统文化的精华。道教名山宫观是道教文化的物质体现，其中不仅蕴藏着历代道教学者高深的哲理，而且凝结着我国古代劳动者集体的智慧。它是我国文化旅游事业的重要资源，为研究中国传统文化提供了第一手材料。由于道教宫观多建于深山老林，因而道教仙山宫观在旅游业中占有重要地位。

第三章 佛道教财富观与寺观经济特征

佛教是宣传出世的宗教，僧尼是出家之人。按说他们连家庭六亲都不要了，更不应积聚财产，因生烦恼。除三衣、六物外，佛教教律原是禁止寺院僧尼蓄有财物的。但出世的宗教和出家的僧尼都不能不生活在社会之中。并且寺院僧尼都生活在私有制社会之中，就不能不受这个社会的所有制的影响。随着寺院财产和僧尼私有财产的发生，佛教内律中关于寺院财产和僧尼私有财产的法规也出现了。佛教内律关于寺院财产和僧尼私有财产的规定是律的一部分，也是处理寺院财产和僧尼私有财产时应遵循的律条。道教虽然主张"入世"，但道教讲"奉献"，有不少财富观与佛教有相通之处。总体而言，佛道教分别形成了自己的财富观，并成为寺观经济发展的理论依据。

第一节 佛教财富观

佛教在中国"汉化"、"民族化"、"中国化"的程度很高，也是所有宗教中在中国发展最为充分的一种宗教，它与中华民族固有传统文化之间的冲突、渗透和融合，也形成了独具特色的财富意识，这些朴素的财富观念和经济思想体现了寺院经济存在的必要性。正是由于佛教在其理论中有着丰富的财富思想，所以佛教寺院经济有了产生和发展的理论依据。

一、主张"五明兼举"、"农禅并重"

中国早期僧团不占有财富的状况是与佛教早期经典、戒律的精神是一致的。按照印度佛教的传统，僧尼是属于不生产的消费阶层，经济生活全部依靠民众的布施，比丘依靠托钵乞食得到食物。释迦牟尼在创教时便制定僧尼"不计生计"，"不蓄私财"等戒律。因为从事农耕会"掘地伤生"，私蓄钱财会引起"贪妄之心"。但是出家人也要食人间烟火，到部派佛教时期，上座与大众两部首先便因"受蓄金银钱净"发生分裂，佛教戒律也开始为僧尼私蓄钱财开了方便之门。

佛教有"五明兼举"、"农禅并重"的人间经济思想。佛教主张在持戒修行的同时，重视物质世界，以合法途径获得世间财富。佛教不主张贫穷，强调以慈悲之心融入社会经济发展。充分体现了佛菩萨希望大众衣食丰足的心愿。《地藏菩萨本愿经》大多提到"衣食丰足"。《指目录》卷八中也提到："则亦不食，故有'一日不作，一日不休'之语流播诸方"。这种朴素的财富观念和经济思想和现实社会紧密相连。

"五明兼举"、"农禅并重"的人间佛教思想，也是我们可以找到的佛教寺院经济存在和发展的最有力的理论依据。寺院是佛教弟子念佛修行的场所，担负着僧侣们吃穿住行的基本物质资料生产活动和生老病死的重任，而这有赖于寺院经济的形成和发展。佛教寺院经济的形成，尤其是生产经营活动的出现，突破了原始佛教禁止聚集财富和把持金银的戒律。寺院僧人的存在必须有大量的物质财富作为支撑，为此佛教对教义进行了调整——既禁止僧人耽于物欲，又允许寺院聚敛财富。寺院财产，佛教经律称为三宝，即佛物、法物和僧物。三宝的财物，各有所属。属于佛物的，如佛像、殿堂、香花、幡盖等；属于法物的，如经卷、纸笔、箱函等；属于僧物的，如田宅、园林、衣钵、谷物等。三宝中的大项是僧物，这是寺院财产的支柱。僧侣有常住僧物和现前僧物。常住僧物又分局限常住僧物和四方常住僧物；现前僧物又有四方现前僧物和当分现前僧物之分。① 佛教把所有奉献于寺院的财物称为"常住"，在汉传佛教中通常指僧众财产，意指这些财产像佛教"三宝"一样，无论是现在、过去还是将来都是"常住"性的，完全如同佛陀、佛法和僧众一样。

《弥沙塞部和醯五分律》说："四方僧物有五种物，不可获、不可卖、不可分。何谓五？一住处地，二房舍，三须用物，四果树，五华果。"② 可见，常住或僧物是那些不能在僧侣之间进行分配和不能以私人名义而分配的财物。按佛教教义伦理，这些财物都是不净物，如果僧人接触或占有将会引起僧人的污秽之心，从而影响修行。但佛和僧众可以拥有，因为不会引起污秽。这样，寺院（代表僧众）积聚财富的行为取得了教义合法性。这种教义规定的直接经济原则是：（1）任何个人不能侵吞私用寺院财产，否则按佛教善恶报应说将变成牛、禽或奴婢转生为寺院常住。（2）"常住"是神圣而又圣洁的，因而可以将其用于投资世俗界。这两条原则从财富增值和防止财富流失方面保证了寺院经济的正常运行，既坚持了僧人出家修行的个人最高目的，又保证了僧人的物质生活之需。寺院经济在今天能够继续存在，也主要是凭借了这两条佛教传统才成为可能。

二、主张以合法途径获得世间财富

佛教主张在持戒修行的同时，重视物质世界，以合法途径获

---

① 何兹全：《佛教经律关于寺院财产的规定》，载《中国史研究》，1982 年第 1 期。

② 何兹全：《佛教经律关于寺院财产的规定》，载《中国史研究》，1982 年第 1 期。

得世间财富。这种朴素的财富观念和经济思想体现了寺院经济存在的必要性。佛教主张人们正当地获取财富，佛教认为世间一切财富皆来源有三：一是大自然界的生力，即一年四季，春华秋实，土地给我们提供了五谷、水果等丰盛的食物，大地有取之不尽、用之不竭的宝藏。二是众人的助力，即一个人的力量是有限的，我们必须时常依靠众人之力才能创造和获得财富。三是本身辛勤的劳动。以上三种财富来源中，佛教特别重视通过本身辛勤的劳动获得财富，认为自然界生力是客观规律，它不以人们的意志为转移，人们只能依据客观规律去充分利用它，如地下自然资源不去开采挖掘，就不能将自然资源优势转化为经济优势。众人的助力也仅仅是一个重要因素，只有辛勤劳动才能获得更多的财富。佛教反对说谎、偷盗、恐吓、敲诈、勒索、贿赂，甚至走私、谋杀、偷漏税、制造伪劣商品、以权谋私、假公济私、发动战争、贩毒、贩卖人口、出售武器和屠宰业。佛陀在《陀然经》中说，获取财富必须符合正命。如果不择手段地获取财富，死神降临时，狱卒会把他拖下地狱。因此，通过合法途径拥有财富，佛教是许可的。正所谓：君子爱财，取之有道。

  佛教主张人们必须从事正当的职业去获取财富，使人们的生存符合佛教的正命生活。佛教不仅不反对人们获得财富，且鼓励人们合理合法地去挣钱，然后将之用于谋求众生的幸福、社会的繁荣富强上去。在佛教教义中的"一日不作，一日不休"，就是要僧侣们一边修行，一边参加劳动。因而古代的"农禅并重"，进一步发展为"商禅并重"、"工禅并重"，都说明僧侣要参加必要的劳动，通过正当的职业去获取财富。在《增支部》中，佛陀说，作为一个商人所具有的优良品质是：精明。他应知商品的质量，熟悉买卖技巧、懂生意经，非常能干、取信于顾客。由于昼夜六时，他都能专心致志地努力工作，明智地使用他获得的资金去扩大再生产，因此他能使自己增加财产，并获得新财富。佛陀还讲作为一个好商人应具备以下品德：熟知买卖技巧；具有盈余的观点；具有足够的资金；他的服务使顾客感到十分亲切、满意；勤奋工作。在佛经中，对财富的看法是一分为二的，既有毒蛇之喻，也有净财之说。① 俗话说，人为财死，鸟为食亡。佛教中也同样指出了财富的危害。佛法认为，人类社会的一切现象都由因缘因果决定，许多看似偶然的现象其实都包含着必然的因素，财富的获得也同样有它的前因后果。佛教认为一个人的命运在很大程度上取决于人们自己的福报，而福报又取决于自己的所作所为。因此要想获得财富，首先要培植福田，一分耕耘，一分收获。同样地，一个人的福报也是来自播种和耕耘，福田包括恩田、敬田和悲田。恩田，就是对父母师长乃至一切有恩于己的人都怀着感恩的心去报答；敬田，就是恭敬供养献身于人类心灵净化的宗教及有德有智的贤圣；悲田，就是救济帮助世间所有穷苦受难及贫病交加的人。② 以上几种行为正是人们获得人生福报的正确途径，只有通达人生的因缘因果，明了财富的源泉，人们才能够事半而功倍。除此之外，人们还应当拥有生存的技能。佛陀在《善生经》中为善生童子开示生存之道时说："先当学技艺，而后获财富"。一个人在社会上立足，必须有一定的谋生之道，即使拥有福报，也还需要通过相应的技能才能得以实现。③

三、合理支配财富

从佛教的角度来看，合理支配财富是关系到人生幸福和社会稳定的根本。佛教告诉人们，财富的正确使用方法是，将自己的收入分为四份，分别用于生活所需、储蓄、投资和慈善。用于慈

---

① 《宗教财富观》，载《中国宗教》，2001年第5期。
② 《宗教财富观》，载《中国宗教》，2001年第5期。
③ 《宗教财富观》，载《中国宗教》，2001年第5期。

善事业的布施，则能使财富真正地发挥自身的作用。佛教慈善思想的核心是行善的功德论，有极其浓厚的"福报"、"修福"的观念。这种观念推动着当时人们的慈善行为，而行善也从此成为中国佛教信仰的基本实践活动之一。这种行善的理念在南北朝时期，即中国式佛教成形的时代，进一步得到实践。佛法认为，财富自己享用了就不再为你所有，保存着的财富不一定是你所有，只有将财富福利了社会才真正属于你所有，这是佛教典型的"普度众生"的朴素的分配思想观。《善生经》中，佛陀简述了邪财的内容：酗酒、赌博、行为放荡、沉溺于歌舞娱乐、结交坏朋友、懒惰。在《相应部》中讲：以聚积财产为乐事，吝啬的不愿为他人甚至自己花费一分钱，更不做功德，这种人不值得我们效仿。为人为己谋福利，不断做功德。一些人做以上这些事时希望赚更多的钱或获得好名声；一些人做这些事是因为他们对金钱不贪，全心全意为众生谋福利，这种人是最理想的人，是我们学习的榜样。佛陀对财富的分配告诫人们要尽量避免两种现象：即挥霍和吝啬。应合理使用收入，用有限的财富办更多有益的事。财富是我们通过辛勤劳动得来的，所以应把财富用于谋求自身的幸福上去，使自己接受良好的教育，提高自身的素质，以便做好自己的事业。因为我们又是社会的人，我们的财富又来自众人帮忙的助力，因此我们对别人、对社会又必须承担一定的义务。在《涅槃经》中，佛陀对财富的处理方法有：供养父母；抚养妻子；补助仆佣属下；施予亲属朋友；侍奉沙门。

四、社会经济思想

三藏经典中，佛陀曾告诫，国家的财富必须用于建设和救济贫困。《娑迦摩巴经》中，谈到发放钱财给穷人，可解燃眉之急，然而，对国家终非长久之计。济贫的最佳方法是：国家应积极建设和创造良好的就业环境，鼓励百姓学会生产方法和赚钱的本领,凭自己的双手去创造财富、获得财富。《俱多登多》中佛陀谈到,为了使国家繁荣富强,政府首先必须重视农业的发展,组织人民去发展农业,这是解决一切问题的根本。其中政府应为农民提供种子、土地以及其他必需品,政府应帮助商人发展商业。佛陀奉劝和指导国王,免税给商人提供资本。这样商业一定会发展起来,国家也随之繁荣富强。佛陀也特别强调自由经商的经济政策,国家不应干预过多,而应采取保护措施。《娑迦摩巴经》中进一步指出,政府必须根据民众的特长而给予职业。如,有经验的农民就不应该让他们去经商,而应给他农田;善于经商者就不应该安排他去放牧,而应该给他提供足够的资金,让他经商等等。国家应安排所有的成年人,使得每一位公民都能从事适合自己特长的职业,决不允许有人到处闲逛,因为这是构成社会不稳定的因素。

佛教是一种社会组织化的宗教,作为一种社会组织(或作阶层、系统和结构)与他种组织区别的显著特征是其组织目标或者说组织的价值取向。佛教的价值取向从总体上说就是"普度众生",这就决定了佛教寺院在如何配置调动资源,调动多大规模和调动原则,都要围绕佛教的价值取向,这恰好就是佛教寺院经济的运行过程和运作模式。

第二节 道教的财富观与宫观经济

道教是讲奉献的宗教,"济世利人"、"慈心于物"、"齐同慈爱"、"愍人之苦、救人之穷"、"施恩不求报"等,这些思想和准则为道教所尊奉和信仰,是道教的优良传统。道教和其它宗教一样,也有自己的财富观,概括起来,道教的财富观可以从以下三

个角度来看①:

一、财富的分配观

道教认为,社会上的财富乃是公有的,因而人人有权享用社会财物,不能容许少数人占有大量财物,多数人极端贫困的不合理现象存在。《太平经》认为,富人好比是碰巧钻进谷仓里的地老鼠,不能因为老鼠呆在谷仓里,就认定谷仓为老鼠所有。它说"此家但遇到其聚处,比若仓中之鼠,常独具足,此大仓之粟,本非独鼠有也。"它还进一步指出,"少内(指皇室仓库)之钱财,本非独以给一人也;其不足者,悉当从其取也。愚人无知,以为终当有之,不知乃万户之委输,皆当得衣食于是也。"由于财富乃天下人所共有,因此,《太平经》对那些"积财亿万,不肯救穷周急,使人饥寒而死"的为富不仁者,予以严厉的批判。经中痛斥富人"不肯以力周穷救急,令万乏绝,春无以种,秋无以收,其冤结悉仰呼天,天为之感,地为之动。不助君子周穷救急,为天地之间不仁人"。

《太平经》针对汉朝末年贫富悬殊的尖锐对立状况,提出社会财富公有的主张,当然是一种美好的愿望,但在封建社会里,却只能是一种不切实际的乌托邦式的幻想。

二、主张"君子爱财,取之有道"

针对普通人,道教主张"君子爱财,取之有道"。只要是以正当手段得来的财富,道教都是赞赏的。道教以"重人贵生"为特征,希望人人都能过上幸福美满的生活。因此,道教对人们追求财富的愿望是予以肯定的。道教的财神,就是保佑大家发财致富的。但是,必须注意,道教特别强调不能取非义之财。道教的

---

① 《宗教财富观》,载《中国宗教》,2001年第5期。

种种戒律对此都有明确的规定。如刘宋道士陆修静所撰《受持八戒斋文》中说:"不得盗他物以自供给。"《玉清经·本起品》载元始天尊所说十戒国的第七戒规定:"不得欺孤贫,夺人财物"。《妙林经二十七戒》中说:"不得盗窃人物,不得妄取人财"。《老君说一百八十戒》中规定:"不得横求人物。""不得强取人物""不得妄取人一钱以上物"。道教认为,以不正当手段谋取财富的人,必遇恶报。《太上感应篇》说:"诸横取人财者,乃计其妻子家口以当之,渐至死丧。若不死丧,则有水火、盗贼、遗忘器物、疾病、口舌诸事,以当妄取之值"。又说:"取非义之财者,譬如漏脯救饥,鸩酒止渴,非不暂饱,死亦及之"。可见,道教力图以因果报应说来劝诫世人:非我所有,虽一毫而莫取。

在财富问题上,道教还有一些告诫:一是对财富的追求要适可而止,不可贪得无厌;二是即使富裕了,也还要节俭;三是要扶危济困,不能为富不仁。《初真十戒》的第七戒说:"不得贪求无厌,积财不散,当行节俭,惠恤贫穷。"这一规定,以简练的语言,包括了上述三个方面的告诫。

三、主张修道之人不积累任何财富

道教认为,修道之人应该遵从"圣人无积"的教导,对世俗的财富不要有任何贪求。《老子想尔注》说,修道之士"于俗间都无所欲","不劳精思求财以养身,…衣弊履穿,不与俗争。"《丹阳真人语录》说:"饥则餐一钵粥,睡来铺一束草,褴褴褛褛,以度朝夕,正是道人活计。"总之,修道之士,出尘离俗,安贫乐道,于世间无欲无求,当然更不会为财富而累身。那么,对于信徒的布施,该如何处置?道教历来的做法是,一部分用于维持道众的基本生活,一部分用于维修宫观,其余的则全部用于赈灾济贫。历史上记载有许多道士散财济贫的故事。当今道教界在捐款赈灾、捐资助学、扶危济贫等方面,也做出了大量的贡献。这既是道教的优良传统,也是道教的精神风貌所在。

虽然世界上宗教几乎无一例外地都把财富占有视为万恶之源,提倡信徒不为物质和欲望拖累,但是当它们面临着生存和发展的客观现实时,又不得不需要和依靠独立雄厚的经济基础。佛道教也是如此,正因为这样,佛道教均产生了自己的财富观,在此基础上形成了独具特色的寺观经济。

第三节 寺观经济的特征——以崇尚"佛"、"道"神圣事业为基础

佛道教本身是一种特殊的社会实体,这是因为佛道教不仅有其特殊的社会意识形态,还有其特殊的经济基础,并发挥其特有的社会功能,形成佛道教寺观经济。虽然世界上宗教几乎无一例外地都把财富占有视为万恶之源,提倡信徒不为物质和欲望拖累,但是当它们面临着生存和发展的客观现实时,又不得不需要和依靠独立雄厚的经济基础。因此,宗教经济,说到底应该称为寺庙经济[1],因为在一种没有寺庙的宗教里,独立的经济存在基本上是没有必要的。当然宗教经济与一般经济最明显的区别是前者具有崇尚神灵的神圣性,后者具有的明显的世俗性。寺观经济形态,特指在佛道教的传播与发展中,运行的一种以佛道教寺观为主体,以其独特的经济运行方式及基本结构、基本制度和基本概念围绕佛道教而形成的经济(物质财富)运行机制。这种经济

---

[1] 段玉明先生认为:"无论从发生学还是发展学的观点出发,与其把它称为宗教经济还不如把它称为寺庙经济更为合适。理由十分简单,在一种没有寺庙的宗教里,独立的经济存在几乎是没有必要的。"笔者同意这个观点,因此,著下了《寺庙经济论——兼论道观清真寺教堂经济》一书,算是一种应证。

形态的特殊性体现在其运行是在佛道教的传播与发展中，离开了这个前提它将不存在。

一、寺观经济的集资和积累特征

寺观经济基础是通过佛道教的经济集资和积累来实现的，它是以崇尚以"佛"、"道"为神明的神圣事业作为集资动力标记的，这与一般社会集资方式是完全不同的。如南北朝时期的寺院地主经济与当时的封建地主经济就截然不同，虽然在本质上和经营形式上它与世俗地主经济基本相同，但组织上却有它自己的特点，即以宗教关系为纽带，以神权力量加以维系，而一般的封建地主经济是主要以浓厚的宗法血缘关系加以维系，这是寺院地主经济区别于世俗地主经济的一个显著特点。

寺观经济的这种集资方式是多种多样的，其中有：政权机构和社会集团的资助和捐赠，信徒的布施和奉献，佛道教服务集资和佛道教投资经营等，其中政权机构和社会集团的经济资助一般都具有一定的甚至较强的政治性。政权机构的资助主要着眼于运用佛道教的制控功能来维持和稳定现存的社会秩序；社会集团的资助主要着眼于扩大和增强其集团的社会影响和实力，这种资助是佛道教实体最为稳定和可靠的重要经济来源。如武当宫观建成后，明成祖特封武当山为"大岳太和山"，位在五岳之上。钦选全国各地道士数百人居住武当各大宫观，焚修香火，兴隆道教，并定期有斋醮，为皇室祈福。明成祖拨赐大批田佃户供养宫观道士，赏赐布匹及香烛灯油，轮流差遣军民修理洒扫宫观，守护山场，所需费用由皇室或国库支付。这些政策和管理措施，为明代武当道教的发展兴盛提供了可靠的政治和经济保障。在佛道教经济集资中，最具有神圣意义的是信教者的自愿布施和奉献，这是崇尚神明意识的物化表现，而其布施和奉献的面值的广度，往往成为信教群众对于佛道教实体信赖程度的重要标记，因而是最具有宗教意义的经济集资和积累。当然职业性的宗教服务也几乎是一切佛道教实体较为普遍的经济收入来源，这是佛道教事业神圣性与宗教人员的职业性相结合的一种宗教经济集资活动，这对于维持和改善宗教人员的生活是重要的，但对于增强宗教实体的经济实力作用不大。①

二、寺观经济的经营活动特征

在通过各种集资获得一定财产后，各寺观为了使这些资产升值一般又都会进行具体的生产经营。在我国，为了扩大自己的宗教影响，主要的佛道教寺观大都通过一些经济行为来增强自己的经济实力，藏传佛教是最为明显的。历史上，佛教传入西藏后，佛教大小寺院雨后春笋般地在我国藏区各地相继建立，使寺院不仅在社会政治领域中以经济为基础建立了自己的阵地，而且寺院之间的大寺和小寺，母寺和子寺建立了密切的联系，大小寺院网络为一个严密的整体，形成一个牢固的经济运转体系。伴随着藏区众多寺院的建立，寺院经济基础日益雄厚，寺院成为一个庞大的政治、经济实体，其非凡的经济功能日益突出。寺院拥有自己的经济结构，许多寺院从事经商等经济活动，从而把持一方经济命脉。同时，一个教派的形成，一个寺院的建成，都会很快成为一个地区的政治、经济、文化的中心，成为该地区的统治力量，起着主导这一地区经济的作用。②而在汉族地区，作为一个经济实体，一些著名的寺观都有自己的产业和经营形式，范围涉及农、牧、手工、商、出租、出版、旅游等业，经营的产品内容甚

---

① 陈麟书主编：《宗教观的历史·理论·现实》，第 277 页，四川大学出版社，1996 年版。

② 次旺俊美主编：《西藏宗教与社会发展关系研究》，第 211 页，西藏人民出版社，2001 年版。

第三章 佛道教财富观与寺观经济特征

至超出宗教内容。任何宗教在走向成熟后，宗教组织都会有自己的财产，形成一种经济实体。在中国封建社会，寺观作为一种经济实体，拥有相当的经济实力，甚至影响着封建社会经济的发展，这是因为寺院、道观等都有自己的地产、山林。尤其是佛教寺院经济在中国封建社会中占有相当地位。任继愈先生曾指出：这种佛教寺院经济力量逐渐强大，"除了采取土地剥削为主要剥削方式以外，也还经营高利贷、招纳佃客，与当时一般门阀地主所采取的剥削方式完全相同。这些寺院形成独立的经济实体，除了出租部分田产外，还发放高利贷等不断聚敛财富"[1]。寺观经济的存在的确会对农民进行剥削，从而加重了农民的负担。正因为如此，寺观地主经济成为我国封建社会中封建经济的重要组成部分。

半个世纪前，西藏的寺庙经济来源主要靠布施，喇嘛不从事生产活动，然而现在这一局面正在改变。目前，西藏各地寺庙纷纷创办了自己的公司或经济实体，西藏1700多座大小寺庙都有一定的收入来源。西藏刚坚有限总公司是西藏第一家由寺庙喇嘛经营的企业，刚坚公司是十世班禅大师生前在1987年创办的，公司的宗旨是"以寺养寺"及为社会福利事业多作善事。这家位于日喀则扎什伦布寺"吉吉纳卡"林园内的公司是目前西藏最大的集体企业，公司下设地毯厂、家具厂、绘画组、金银加工厂以及饭店、客运、商店等若干个服务部门，企业规模较大。而在内地，凡著名的佛道寺观也大都有自己的经济实体，比较典型的是上海龙华寺开办的一个三星级涉外宾馆——龙华宾馆，专门以为来自海内外佛教信徒提供食宿方便为目的，在上海市中心闹市区域开办一家具有宗教特色的星级宾馆，在国内寺观尚属先例。

社会经济的发展直接引导并且推动佛道教发展自己的经济事

---

[1] 陈麟书著：《宗教学基本理论》，四川大学出版社，1994年版。

业。龙华寺开设自己的宾馆就是一个例子,再如上海玉佛寺的素餐馆也很典型。中国佛道教作为免税非营利组织类型[1],可以在国家权力和经济市场之外等社会空间之中,建构具有各个佛道教特色的宗教服务型经济,从而体现出各寺观经济应有的社会性与公共性特征,也因此形成了一种与世俗经济不完全相同的一种特殊经济形态。这就是说,寺观经济活动及其社会公益活动,常常是佛道教进入一个社会的基本路径,它们对佛道教参与社会的程度及其信仰者的宗教消费关系,具有基础作用。

三、寺观经济的消费特征

如果基于佛道教神圣事业的生存和发展是佛道教寺观经济建立和扩张的主要原因,那么宗教性的消费则完全体现了佛道教在精神上的神圣性,与一般意义上的消费有着显著的区别。寺观经济的集资和积累,只是宗教社会实力的静态度标记,但要把它转化成能进行运转的动态实力,必须通过寺观经济的消费来实现。寺观经济的主要消费包括佛道教机构开支、佛道教事务活动开支、佛道教社会服务开支三个方面。佛道教机构是佛道教群体及其一切宗教活动有序化的组织系统和指挥系统,这种系统的完备性必须带来巨大的消费面,与经济消费功能的发挥有着密切的联系。宗教器物设施消费开支为确立宗教神圣的艺术形象在全世界塑造了许多不朽的珍贵宗教文物,作为人类文明屹立于世,并为宗教信徒提供具有宗教艺术的活动场所,这都是宗教实体化的重要一环。佛道教器物设施的壮观、宏伟和完备与否,也是佛道教社会实力体现的外观标记,是扩大宗教影响所必要的宗教经济消

---

[1] 宗教组织作为免税非营利社会团体,乃国际公认的准则。参 Salamon, LesterM. &Helmut, K. Anheier (eds.), 1997, Defining the Nonprofit Sector: A cross-nationalanalysis. Manchester University Press. p. 297.

费。这不仅是一笔十分庞大的消费性开支,而且也是一种宗教器物艺术历史的固定资产的积累。佛道教事务活动的消费是多方面的,其中包括教内管理的日常事务、佛道教教职人员的修持费用、信徒的宗教活动、教外的社交活动和宗教的发展活动等。这种宗教消费是巨大的,没有这种宗教消费,宗教机体是无法启动的。如果说宗教机构消费和宗教器物消费使宗教机构得以组建,那么,宗教事务活动的消费是启动宗教机体的活力,没有这种活力,组建起来的宗教机体也就难于运转,宗教事务消费的重要性就在于此。佛道教的社会服务消费也是多方面的,其中包括慈善事业的社会服务、文化教育事业的社会服务以及其他社会公益事业的服务。这是佛道教事业的一个组成部分,它对于树立佛道教的"博爱"、"慈悲"、"仁慈"的良好美感形象是十分重要的。如西藏日喀则扎什伦布寺西藏刚坚有限总公司积极发展经济,同时为社会福利事业捐款、捐物,进入新世纪,日喀则年楚河发生百年不遇水灾,扎什伦布寺刚坚公司向灾民捐款三万元,并捐助了大量救灾物资,得到了社会的一致认可。因此,佛道教系统只要经济能力所能及的,都要在这方面投入相当大的宗教经济消费。这种消费从表面上来看似乎是一种纯粹的宗教经济消费,但实际上它又是一种很大的社会经济资助的反馈力量,可以从各种社会集团和个人的捐赠中得到大量的经济资助。综上所述,宗教经济的消费的良性运转,对于宗教机体活力的发挥具有"液体循环"的重大作用。

四、特殊的行业经济特征

由于寺观经济积累和消费的需要,在社会经济领域中,必然会形成一种特殊的佛道教行业经济。这是一种以侍奉"佛"、"道"神明为核心的行业性经营活动,其中包括佛像、经书、圣具、佛道教服饰、佛道教装饰、佛道教用具等等的生产和销售的行业性经营活动，这为人类社会的经济活动增添了一个特殊经营活动的领域。在藏传佛教寺庙中，一般均有制作佛物的专门加工工场。由于内地印刷业多不习藏文，藏传佛教经典以及有关佛事的宣传品的印刷极不方便。于是，一些寺庙自行开办佛经印刷，最后竟成为寺庙经济的重要构成部门。四川德格印经院的形成是这一方面的典型。此外，一些寺院所属农牧民弃农弃牧从事手工业活动，为本地居民或寺院生产生活必需品、装饰品和宗教用品，也应看作是寺庙手工业的外延。

五、所包含的宗教范畴和经济范畴

自古迄今，寺观经济或称之为佛道教经济的发展，原本就是中国佛道教的一个传统。佛教寺院经济在我国有悠久的历史。传统寺院经济有三种主要运行形态：第一是地主庄园式的寺院经济；第二是小农生产式的"农禅结合"寺院经济；第三是源于隋终于宋的金融性的"无尽藏"寺院经济。地主庄园式寺院经济是传统寺院经济的典型形态。当代佛教寺院依靠"以寺养寺"，普遍都有自己的经济实体。佛道教系统在世俗人间与寺观和僧侣们必然维持两大关系，其一属于经济范畴，佛道教要弘法传教必须要有经济作为基础；其二则属于宗教范畴，寺观的任何经济行为都是与宗教有关的，否则就失去了存在的价值与意义。寺观以布施物（即僧伽的常住物）放债，无疑也具有宗教意义；那些忘记了偿还这类债务的人，将会暴卒，他们将转生为地狱、牛或寺院的奴婢。[①] 在神圣与世俗两个世界并非迥然分异的文化语境之中，寺观经济或佛道教经济活动之中，本来就象征有深刻的宗教意义。上海大学宗教与社会研究中心李向平先生认为：佛教寺院

---

① 谢和耐：《中国 5—10 世纪的寺院经济》，第 247 页，上海古籍出版社，2004年版。

的法施、财施等公益活动，往往基于佛教经济活动而具有招徕信众的目的，从而可以视为体现其宗教特性的公益活动，所以其社会—经济事务本身就具有了一定的宗教、功德性质。更深一层的意义是，这种佛教寺院的经济活动，在其社会本质层面还具有解决整个社会财富分配不均的具体意义，并且是以这种有限的经济—财富再分配作依据①。尽管当代中国社会的佛道教经济在一定程度上改变了这种传统的经济意义，但在当代社会急需社会公益服务的情况下，它们可以针对当代社会公共服务不足、分配不均，而被作为社会公益事业的一个重要组成部分，这也是中国佛道教寺观经济的一个很重要的特征。

20世纪以来中国佛教实施的"人间佛教"的社会运动，这种类型的社会—经济活动则是佛教进入人间或服务社会的重要路径。由此观之，这就不是佛教经济活动是否有益于社会经济的发展和增长，也不是佛教可以享受经济发展的现有成果，去简单地适应宗教消费者的宗教消费要求这一类的问题了。因为，这本来就是佛教发展的内在、必然的要求之一，甚至是佛教功德观念本身所衍生出来的基本行动逻辑。而道教的发展也将大致是如此的。② 我国大多数寺观经济并不以盈利为目的，与世俗经济以盈利为目的是有着很大的区别的。

下面是某笔者与福建莆田的广化寺道伟法师的对话：

某笔者：现在不少的寺庙都收门票，而且越是有名越是价格惊人，为什么广化寺不收？靠什么维持寺院运行？

道伟法师：广化寺是佛教之地，不是旅游胜地。我们相信，来这里的人，不是信仰者，就是心中有佛者，

---

① 李向平：《中国当代佛教经济的"社会性"刍议》。
② 李向平：《中国当代佛教经济的"社会性"刍议》。

至少也是对佛的认同者。对于这些人，重要的是他们向佛的心，而不是他们的钱。如果收门票，广化寺也就等同于一个旅游景点了，其佛教之地的信仰基础也就动摇了。门票不收，钱是可能少点，但相对于维护佛教信仰、纯粹佛事环境而言，是非常要紧的，这是一个原则性问题。目前寺院运行主要靠香火钱和信徒们的捐赠。

某笔者：从我对许多佛教寺庙情况的了解来看，佛门是不是有些功利化了？许多寺庙都明确地写有"有求必应"的字样，如同商业广告，许多人进寺烧香拜佛是求功名利禄，不是修来世幸福，也不是真心向佛，而是有着自身急功近利的目标。佛界似乎又正好迎合了这样的需求，以一种精神安慰或寄托的"供给"，增大寺庙的知名度，同时又增加寺庙的经济收益，应当如何来理解这样的佛门现象？

道伟法师：佛教是国外传入中国的。从唐朝开始，佛教中国化的过程也就有了功利化的色彩，这与中国本土对于佛教的需求应当有一致性，也是佛教能够在中国生存发展的基础，因为俗世百姓将现世的幸福寄托在菩萨的保佑上。你所说的现象是相当普遍的，但这并不是佛教本义。佛教本义是非功利的，以现世承受苦难修得来世幸福为要旨，认定命数，与人为善，与世无争，抛弃功名利禄，拒绝罪恶。不过，佛教对于俗世的信徒而言，重要的是启发他们心灵向善，而不可能消灭他们俗世生活的基本要求。俗世社会永远是一个功利的社会，只要不是出家弟子，俗世之人不可能不言功利。佛界的"有求必应"，的确功利色彩浓厚，但它可以引人向佛，引人为善，消除那种完全不顾及他人存在的功利冲动，实现人与人之间的和谐相处，这就达到了佛界对于俗世介入的基本目标。换句话说，我们不可能消除俗世人们到寺庙中求功名利禄的做法，但我们会通过佛教的理念，告诉世人要从善事的角度去追求或看待功利，教化世人不恶行其事，纵欲而为。至于说寺院本身，有的寺院通过这样的"服务"来增加收益，那不是佛界本应有的。我们也不赞同这样的做法。相反，我们还在通过教育出家弟子，想方设法扭转这样的功利性作法，保证佛教圣地终在佛学本义之下。我们广化寺就是这样做的。

经济学作为一种现世的社会科学，它的基本假定是，人是经济理性的，其理性的基调是"自利"，也即经济学专业词语化的"经济人"。从这样的基本假定看，经济学有着对于人性规定的无奈认定，在这无奈认定的前提下又产生着对于人性无所作为思想——它笃信人的自利性是绝不可能改造与改善的，它构造成了经济学的信仰，当然就会缺乏对此相应的改造或改善性设计与实践。其实，对于经济学而言，重要的不仅仅是认定人的自利的基本属性，而是要看到如此的属性是否具有塑造的可能。从这一点上比较，佛教倒是体现出了强烈的进攻性，它所展示的对于世事和世人的关注，以及教化的设计，比起经济学只从人性上消极地认定其"经济人"的"天然性"，要来得积极和有价值。它是对于经济学一类的现世学说一种有力的启示。

由此可见，现代佛道教教团组织的兴起，在很大程度上改变了传统寺观的生存空间与发展模式，加上现代化工商社会经济资源的充实供应，让大型寺观在发展上以各种宣教弘法的事业为号召，来筹集活动所需要的相关经费，这种"量出为人"的经济模式，可以说是佛道教对社会资源的主动出击，是超出传统寺观经济的运作形态，涉及到不少专业的管理知识与操作技术，甚至有必要引进商业化的经济模式。如上海玉佛寺作为一个典型的都市寺院，就如何在都市社会中继续坚持佛教的优良传统的同时，适应社会需求，积极探索新形式、新思路、新方法进行了有益的探索和实践。近年来，随着社会物业管理专业化程度的不断提高，玉佛寺开始引进社会机制参与寺庙物业管理工作，经报请有关部门同意，通过严格的招标程序，将寺院的琐碎的物业管理工作托付给专业的物业公司进行管理。将传统的寺院管理模式与现代化管理手段有机地融洽在一起，此举在全国佛教界属首创。因此，佛教寺院的组织形态必须随着现代世俗社会的经济运作模式发生转变，不得不进入到宗教市场的竞争环境。[①]

[①] 郑志明：《台湾寺院经济资源的运用问题》，载《中国宗教社会学：现状与走向—国际学术研讨会论文集》，2004年7月，北京。

第四章　汉传佛教寺院
"地主"经济形态

在中国历史上，佛教阶层经历了一个从消费共同体向经济共同体的转化过程。魏晋南北朝时期，寺院僧尼人数剧增，僧团规模不断扩大，特别是南朝统治者的带头信奉和提倡，无疑对佛教之兴起了推波助澜的作用。佛教乘时兴盛，由于不断得到国家、官僚、富豪及民众的布施与扶持，佛教寺院的势力也日渐增强，寺院经济越来越雄厚，并形成了具有明显封建性质的寺院地主经济。关于寺院地主经济的研究，是中国封建经济史研究中的一个重要课题。一是由于它成为封建地主经济的重要成分，构成地主经济的另一翼；二是在中国封建社会经济结构中，寺院地主经济与世俗地主经济以及城市工商业经济构成三种私有经济成分[①]。从南北朝时期到隋唐宋元时期的寺院地主经济与世俗地主经济之间有着不少共性，其中最主要的一点就是同样受着封建地主经济发展规律的制约和影响。但在另一方面，寺院地主毕竟是整个地主经济中具有自身特点的经济成分，因而又有别于世俗地主经济。

第一节　寺院"地主"经济早期形态

佛陀创教之初，反对僧人把持金银、积蓄财富，要求僧人托

---

① 简修炜等：《南北朝时期寺院地主经济与世俗地主经济的比较研究》，载《学术月刊》，1988年第11期。

钵乞食，岩居穴处，云游修行，以正涅槃之境。乞食中的高级僧侣可以往来于庙堂，作清客，任谋士，靠施主的布施维持，而大多数是游走江湖，贫困无着。随着僧人队伍的扩大，游行乞食的制度难以实行。于是僧人固定居所——寺院也就随之形成。寺院建立以后，寺院生活相对稳定。佛教倡导信徒出家，故其寺院一开始即与僧众集团发生关系，特别是到了南北朝，伴随中国佛教派别的出现，稳定的僧众集团形成与扩大，佛教僧众集团的势力也达到前所未有的壮大。信众对寺院僧尼们的布施逐渐由日常生活用品的布施发展到土地山林等生产资料的布施，从而形成了寺院经济。

一、魏晋南北朝：佛寺寺产的形成

两汉之际，佛教初传，传教者多为外国僧人，主要由朝廷和西域商人供养。魏晋时期中国出家人渐多，佛事活动转盛，出现了一些规模较大的僧团，北魏太和元年全国僧尼为77000余人，至北魏末年，短短50余年的时间，急剧增至近200万人[1]，增加约24倍。佛教寺院的势力达到了前所未有的极盛阶段。但寺院当时尚无固定的财产，僧尼主要依赖国家、官僚、富豪及百姓布施过活。北魏时期，中国建寺就已十分普遍。晋代开始，各地建寺之风渐起。寺院逐渐增多，意味着寺院势力的发展，寺院经济也发展到一定规模。东晋时著名高僧释道安在襄阳讲经，师生300多人的生活全靠大官僚的捐助不定期维持，就是一个证明。[2]东晋前期僧团由于人数尚少，靠布施可以维生。东晋末年僧尼人数猛增，于是寺院内部开始出现了僧多粥少的局面。特别是一些出身豪门的人士出家，也把社会上追求奢靡之风带进了佛门，更

---

[1]《魏书》：卷114，《释老志》；《历代三宝记》。
[2]《世说新语·雅量笔篇》。

助长了僧侣贵族积聚财富的强烈愿望。东晋末年,僧侣中普遍出现经商、作工、为医、为巫等自谋生路的现象,遭到社会舆论的严厉谴责,到北魏,采取浮屠户和僧祇户办法,使寺院同时成为社会的一种特殊的经济实体。

魏晋南北朝时期,是中国中古封建社会的鼎盛时期,永嘉以后,由于社会急剧动荡,北方陷于分裂,一时小国林立,彼此攻伐不止,广大人民生命安全既无保障,役调租课负担又日加繁重,在现实生活中看不到出路,便把希望寄托在对来世的美好憧憬上。宣扬六道轮回、因果报应的佛教恰好满足了这种社会心理的需要,因而得以迅速传播。而对于处在不安状态的门阀世族阶层,他们也需要佛教,不仅是为了加强政权,而且也作为自己对现实矛盾无法解脱的精神依托。

中国佛寺寺产的普遍形成正是在魏晋南北朝时期,这一时期也正是封建庄园经济占据统治地位的时期,故汉传佛教寺院经济的经营只能套用现存的经济模式,以超经济强制的形式,即同样将生产资料与劳动者加以联系。历史上,宋元以前,寺院恒产(寺院固定财产)经营所得,政府一般不加赋税,使得寺院经济膨胀后势必与政府财政收入相冲突,因而,封建国家也时常采取一些遏制措施,如宋元以后政府也对寺院经营适当征以赋税。但总的来说,寺庙经济现象在中国古代经济中是相当特殊的。正因为如此,为了逃避国家赋税,许多士庶百姓情愿将其业转寄寺院,而仅向寺院交纳低于国家赋税的田租。寺院往往煞费心机地多占僧祇户与佛图户(寺庙农奴),把他们各自束缚于一定的寺院之中,"不得别属",终年为其耕种、经商或服役。寺院寺产的经营仍然主要是依靠寄户(世代依附于寺庙的常住户),这些寄户为寺院从事生产劳动,具有很强的依附关系,在性质上,他们与世俗庄园经济中的农奴无异。因此,寺院地主经济制也是我国古代寺院经济的一种典型经济制度。

根据与社会分层的不同对应，中国古代的佛教寺僧可分为3类：（1）官僧，由国家拨款供养以负责完成皇家宗教礼仪；（2）私僧，由一些大户官宦提供食住；（3）民僧，由一般信仰社群的微薄捐赠维持。与此相应，中国古代的佛寺也分官寺、私寺与民寺3种。在早期的佛教史籍中，这3种寺庙是有严格区分的。如法琳记载北魏佛寺共有国家大寺院47所、王公贵室五等诸侯寺院839所、百姓造寺30000余所，而有国家新寺17所、百官造者68所、百姓造者1147所。① 在这3种寺院机构中，以国家的支助作为后盾，官寺的寺院经济一直最为雄厚。

南北朝是我国佛教大发展时期，佛教已从一种外国传来的"方术"变成了一支对中国文化有全局影响的意识形态和社会力量。南朝时，从门阀世族到各代帝王大都崇佛，甚至图谋政教合一的尝试，还正式宣布佛教为"国教"，所谓"道有九十六种，唯佛一道是为正道，其余九十五种为外道"。② 随着佛教兴盛而来的是佛寺的竞相建造。上到王公权贵，下至黎庶百姓，为表示对佛教的信仰和提倡，皆竞造佛寺，成为当时社会的一种风尚。南方佛地众多，北方也不例外。寺院数量的急剧增多，必然使僧尼队伍同步膨胀。南朝刘宋时全国僧尼36000人，至萧梁时即增至82000余人③；由于统治集团的扶植，寺院经济迅速发展。由此，理论界普遍认为南北朝是我国寺院地主经济形成和发展的时期。

二、寺院"地主"经济初步形成

魏晋南北朝时期，世俗地主经济已以庄园经济为其主要经营

---

① 谢和耐著：《中国五——十世纪的寺院经济》，第14－15页，甘肃人民出版社，1987年版。
② 《全梁文》卷4《敕舍道事佛》。
③ 《辩证论·十代奉佛篇》。

形式。这是在土地集中化浪潮冲击下，宗法封建性大土地所有制急剧发展的结果，也是以"买卖由己"的土地私有制的存在和发展为前提的。由于世俗地主政权的建立和门阀政治的盛行，地主庄园经济有了很大的发展，是我国地主封建制发展较为曲折的阶段，呈现出复杂的历史图景，具有多样性的历史特点：特点之一就是地主阶级和地主经济部分地受到宗教的影响，特别是受到佛教的渗透，从而使地主阶级、地主经济的结构趋于复杂化，呈现出佛教寺院地主、寺院地主经济和世俗地主、世俗地主经济相并存的封建经济结构。

在世俗地主的倡导和扶植下，在自成系统的僧官组织[1]的支持和卵翼下，寺院地主的经济势力得以确立并日益强大。北魏时期，寺院已开始有了"僧祇户"[2]、"佛图户"[3]的存在，寺院于是产生了对农民的剥削[4]，寺院经济也愈加发展。

史载，当时遍布北方州镇的寺院多有"侵夺细民，广占田宅"[5]者，而京都洛阳一带更是出现了"寺夺民居，三分且一"[6]的严重情况，不少寺院广有田庄园圃，寺院建得流金溢彩，由此可见，寺庄所产生的社会条件已在孕育之中。南北朝时期，南方

---

[1] 自5世纪末开始，中国佛教设立了僧官制，在执政者的管制下，僧官负责沙汰僧众、试经得度，禁止私建寺院、编制僧籍等，以匡正僧众纪律，控制僧团势力。

[2] 僧祇户：是"不自由的佃农"，他们原为寺院团体属下的人户。主要来源是"平齐户"（北魏政权掳掠山东户强迁至魏京附近的人户，他们中除一部分分赐百官外，大部分直接由北魏国家管辖，迫使耕作垦殖，不得自由迁徙）及诸民（即军户、吏户、镇户等——这些人户在北魏均是国家佃户，对北魏政权有极强的依附关系）。

[3] 佛图户：是封建国家分赐给寺院地主的仆役。

[4] 主要是对寺院下层僧侣及寺内奴隶佛图户的剥削。大部分的下层僧侣，本来就是在地主阶级剥削下衣食无着的贫苦农民。出家后仍然在寺院从事耕作、洒扫、杂役等劳务。佛图户是国家赐给寺院的奴隶，在寺中充当杂役，并经营寺田。另有一部分破产农民自愿投靠寺院，在魏晋南北朝时期称为白徒、养女，不是出家人，不书名籍，也属于寺院隶属的执役人口。

[5][6]《魏书·释老志》。

寺院"穷极宏丽"、"资产丰沃"①，僧尼、白徒"常居邸肆，恒处田园"，②甚至设库放债、受质纳物。而在北朝，佛产业也颇雄厚，寺院"侵夺佃民，广大田宅"③极其普遍。④这些条件为寺院地主经济的形成与发展创造了良好的条件，这是寺院地主经济形成的物质基础。

南北朝的佛教寺院，也如俗界的世家豪族，大和尚都是贵族僧侣，寺院的上座、寺主、维那、监院等名称的和尚，构成寺院的僧侣贵族阶级。寺院经济在他们的支配下，也如俗界世家贵族的私有庄田，另有众多净人、僧祇户、寺户等依附民和奴隶。僧又有白徒，尼有养女，天下户口几亡其半⑤。寺院的上层僧侣日益由被动地接受世俗财产而转向主动地掠夺财产，寺院占有的财产和土地急剧增多，终于出现了以庄园形式经营的寺院地产——"寺庄"，从而标志着寺院已由单纯的宗教组织，发展成为以宗教关系为纽带的封建经济组织和宗教组织合而为一的实体，寺院势力的发展逐渐形成了寺院地主和以"寺庄"为主要支柱的寺院地主经济。⑥

从上述分析可以看出，南北朝寺院地主经济形成和发展的途径，显然比世俗地主经济要广泛和丰富，这就使得寺院地主在争夺土地和依附人户的斗争中，处于较世俗地主更为有利的地位。这也是南北朝时期寺院地主经济得以迅速发展的重要原因之一。

---

① 《南史·郭祖深传》。
② 道宣：《广弘明集》卷24释真观：《与徐仆射领军述役僧事》。
③ 《魏书·释老志》。
④ 《续高僧传》卷29《慧胄传》。
⑤ 《南生郭祖深传》。
⑥ 简修炜等：《南北朝时期寺院地主经济与世俗地主经济的比较研究》，载《学术月刊》，1988年11期。

第二节 寺庄的形成及其主要特征

寺庄，简言之即寺院"地主"庄园，是寺院大土地所有者占有的庄田，寺院大土地所有者以庄园形式经营土地，从事农业生产的场所，是一种以寺院的大土地所有制为基础的剥削形式，也是佛教和寺院制度发展到一定阶段后在经济上形成的一种独立力量。关于寺院地主庄园经济形成的时间问题，目前我国有关专家已取得了一致意见，一般认为形成于南北朝。但事实上，寺庄的最早萌芽是在北魏时期，只是在南北朝时期才成为十分普遍的现象。寺庄的出现标志着寺院已由单纯的宗教组织蜕变成以宗教关系为纽带的封建经济组织，并且成为寺院经济的重要支柱。[①]

一、寺庄的形成

中唐以前，由于门阀士族信佛世代传承不替，所立寺院或由创寺一族提供资费，或由不同家族代置寺产，往往保持长盛不衰，其寺院经济虽然不如官寺雄厚，却也颇有影响。[②] 佛教寺院的极盛，为其经济实力的扩展开辟了道路。社会各阶级和阶层的财富，通过种种渠道如潮水般源源不断地涌向寺院，不但用来广造佛寺，而且使寺院财富的蓄积日渐增长。这种产生在封建社会肌体上的经济，一发生就有着封建经济的质核，因为其内部已有着渐趋明显的阶级对立，对外又以寺地作为剥削寺户的物质手段等。

[①] 简修炜等：《南北朝时期的寺院地主经济初探》，载《学术月刊》，1984年第1期。

[②] 段玉明著：《中国寺庙文化》，第321页，上海人民出版社，1994年版。

寺院地主庄园经济的发展，如同世俗地主经济一样，主要体现在两个方面：一是对土地占有的扩展，二是对劳动人手占有的增多。但在具体的发展途径上，寺院地主经济显然与世俗地主经济不尽相同。

魏晋南北朝是中国古代封建社会佛教鼎盛时期，寺庄之所以萌芽并形成，是由于有丰厚的经济基础。(1) 帝王崇佛是寺庄经济发展的主要动力。当时国家手中控制着大量土地和民户，帝王经常无偿地赐与寺院。据南朝佛寺志著录的225座著名大寺，其中属于皇帝者33，后妃公主17，王公15，官僚30，商僧16，商人1。[①] 一般属皇室王公的寺院，建造时便由国家赐予大批田产，此后又不断施舍钱财。如梁武帝在阿育王寺开无遮大会，"所设金银供俱等物，并留寺供养，并施钱一千万为寺基业。"[②] 梁武帝甚至四次舍身出家，其中两次有记载的"赎身钱"，为一万亿钱，当然这实际上是用国库资财变相布施。(2) 社会人士的捐施也是寺庄获得财富的重要途径。帝王带头佞佛，大官僚贵族也不甘落后。小民施舍也使寺院财富日积月累，佛教利用因果轮回的原理，宣扬布施寺院可以赎回前恶，买得冥界幸福和来生快乐，因而广大贫苦人民情愿节衣缩食也要对寺院慷慨解囊。当然随着寺院财富的积累，也有寺院凭借政治、经济特权，对民众侵占勒索的现象。而两晋南北朝僧尼人数剧增，除信仰的因素，一个重要动因便是贪求僧尼具有的免除国家租课、役调特权，因而吸引了大批平民投入寺院。南北朝的寺院就是通过这些途径获得财富，进而发展成为寺院地主庄园经济的。总而言之，魏晋南北朝寺院经济的急剧发展，成为封建地主经济中一个重要组成部分，

---

① 陈作霖编：《南朝佛寺志》。
② 牟钟鉴、张践著：《中国宗教通史》（上），社会科学文献出版社，2000年版。

占有大量田产的上层僧侣，构成地主阶级中一个特殊阶层——僧侣地主。

二、寺庄的双重性质特征

寺院地主经济具有明显的封建性和宗教性，而后者是世俗地主经济不具备的。佛教既被统治阶级接受而成为统治思想的重要补充，它就必然要同经济基础和封建生产关系发生联系，渗透到经济结构、阶级结构中去，成为一种独立的力量，与封建国家、世俗地主进行财产和权力的再分配。在此基础上，便形成了寺院地主经济宗教性的基本特点，这是寺院地主庄园经济最具特色的地方：

其一、寺院地主庄园依靠的是宗教神权力量。寺院地主庄园中劳动者固守于土地上的组织纽带，不是宗法性的血缘关系，而是宗教神权的力量。在封建社会里，无论是领主经济还是地主经济，都不同程度地保留着宗法血缘关系。两晋南北朝盛行一时的以门阀世族和豪强地主为核心的封建庄园组织就是一种证明。而南北朝的寺院地主经济则与此截然不同，虽然在本质上和经营形式上它与世俗地主经济基本相同，但组织上却有它自己的特点，即以宗教关系为纽带，以神权力量加以维系。南北朝寺院所占有的依附人户，包括广大下层僧众、僧祇户、佛图户和仆役等等，他们与寺院地主之间并无世俗地主庄园中所具有的那种较浓厚的宗法血缘关系，这是寺院地主经济区别于世俗地主经济的一个显著特点。

其二、寺院地主经济具有财产所有制关系上的两重性。这种两重性首先表现在寺院财产名义上属于全寺僧众集体所有，而在实际上仅仅由寺院上层僧侣所占有或者说某种意义上的私有。佛教经律把寺院财产称作三宝财物，即佛物、法物和僧物，其中的大项是僧物，属于僧侣所有，如田宅、园林、衣钵、谷物等等，这些是寺院财产的支柱。根据佛教教义，僧尼既已出家修道，就不得私蓄财产。据此，寺院财产便在名义上属于全寺僧众集体所有，也为僧众集体消费。但实际情况并不如此。在佛教寺院的发展过程中，世俗各界不断地给予寺院以种种赏赐和施舍，除土地外，还有大量钱财。从皇帝到百姓都施舍财物，世俗间的巨额财富如潮水般涌向寺院，因而不断腐蚀和破坏着寺院财产的集体所有制。在寺院财富急剧增加的情况下，主管寺内事务和经济财物的上层僧侣，便日益由支配权转化为占有权，更进而将本属集体所有的财产攫为己有，从而成为寺院地主。正如恩格斯指出的那样："在僧侣中间有两个极不同的阶级。僧侣中的封建特权阶层形成贵族阶层：包括主教和大主教，修道院长以及其他高级僧侣"。① 这种情况在南北朝时期的佛教寺院中也大致如此，因此，寺院财产所有制关系同时表现为寺院地主除占有寺院集体财产外，还有自己的私有财产。只是，寺院财产的私有化，并没有把寺院的集体所有制完全破坏。一方面，在寺院财产部分转化为寺院地主私人所有的同时，仍然有相当部分财产保留着集体所有的形式，如寺院三宝财物中的佛物（如佛像、殿堂等）和法物（如经卷、纸笔、箱函等），较之僧物有更多的神圣色彩，所以基本上仍归寺院僧众集体所有。即使僧物，也是集体共有的。另一方面，即使寺院财产已实际上不断私有化，但名义上却仍然保留着集体所有的外壳，这使寺院便于以"安贫乐道"相标榜，从而更利于寺院经济的发展。

作为寺院地主经济重要支柱的寺庄，其发展往往要参照当时的封建世俗地主经济，但又不完全是世俗经济的发展途径，具有如下特征：

其一，凡是世俗地主获取土地的途径，基本上也是寺庄土地

---

① 恩格斯：《德国农民战争》。

扩展的途径。当时,兼并与买卖是世俗地主获取土地的基本手段,辅之以国家赏赐。这三条途径也是魏晋南北朝寺院庄田扩展的基本方式。

其二,寺院田庄土地的扩展,还有着世俗地主所没有的独特来源,这就是世俗地主的布施。魏晋南北朝时期,因为寺院布施的世俗地主数量众多,施舍的土地面积也很广,从而使得寺院田庄的土地增长极为迅速。寺院地主经济虽然起步较晚,然而其发展速度却很快,这与世俗地主的土地大批转移到寺院地主手中大有关系。

其三,魏晋南北朝时期,世俗地主取得依附人户的途径,主要是贫民投附和官府赏赐。这两种方式寺院地主不仅同样具备,而且由于寺院所特有的地位,在数量和规模上更甚于世俗地主。官府赋予佛教寺院的免役免税特权,吸引着众多的贫苦农民。不仅如此,寺院地主又通过度人为僧尼及施主"送户"等方式,获取更多的依附人户,这是寺院地主争取依附户所特有的途径。因此,寺院地主经济的发展在一定程度上更甚于世俗地主经济的发展。[①]

寺庄经济的性质受社会经济形态的制约,属于封建经济无疑,但其在经营方式方面,又有其自身历史特点。寺院地主经济与世俗地主经济同属于封建地主经济,因而在其产生和发展的过程中,总的说来寺庄仍然遵循着地主经济发展的基本规律和方向,并没有越出封建地主经济发展轨道。中国的寺院经济保持了一种以封建的征税方式为实质的财产公共占有关系。就生产方式而言,寺院作为土地的所有者,将土地租给农民耕种,收取地租,与一般地主剥削农民并无差异。在经营方式

---

① 简修炜等:《南北朝时期寺院地主经济与世俗地主经济的比较研究》,载《学术月刊》,1988年第11期。

上，魏晋南北朝时期的寺院也模仿当时豪门庄园经济形式，形成了一个个以寺院为核心的封建庄园。公元5世纪中叶至6世纪，在北方和南方的一些获得大量田产、庄客封赐的寺院，开始有了庄园式经营。这种寺院庄园，往往派生于皇室贵族的施予，具有强烈依存于政权护持的资质，恪守农奴式庄客耕作制，被称之为旧型寺庄。①隋唐后，由于国家护持佛教的政策，使佛教信仰在民间得到进一步广泛传播，佛教宗派的渐次形成，以及世俗地主制经济的繁荣，进一步推动了寺院经济的膨胀。开元天宝以后，寺院生产关系的主体开始由农奴式庄客制向半农奴式庄佃制转变。而以庄佃制为基础的新式寺庄，呈现出多途径发展的格局，并终于皈向世俗化。②与此同时，免赋役特权一直是封建统治者赋予寺院僧侣阶层的主要经济特权之一，因而自佛教传入中国以迄隋唐，寺院一直是百姓逃避赋役的渊薮。寺院地主经济得到稳固发展。

唐前期旧的寺院经济体系，乃是当时的佃客制封建地主土地制度的组成部分。当时的寺院田产，有的从南北朝时期传承而来，也有许多来自唐皇室、贵族、官吏、乡豪地主的捐赐。它仍然维持着旧的生产关系，具有强烈的僧侣贵族经济色彩。这种旧式寺院经济对于皇权的依附性，又造成它的脆弱性。一方面，它受封建政权的控制，唐朝廷可以通过田令和敕令来规范、限囿寺院经济。③另一方面，它又经不起种种变故，如失宠于朝廷权贵，或主持大德亡故，或遇灾荒战乱，寺产往往会被"官收"，或被世俗地主兼并，甚至被自耕农蚕食。唐初寺庄复兴，说明寺庄内部的生产关系开始局部调整，生产经营制度逐渐由庄客制向

---

① 张弓：《唐代的寺庄》，载《中国社会经济史研究》，1989年第4期。
② 张弓：《唐代的寺庄》，载《中国社会经济史研究》，1989年第4期。
③ 《唐会要》卷59，"祠部员外郎"。

庄佃制过渡转进。

三、由庄客制向庄佃制过渡

从南北朝到隋唐时期的寺院地主经济的土地经营主要有庄客制及庄佃制形式。

庄客制唐朝前期，各地寺院普遍有了不同形式的以寺田为主的土产。各地寺田，主要实行庄园式经营。唐初寺庄承隋而来，以庄客耕作为生产关系的主体。庄客世代为客，可随土地转让，具有对土地和地主的双重依附性，处于农奴地位，是地区性的贱口依附。这是旧型寺庄的基本特征。

诸色[1]庄园劳动者，大致分为良口和贱口两个等级。各种佣工、匠人，是名列民籍的良口；各种依附人户，《量处轻重仪本》称之为"部曲客女"，《唐律疏议·名例六》称之为"（观）寺部曲"。佛教内律中的"净人"，有时指称寺奴婢，但基本上是指称以庄客为主体的依附人户。之所以被称为"净人"，是由于他们从事的各种劳务被佛门看作"不净业"，他们执役是"为僧作净，免僧有过"[2]，庄客代僧众种田，使僧众免除伤虫杀生之过，因之名为"净人"。这表明内律允许僧侣接受净人之施，又可见净人地位低下。作为净人主体的庄客，属于可以施受的贱口等级，他们身份世袭但比寺奴婢地位略高的寺院农奴。陈末隋初，荆州河东寺有"净人数千"[3]，主要应当是庄客。唐太宗为"殒身戎阵"者立七寺，将"家人"（奴隶）与"田庄"同赐，这"家人"也应是"田庄"上的庄客。唐高宗建西明寺，将"净人百房"与"田园百顷"同赐，这百房净人同样是百顷田园之上的

---

[1] 诸色即《量处轻重仪本》所谓"施力供给"。
[2] 道庄《释氏要览》卷下《住持》引《十诵律》。
[3] 《法苑珠林》卷52引《感应记》。

庄客。百户庄客家庭，随其附着的百顷土地施入寺院，于是成为该寺的依附人户。每户平均种地一顷，正与一丁的受地数量相同，表明庄客的耕作量也大致是额定的[1]。庄客耕作制的繁荣时期应主要在南北朝。由于庄客附着于土地，同时对其主人也具有强烈的人身依附关系，劳动积极性不高，已不适应寺院经济的发展要求。庄客制的衰落，在隋唐之际已见端倪。当不少寺庄在义军"诛荡"下一度解体时，许多部曲、净人也离开了寺庄。

庄佃制其具体方式是寺院大多数土地被租给农民耕种，僧侣收取地租。由于南北朝时期战乱频繁，国家徭役、赋税沉重，所以求庇于寺院的附户相当多。他们与寺院地主的租佃关系有一定自由度，处境不仅比僧祇户要好，而且比较在封建国家赋、役双重压迫下的编户，也有所改善。[2] 魏晋南北朝时期，在地区性租佃制下，租佃农民有两类：一类即所谓的"不自由的佃农"，当时称为僧祇户，也即农奴[3]。《魏书·释老志》载：北魏文成帝时，"昙曜奏：平齐户及诸民，有能岁输谷六十斛入僧曹者，即为僧祇户。"平齐户"是国家的编户农民，原无独立身份，将六十斛谷输入僧曹者，便成了寺院的编户农民，仍无独立身份"。另一类是农民由原自耕农或半自耕农转化而来，即所谓"自由的佃农"。他们一般有一定的生产工具和财产，为了逃避国家沉重的赋税，自愿把田产挂于寺院名下。投靠寺院后，他们失去了土地所有权，仅有土地使用权，成为具有寺院依附性的农民。他们也租赁寺院土地耕种，寺院地主对他们的地租剥削率是"见税什五"，与世俗"豪民之租"相同。隋唐以后，在"恣人相吞，无

---

[1] 张弓：《唐代的寺庄》，载《中国社会经济史研究》1989年第4期。
[2] 简修炜等：《南北朝时期寺院地主经济与世俗地主经济的比较研究》，载《学术月刊》，1988年第11期。
[3] 就此角度，有学者也把此时的经济看作是领主经济。

复畔限"[1]的社会背景下,世俗的与寺院的大土地制均得迅速膨胀。寺院庄园的发展,大致以开元天宝时期(公元712-756年)为界,以寺庄同生产关系的局部调整为内容,呈现出由前期向后期的阶段性转变,生产关系的主体也由农奴式庄客制向半农奴式庄佃制转变,寺庄由庄客制经营逐渐转向庄佃制经营。寺院经济由此消泯了唐前期地域的樊篱,整合为统一的大寺院经济圈[2]。

开元时期是中国封建时代的重要转折时期。从社会经济领域来看,实行近300年的均田制终告废弛,封建国家对土地占有状况的控制和干预能力削弱了:庄田公开买卖,土地兼并合法化;"以资产为宗"的赋说原则取代"以丁身为本"。地主制经济(包括寺院地主经济)进入自由生长时期。封建大土地制及与之相适应的租佃制迅速发育。普遍实行租佃制,是唐后期新型寺庄的基本特征。编民破产、田庄遍兴与租佃制确立,有着一定的因果关系。"庄佃"一词为《清规》正式使用;寺庄对于督促庄佃生产、监收庄佃交租,也都有一套规定,表明庄佃制的成熟。唐五代寺院的"庄佃",已不同于南北朝至初唐寺院的庄客。庄客世代为客,可随土地转让,具有对土地和地主的双重依附性,处于农奴地位,是地区性的贱口依附人户。庄佃虽对寺院地主还有较强的封建人身依附关系,往往累世为佃,束缚于寺庄,处于半农奴地位;但他们的本色多是编民,因失地浮游,投附寺庄,居停为佃,成为良口依附人户。

晚唐五代寺庄确立庄佃制意义深远。这种新型的封建生产关系,成为唐朝五代以至宋元以后,寺院经济发展的基础。特别是佞佛的唐宣宗即位,即称会昌废佛"厘革过当",下令修复所废

---

[1] 《册府元龟》卷495《田制》。
[2] 张弓:《唐代的寺庄》,载《中国社会经济史研究》,1989年第4期。

寺宇①。各地寺院纷纷设法收赎失去的地产，重建寺庄。在宣宗兴佛政策扶持下，各地不少遭废之寺及其寺计田产，得到一定程度的恢复。尤其是一些名寺，因为是诸宗祖庭，或由于名僧所建，法缘纽带特别强韧，寺内共财格外稳步稳固，其寺产田庄没有因为世道迭变而易主，终得累世传承下来。如净土寺祖庭交城石壁寺的夜饭庄，自南北朝至唐末，传续300余年而未失②。隋朝所置当阳玉泉寺常住膳僧田，经唐五代北宋，直至南宋绍兴年间，传袭600科年而未失③。唐后期各地乡野间，无数贫苦百姓施地或卖地行事极多。他们虽田业甚少，但就全国而言总量是巨大的，对于唐后期新型寺庄体系的形成，具有重要的作用。如洛阳昭成寺在河阴县僧朗谷所置果园庄（在今河南荥阳县广武区桃花峪）的兼并史就可以看出，据该庄《地亩幢》记载，在广德二年（公元764年），该寺庄仅有地30亩。经不断买地和接受施地，到贞观二十一年（即永贞元年，公元805年），庄地已达1791.5亩，40年间增加60倍。其中接受施地36起，811.5亩，买地34起，980亩，每起数额平均不足30亩④。新型寺庄呈现多途泛置的情景，在经营范围和方式方面都要胜于庄客制，在一定程度上推动了寺院经济向世俗化发展。

唐后期还出现了禅林演变来的寺庄。在唐后期寺庄遍兴的浪潮中，某些一度废圮或被兼并的旧型寺庄，经收赎复兴，转型为新式寺庄。如陇州大像寺、明州天童寺、洞庭西山包山寺等⑤。大抵江南东道多六朝古律寺，唐前期随律宗转而复盛，禅僧纷至沓来，修葺寺院，恢复田庄，但此时之寺庄，已经转入庄佃制运

---

① 《旧唐书》卷18（下）《宣宗记》。
② 《唐文续拾》卷10。
③ 《玉泉寺志》卷1。
④ 《唐昭成寺僧朗谷果园庄地亩幢》，载《学术研究》，1980年第3期。
⑤ 张弓：《唐代禅林经济简论》，载《学术月刊》，1987年第9期。

营了。以佛教信仰（尤其是净土宗和禅宗）的普及为背景，唐后期不仅寺院、兰若已遍布通都大邑以至穷乡僻壤，寺庄大地产也呈现出前所未有的泛置景象。日僧圆仁在其《入唐求法巡礼行记》记载了行途所见：（公元839年），圆仁自登州西赴长安，一路经过多处寺院田业，均系庄园经营。第一处文登县赤山村法花（华）院，"其庄田一年得五百石米"，以亩租五斗计，大约有田千亩。第二处长山醴泉寺，在寺北15公里有"寺庄园十五所"。第三处太原府三交驿有"觉定寺庄，见水碾"。第四处长安资圣寺有"诸庄"。圆仁所见可以证明在今山东、河北、山西以于京畿地区，寺庄已随处可见。"广占田地及水碾硙，侵夺百姓，吏不能治"。①特别是两京地区大寺名刹林立，个个寺院都是"膏腴美业，倍取其多；水碾庄园，数亦非少"②。因为有坚实的寺产基础，当时佛寺往往建筑豪华壮丽，费用浩繁，其中有些上层僧侣甚至成为巨富。

总之，南北朝至隋唐时期的寺院地主经济正是以其独有的特征，构成封建地主经济的特殊形式，并在南北朝及隋唐的社会和政治生活中发挥了它独特的作用。

第三节 唐朝寺庄稳定性发展的原因

从南北朝至隋唐时期，是我国寺院地主经济形成与发展的鼎盛时期，这种独特的封建地主经济形态之所以能够在当时兴盛并延续发展，是与其所有制的性质有密切关系的，以至于在我国的中古时代，达到了相对稳定性的发展。根据日僧圆仁

---

① 《全唐文》卷19《申劝礼俗敕》。
② 《旧唐书》卷89。

《入唐求法巡礼行记》记载，可以证明在今山东、河北、山西以于京畿地区，寺庄已随处可见。笔者认为，唐朝寺院土地占有性质，基本上与南北朝时期寺院土地占有性质相同，既具有集体性，也具有私有性，更受到宗教性的影响，因此与世俗地主的土地私人占有有许多明显的不同，是南北朝以后寺院占有土地特征的进一步完善。

特征之一，寺院为了控制僧徒对寺院的依赖性，一般实行大型生产资料的"共有"，严格限制僧徒个人通过占有主要生产资料而谋取生活品的行为。佛教戒律规定：僧徒个人"制不听畜如田园、奴婢、畜生、金定、谷米、船乘等，妨道中最，不许自营，准判入重"。[①] 这些说明在唐开元天宝之前，佛教阶层实行大型生产资料的寺庙占有制。而这种共有制是宗教阶层得以组成社会共同体的物质基础。因此，宗教集团才制定出严格的立法规定，禁止僧徒个人占有大型生产资料。这样做的结果，既保证了宗教共同体赖以存在的物质基础，又可以将几十、几百甚至几千名教徒紧紧地结合在一个寺庙中，使之有节奏、有秩序地进行宗教生活。

特征之二，集体的僧侣地主的财产占有关系，往往都是通过僧众会议制的办法来体现的。虽然，随着寺院经济的发展，下层僧侣逐渐失去了管理寺产的可能性，但宗教集团是不会轻易丢掉这种集权权力制形式的，只不过是以寺院执事僧会议制代替了僧众会议制罢了。

特征之三，土地是不可出让和分割的。当时寺院集团往往以政治的、宗教的乃至传统的方式，保证着寺院对土地的占有，以防止寺院土地占有权转化成商品的土地所有权。寺占土地往往都被蒙上了一层神圣的灵光，被看作为佛有，而站在佛背后的又是

---

① 《资持记》32《行事抄中》。

寺院地主的集体。僧侣中的任何个人都不具备对土地的独立的处分权，这就减少了个别僧侣内外勾结"将寺地移坵换段及盗卖"的可能性。寺院以特有的财产继承法——法缘关以佛教信仰（尤其是净土宗和禅宗）的普及为背景，唐后期不仅寺院、兰若已遍布通都大邑以至穷乡僻壤，寺庄大地产也呈现出前所未有的泛置景象。系承继寺院财产，避免了世俗地主多子继承制下的财产析细的弊端。这种是以法缘关系为维系的团体，其财产的继承方式是以寺院作为一个统一体。简单地说，寺院的整个产业，类似一个单一的不可分割的物体，而寺院的僧众又似一个统一继承者，代代相传承接的。中唐以后，随着寺院经济的衰落和劳动者依附民身份的解脱，使寺院身份等级失去存在的基础，使其不得不发生变化，僧众平等的趋势和要求也在寺院里产生。

归结起来，唐开元天宝以前的寺院土地关系是一种集体的寺院地主占有制，它属于私有制的一种特殊形式。一方面寺院以土地作为获取地租的物质手段，僧侣内部有着渐趋悬殊的阶层差异，上层僧侣作为土地占有者，在生产领域中处于指挥的地位等等。另一方面，对土地的使用权、收益权和处分权往往又表现为一种集体的意志和权力制，个人的权力被降到一个次要的地位。[①] 只是这种集体所有制，实际上是由少数人掌握和经营，是一种变向的私有制，这是寺院地主占有经济与世俗地主占有经济完全不同的一点。中国寺院经济这种僧侣集体占有方式，是由于僧侣特殊的生活方式和经典中宗教空想共产主义思想双重因素造成的，故使寺院在从消费共同体向经济共同体转化过程中保持了某种特色。

寺院地主经济在中古时期出现的相对稳定性，说明这种经

[①] 白文固：《试论唐朝前期的寺院经济》，载《兰州大学学报》（社会科学版），1983年第4期。

济：

一是有封建统治阶级持续的扶持，无疑保障了寺院地主经济的稳定。南北朝各代帝王，都对佛教和寺院实行保护政策。只要寺院势力的发展范围不逾越封建国家所许可的范围，封建统治者往往给予寺院经济以更多的扶持，并且各代统治者在奉佛政策上基本是一致的和连续的。

二是因为寺院地主经济所特有的宗教外衣和集体所有制外壳，给寺院所占土地蒙上了一层神圣的灵光，因而寺院得以在对外扩展土地占有的同时，较为有效地防止外部力量对寺庄土地的侵夺。这样南北朝的寺院地主既可通过各种途径增殖土地，又基本上不存在被吞并占夺的威胁，稳定系数自然要大得多。

三是从内部土地关系看，寺院土地没有私人继承权，避免了世俗地主析产继承的弊端。世俗地主家庭财产的继承制度往往以血缘关系为纽带，子大析产，兄弟分财，相沿成习，历来如此，于是世俗地主的土地财产一再被分割，以致化大为小，化整为零，甚至几经分割而渐趋衰微。寺院的土地财产却没有这种析产的分割之忧。僧侣本身没有家族系统，实际上只有对于土地的占有权，而没有继承权。这就保证了寺院地产的不可分割和相对稳定性[1]。另外，从土地所有权看，寺院地主在法权意义上是没有真正的土地所有权的，一般地说，寺院的土地不能买卖、转让，不能作为商品进入流通领域。[2] 所有权不能转移，这是与世俗地主土地私有权有很大不同的。

四是寺院还享有免赋免役特权，在多数情况下，对土地、人

---

[1] 韩国磐：《魏晋南北朝时寺院地主阶级的形成与发展》，载《中国社会经济史研究》，1988年第1期。

[2] 简修炜等：《南北朝时期寺院地主经济与世俗地主经济的比较研究》，载《学术月刊》，1988年第11期。

口的占有并无限制，而世俗地主对土地、人口的占有却往往受到封建国家的限制。南北朝时期寺院僧尼有免役特权。僧尼大众"寸绢不输官库，升米不进公仓"，"家休大小之调，门停强弱之丁"，①当时如此众多的劳动人民拥向寺院作僧尼，作净人，甚至舍身为寺奴，就是为了逃避对国家的租调徭役。政治越腐败，役调越繁重，人民逃往寺院的就越多，寺院经济越发达。综上所述，这些因素使得寺院地主庄园经济在魏晋南北朝乃至隋唐时期得以形成并稳定发展。

当然，寺院地主经济发展的稳定性也只是相对的，在其发展过程中也曾遇到过挫折和打击。在佛教发展的早期，国家对寺院免租免役是与僧人依靠布施为生的状态相适应的，但是南北朝寺院经济高度发展后，国家仍然免租免役，造成了寺院经济集团与其争人争地的局面，出现严重的社会问题。由于寺院地主经济的过度发展，特别是对土地和劳动人手的大量占有，与封建国家和世俗地主的利益发生了矛盾和冲突，构成了对封建国家的威胁，因而在南北朝时期也有皇帝想要通过毁法、灭佛等措施来对寺院势力加以限制，藉以协调相互间的关系。南北朝几次大规模的废佛事件，背后都有经济原因。然而佛教废而复兴，物质利益推动寺院经济变本加厉地发展。可以说，寺院经济过度发展的问题在南北朝时期，并没有从制度上很好地得到解决。从南北朝到隋唐历史阶段内，世俗地主对寺僧的捐献，一般不受法律限制。唐初寺庄的发展和寺院地主势力的膨胀，加剧了封建王朝与寺院地主的矛盾。唐玄宗后，国家历经战乱，徭役繁重，百姓多借寺院避徭役。寺院更乘"均田制"的实行大肆扩充庄园，驱使奴婢，并与贵族势力相互勾结，逃免赋税。至文宗时，寺院经济膨胀达到登峰造极的地步，严重威胁到国家财政的收入。唐后期寺院地产

---

① 徐陵：《谏仁山深法师罢道书》。

的扩大和寺庄泛置，及无数编民避役投寺，再度加剧寺院地主与封建王朝的矛盾。中唐时期到唐武宗时，全国大中型寺院近5千座，小型庙宇多达4万余座，僧尼近30万人，寺院奴隶达15万人[①]。全国寺院共占良田数千亩，形成一个又一个相对封闭的庄园。会昌五年（公元845年）唐武宗发动废佛毁寺事件。作为晚唐的第一个皇帝，在执政期间做的最为重大的事，恐怕就是对佛门的荡灭。促使武宗灭佛的直接原因，应算是寺院经济的极端膨胀。会昌五年八月，唐武宗下诏[②]：

洎乎九州山原，两京城阙，僧徒日广，佛寺日崇，劳人力于工本之功，夺人力为金宝之饰，遗君亲于师资之际，违配偶于戒律之间，坏法害人，莫过如此。且一夫不田，有受其饿者；一妇不识，有受其寒者。今天下僧尼不可胜数，皆待农而食，待蚕而衣。寺宇招提，莫知纪极，皆之构藻饰，僭似宫殿。……岂可以区区西方之教，与我抗衡哉。

唐武宗认为，由于全国的和尚越来越多，寺院遍布，不仅在修建中要耗费很多人力、物力和财力，而且许多金银财宝都流入寺院之中。与此同时，僧徒们又与官府勾结，害人坏法，威胁国家安全，不予以打击，大唐王朝就难以稳定和巩固。在武宗发动的一系列灭佛运动中，全国共有4600座佛寺被毁，其他有关佛教建筑被毁4万座，勒令还俗的僧尼达26万之多，没收寺院土地达数千亩，收寺院奴婢为两税户达15万人，没收寺院财产无以计数[③]。"会昌法难"给佛教带来毁灭性打击，自此以后，佛

---

① 商成勇、岳南：《万世法门——法门寺地宫佛骨再世之谜》，第292页，新世界出版社，1997年版。

② 商成勇、岳南：《万世法门——法门寺地宫佛骨再世之谜》，第297页，新世界出版社，1997年版。

③ 商成勇、岳南：《万世法门——法门寺地宫佛骨再世之谜》，第297页，新世界出版社，1997年版。

教及其寺院经济开始走下坡路,由此产生了具有中国特色的"农禅并重"的佛教禅宗体系。两税法以后,寺院、僧尼又丧失了免纳征税的特权。中唐以后,僧尼、寺院经济方面的特权逐步丧失,说明寺院地主经济的膨胀已开始受到限制。最终导致了武宗灭佛事件的发生。中国佛教史上之所以出现"三武一宗"(北魏太武帝①、北周武帝、唐武宗、后周世宗)的灭佛之难,正是这种矛盾激化的结果。

综上所述,隋和唐初扶持佛教的政策,曾为我国的寺院经济一度带来畸形繁荣。这时在经济上寺院利益和国家利益之矛盾已日益加深。唐王朝的崩溃自然有比较复杂的原因,但惊人膨胀的寺院经济在其中的推波助澜却是不能忽视的重要作用。

---

① 历史上第一个帝王禁佛者当属北魏太帝。颇有意味的是,他一开始并不讨厌和排斥佛教,相反还是一个地地道道的崇佛者。太武帝的崇佛来自他先辈留下的传统。北魏的开国君主道武帝拓跋,深知自己是北方少数民族,难以驾驭广大的汉民族,因而打出了佛教这面大旗,极力宣扬"人王即是法王",试图以此来消除中原百姓的民族意识。为此,北魏出现了上述佛教繁荣的景象。太武帝灭佛,一是因为当时佛教寺院经济的膨胀,二是由崇佛教转信道教。公元439年,太武帝发动了对中原诸国的猛烈进攻,大获全胜,结束了自西晋以来五胡十六国长期战乱分裂的局面,他把能完成统一北方宏图大业之功归于占星卜卦和道士寇谦之、崔浩的出谋划策,于是彻底遁入道门而法难佛教,佛教由此遭遇了中国历史上的第一次灭顶之灾,佛寺及佛经宝典损失惨重,青壮年僧侣被强迫还俗,充当劳役或从军征战。直到北魏文成帝即位,佛教才又在中原和北国土地上死灰复燃,重新兴行起来。

第五章 "农禅并重"的寺院经济形态

隋唐时期，佛教寺院地主经济达到登峰造极的地步，致使隋末至唐代中期，寺院地主经济几经灭顶之灾，加之战乱不已，禅宗怀海法师独创《禅门规式》，建立了著名的"农禅并重"禅林经济体系，使佛教更加中国化，也使一种典型的自给自足经济形式在禅林中广泛发展起来。中国佛教丛林制度，代代相承，对于维护中国佛教的持久发展有着重大作用。其中农禅并重的制度，适应了当时中国的生产方式，对缓解佛教与上层统治的矛盾，维系僧团的生存，有着突出的意义。

第一节 禅宗的形成与发展

禅宗是具有中国特色的佛教宗派，是中国佛教著名的宗派之一。始于南北朝，成宗于唐代，北宋年间达到鼎盛，晚明以后趋于沉寂。

一、禅宗的形成

汉传佛教主要有八宗：一是三论宗又名法性宗，二是瑜伽宗又名法相宗，三是天台宗，四是贤首宗又名华严宗，五是禅宗，六是净土宗，七是律宗，八是密宗又名真言宗。这就是通常说的性、相、台、贤、禅、净、律、密八大宗派。禅宗的宗旨是直指人心、顿悟成佛。强调以心传心，不立文字，自称为"教外别传",后世一般将佛教其他各宗统称为"教下",而将禅宗独称为"宗门"。此宗强调自心即佛,由妄念故,覆盖真如。无论愚人智人,佛性本无差别,只缘迷悟不同。自性迷即众生,自性觉即是佛。一念悟时,直见本心,顿悟成佛。禅宗的基本教义是般若性空,"应无所住而生其心",追求现世解脱成佛。禅是禅那 dhyana 的简称,汉译为静虑,是静中思虑的意思,一般叫做禅定。此法是将心专注在一法境上一心参究,以期证悟本自心性,这叫参禅,所以名为禅宗。禅的种类很多,有声闻禅,有菩萨禅,有次第禅,有顿超禅。禅宗在后世被誉为中国特色的佛教,对整个中国佛教和中国文化的发展有很大影响。

禅宗的形成,是整个佛教史上的大事。但后人的记述纷杂不一,异说多端。据早期文献史传记载,从禅思潮在与义学对立中兴起,到禅众形成为僧侣中的特殊群体;从禅众批量流动的生活方式,到群聚定居,经历了一个相当长的历史过程。相传释迦牟尼一日在会众中,拈花示众,唯弟子迦叶破颜微笑。释迦遂称赞道:"吾有正法眼藏、涅槃妙心、实相无相、微妙法门,付嘱于汝"①。因此,迦叶被尊为禅宗初祖,以后在印度相传了二十八代。第二十八祖菩提达摩在梁朝时来到中国,因见梁武帝不契,遂止于嵩山少林寺,面壁九年。达摩被尊为中土禅宗初祖。达摩传慧可,慧可传僧璨,僧璨传道信,道信传弘忍。

传说的达摩一派禅师,自北向南流动,代表了隋唐之际禅众发展的主要方向。慧可门下僧璨已在南方活动,但形踪难详。至于僧璨的弟子道信(579－651)先入舒州(安徽潜山)皖公山,再往江西庐山,最后定居蕲州黄梅(湖北黄梅县)双峰山,一住30余年,聚众500余人,成为禅宗真正的发端者。

道信以双峰山为据点,在皖、鄂、赣临界地区的官民中间,

---

① 宗伟主编:《中国宗教六讲》,第63页,中国友谊出版公司,1993年版。

产生过重大影响。杜朏的《传法宝记》载，道信"每劝门人曰：努力勤坐，坐为根本。能作三五年，得一口食塞（疗）饥疮，即闭门坐，莫读经，莫共人语"。在这里，定居聚徒，坐（坐禅）作（劳动）并行，不读经，不共人语，都是禅宗初期的基本特征。

在道信门下从学的著名禅师，多属先前天台宗的徒众。能够发扬他的成果，终于使禅宗成为遍及全国最大宗派的则是弘忍。弘忍（600－674）被奉为禅宗五祖，在道宣时已知名于世。他7岁奉事道信，后迁至双峰山东凭茂山，号称"东山法门"。玄赜在《楞伽人法志》中记述弘忍的特点，是"缄口于是非之场"，"役力以申供养"，"生不瞩文，而义附玄旨"，这依然是坚持道信的禅风。但他更有新的发展，尤其提倡"静乱无二"，"语嘿恒一"，"四仪（坐住行卧）"皆是道场，三业（身口意）咸为佛事"，把禅（静、嘿）贯彻到了日常"役力"生活（乱、语）中，改变了凡禅必坐的传统。所谓"役力"，与"作"一样，均指体力劳动言。日常劳动和与之有关的俗务，被引进禅学内容，是禅宗对传统佛教思想的重大改革。这一改革，到弘忍时代已经达到相当的理论自觉。

弘忍自我标榜他的信仰依据是4卷本《楞伽经》，所以一般也把他划在楞伽师的行列。他认为此经的精义，只能"心证了知"，所言则是"佛语心第一"。他又据《文殊说般若经》讲的"一行三昧"，认为只要"念佛"，"心"即是佛，所以他的"东山法门"也被归结为"一行三昧"。事实上弘忍对两部佛典的解释是十分任意的，目的在于排除向外求佛的传统教义，包括偶像崇拜、净土信仰、沉溺经教、着意修持等，从而把解脱的希望转移到自我内心的调节上。

弘忍的门徒难以确计，被认为能传其禅法的有11人，南到韶州（广东韶关），北至潞州（山西长治），西到资州（四川资中北)，东到越州（浙江会稽），分布全国，各为一方师，聚徒传法，声震朝廷。其中法如和老安（慧安）在嵩山，声望极高，直接影响东京；玄赜在安州（湖北安陆），后入洛阳，被贵族禅师净觉一系推奉为师；智诜在资州，开成都净泉（众）、保唐一大禅系；神秀在荆州当阳（湖北当阳），名闻西京，后被推为禅宗北宗领袖；慧能在韶州，扎根山林市民，被推为禅宗南宗始祖。此外，被后人引为道信另一弟子的法融，在南京牛头山经智威、慧忠等的持续经营而成牛头禅系。

二、禅宗的发展

禅师们的活动吸引了众多如醉似狂的追随者，受到从地方到中央各级官吏的普遍关注。以宋之问上表请迎神秀入洛为契机，武则天先后接见了以神秀为首的弘忍门徒，如老安、玄约、智诜、玄赜等，表示"东山法门"是天下行禅修道者的极宗。原本隐遁山林、自食其力的禅宗，开始由朝廷直接控制；一些禅师一旦成为帝师，随着就有一批贫困的禅众上升为富有的官僧。禅宗内部有了重大的分化，争夺禅宗正统，争夺官方承认和扶植的斗争激烈起来。

经过安史之乱，到唐中后期，禅宗内部已出现了宗派体立。禅宗依据佛教的心性思想，并吸收道家的自然主义等中国固有观念，提出"不立文字，教外别传，直指人心，见性成佛"的宗旨，提出的"拂尘看净，方便通经"，智诜所开净众寺金和尚一系提倡的"三句用心（指无忆无念莫忘）为戒定慧"；老安门下俗弟子陈楚章一系提倡的"教行不拘而灭识"；慧能门下怀让、道一提倡的"触类是道而任心"；慧能门下神会一系提倡的"寂知指体，无念为宗"；牛头法融门下慧忠、道钦一系提倡的"本无事而忘情"。此外，还有传说中弘忍弟子的宣什一系（亦称"南山念佛门"禅宗）提倡的"借传香而存佛"。这些派系，争刻碑铭，竞撰史传，各出语录，除了弘扬本宗教义外，主要是为了确立自己的正宗地位。

到宗密为止，禅宗各家所述祖谱不完全一样，谁是禅宗始祖，就有求那跋陀罗、菩提达摩多罗、达摩多罗和菩提达摩四种说法。至于谁是弘忍嫡传，弘忍并没有确定，后人则集中在神秀和慧能二人身上。"南能北秀"大体反映了此后禅宗的主要潮流。

武则天统治期间，佛教备受崇奉，使唐代佛教达于极盛。她打破唐太宗由玄奘一统译场的局面，接待各方译僧，除实叉难陀外，还有于阗提云般若，中印地婆诃罗、汉僧义净等，而最著名的是南印菩提流志。她鉴于禅僧在群众中日益上升的影响，令神秀禅师入京行道，亲加礼拜；又征慧安禅师入禁中问道，待以师礼，确定支持东山法门的方针，助长了禅宗在全国的大发展。

中国专业禅师的大规模兴起，有深刻的社会根源。他们着手为自己建立稳定的生活基地，当始于道信，至弘忍而取得巨大的成功，势力布及全国，足以与所有国立寺院的诸大宗派相抗衡。他们聚居的人数，动辄成百上千，居处多为自造的茅茨岩穴，甚至见不到可以崇奉的诸佛偶像。文化素质很低，不读经典，不作功课，但以劳作为务，以疗治饥寒为教义。这种禅运动经过安史之乱，在南方得到特别迅速的发展，引起朝廷和地方官府的严重注目，终于形成了可以为国家承认和保护的另一类寺院经济体制，即禅林经济或农禅经济。

禅宗的发展也说明，佛教传入中国后，原来的"三衣一钵，游行乞食，树下一宿"教制，与中国国情、民俗不相适应；中国人重视农耕，难以容许乞化生活的存在；北方严寒的气候，也不适宜四处游化，路边一宿。佛教及时自我调整，逐渐形成定居式的僧团制，并全面建立了僧团管理制度，如长老制度，重视劳动生产的农禅生活制度等，是佛教中国化的明显特点。禅者把中国传统价值观中的勤劳、节俭的美德与其禅修思想和行为结合起来,形成了独具中国特色的"农禅并重"的禅修方式和生活方式,也发展出了具有特色的"丛林"农业。

第二节 从《禅门规式》到《百丈清规》

唐宪宗时期,一个散置江河南北无数丘壑浅山中的禅宗丛林体系得以确立。在丛林勃兴的历史背景下,怀海制订的《百丈清规》是禅林制度确立的标志。而《百丈清规》是由《禅门规式》演变而来的。

一、《禅门规式》

百丈[①]是马祖道一的高足,对其师的佛学思想多有新的阐发,但他最有贡献的还是对禅宗的生活方式的创造性改革。《禅门规式》就是怀海根据当时禅宗发展的实际情况而建立的一项根本性管理制度。《禅门规式》的原文现早已看不到了,只能借助于北宋僧人道原成书于宋真宗景德元年(1004)的禅宗史书《景德传灯录》的记载,对《禅门规式》作一概括的了解。

禅宗自创宗以来,僧人们大多数只能寄居在律寺里,而禅宗僧人和律僧的修行方法是不同的。他们的如法修行为此受到影响。怀海禅师为了改变这种状况,在《禅门规式》中结合大小乘佛法,从实用、方便的角度出发,决定别立禅居,主张摆脱禅宗

[①] 百丈怀海(749—814),福建长乐(今福建长乐县)人。祖籍太原,俗姓王,其祖先是在西晋永嘉北方战乱后迁到南方的。他早年随潮阳西山慧照大师出家,在衡山从法朗受具足戒。后成为马祖道一弟子,马祖示寂后,他迁居新吴(今江西奉新县)。大雄山俗称百丈,怀海因此得"百丈"之号。怀海在此开辟道场,传佛心印,一时众人云集徒众众多。元和九年(814)圆寂,享年66岁。唐穆宗赐谥"大智禅师"。

依附于其他宗派，建立一个适宜于禅宗自由发展，不受外来势力影响的宽松环境。

"不立佛殿，唯树法堂"是《禅门规式》的一个特色。禅师们以佛祖亲自嘱授，当代为尊的理念，从制度上体现了禅宗教外别传的特点。而且在禅堂中"设长连床，施架，挂搭道具"，对后来的禅寺建筑模式和厅堂中的布置，禅僧的宗教生活方式，产生了长远影响。《禅门规式》中还设立了禅寺内部的各种僧职，并对僧职别的权限做了详细规定。如确立"长老"、"主事"、"寮舍主"以及"堂维那"等来管理整个寺院。"长老"要由通晓禅理和受尊敬的大德才能担任，因为他是禅僧的楷模，在通晓义理和修行方面都有上乘的表现。"长老"住的地方叫"方丈"。现在方丈已经成为寺院的一寺之主的别称，方丈室则成为一寺之长的住地。"主事"是在日常带领大家听闻禅法的负责人。"寮舍主"则是负责大众日常生活的人，权力较大。"堂维那"是执法的僧人。

对禅僧在进行宗教活动和日常生活中的一些行为准则，《禅门规式》也做了一些规定。例如不管人数多少，职务和年龄的高低，学修禅法的人都必须在僧堂中修行。而且在修行中是按出家的时间长短安排座次，而不以年龄、职务的高低为标准。禅僧除了听长老上堂说法外，僧众勤怠请便可以不拘常格，有一定自由宽松时间。不过每天有两项修持内容是禅众必须参加的，这就是朝参夕聚，参学禅法和"行普请法"。前者是过正常的宗教生活，后者是日常的世俗生活，主要是为维持生计而从事的生产劳动，其中包括播种、除草、收割等田野生产劳动和打柴、挑水、烧饭、丧葬等日常劳作的内容。行普请法的人，不论职务高低，都要各尽其能，共同参与，其目的是通过参加集体劳动这一形式，既显示和体会到上下的平等关系，又解决了别立禅居后禅僧们的生活来源问题。普请之法作为制度规定下来，突出了怀海禅师的农禅并重，"一日不作，一日不食"的思想。这是对以前禅僧生活方式的重大改革。禅宗以后的独立发展无不受其影响。

二、《百丈清规》

怀海禅师制订的《禅门规式》，在当时的确起到了应有的作用，为禅宗的健康发展，奠定了一个坚实的基础，最终使禅宗在中国佛教中取得了独立地位，并逐渐发展成为中国佛教的主流派。但是，晚唐禅宗禅法简练，盛行机锋棒喝，义理不兴，丛林内部戒行废弛，各地寺院戒规条例多样，不利于禅宗的健康发展，北宋崇宁二年（1103），真定府长芦洪济院传法慈觉大师宗赜为了改变这种情况，振兴禅宗，庄严丛林，又增订了清规，叫《禅苑清规》。《禅苑清规》的大部分内容是对僧职分工的规定以及关于寺院仪式和礼节方面，旨在要求禅寺的僧职各尽其责，使寺院运营有序，并且制约僧众遵守一定规矩。但"农禅并重"的思想得到了继承和完善。

《禅苑清规》后来成为元代的《敕修百丈清规》（简称《百丈清规》）修订的基本素材，此书传到日本后，对日本禅宗的发展也有巨大的影响。禅宗经过五代、两宋时期的发展，已经派系林立，史称"五家七宗"。众多的派别和师承的不同，使各家各派在某些日常行事上已有差别，形成各自的家风，其结果必然会出现各种带有地方特色的禅门内部规制。到了元代，崇奉佛教的元顺帝有鉴于这种规制的混乱情况，在元统三年（1335）敕命江西百丈山的住持德辉禅师再次编集丛林清规，德辉是当年怀海住持过的百丈山住持，他又是受皇上敕命编定清规，所以这部清规被命名为《敕修百丈清规》。它是一部中国佛教的法规，它虽与从印度传来的大、小乘戒律有一致之处，但具有浓厚的中国佛教民族化的特色，也可以说是佛教中国化过程中受中国传统文化影响下出现的重要产物。《百丈清规》经元、明两代朝廷的颁布，遂在全国各寺实行,其主要规定一直被沿用至今。清规的编订,推动了佛教中国化的发展,也使禅宗成为中国佛教的主流派而流传下来。

总而言之,禅宗建立后,特别是百丈禅师制定了清规,要僧人"一日不作,一日不食",使寺院不完全依靠世俗经济力量而独立出来,具有一个比较稳定的发展基础,寺院的制度也逐渐完善起来,僧伽内的僧职制也得以建立。

第三节 "农禅合一"体制及其特征

禅林制度是唐代禅宗创造的一种"农禅合一"的体制。在唐朝中期社会内部发生变化,佛教与寺院受到波及的历史背景下,禅林制度应运而生,对于旧式寺院"地主"经济向新时期转换,对于支撑佛教在中国的传续,起到过一定的作用。

一、禅宗农业的形成

佛教徒耕种农田在中国最早始于东晋。如在中国佛教史上居于重要地位的僧人释道安(312—385)初入释门时即常"赍经入田,因息就览。"[1] 据佛教史籍记载,法显为沙弥时曾"与同学(沙弥)数十人于田中割稻"[2],道安出家后也曾为师"驱役田舍"[3],由此可知早期佛寺的一般僧众往往从事耕作。

禅宗农业形成的前提是禅者的定居。尽管早在东汉建安年间(196—220)普净禅师即在荆州玉泉山(今湖北当阳县)结茅安

---

[1] 《高僧传》卷5《道安传》,中华书局,第177页,1992年版。
[2] 慧皎:《高僧传·释法显传》。
[3] 《高僧传·释道安传》。

居,但直到南北朝时,禅者广为流行的修行方式仍然是或游化、或冢上、或树下的头陀苦行,要么就是独居净室结跏趺坐。此时既没有农业生产的必要也没有这种可能。只有大规模地聚居才或能是禅林农业耕种成为现实。这以禅宗四祖道信(580－651)和五祖弘忍(602－675)广聚徒众为主要标志。随着僧团人数的扩大,且许多禅寺又位于深山偏远之处,若无农业生产而仅靠乞食和信众的施舍显然是难以为生的,这使禅宗的农业生产得以形成。同时,在生产工具落后的农业社会,人口是最重要的生产力,只有禅者人数不等的定居和聚居才可以使劳动生产有着规模化的效应,提高禅者的物质供应能力①。禅者的独居使其得以成为独立的经济主体。禅者之初住于律寺,唯别院而居。以马祖道一禅师(709－788)于唐大历年间开丛林安禅侣为标志,禅者从律寺中独立出来而使禅宗农业以独立的角色得到发展,既能得到社会和信众的土地供养,同时也形成了自己的特色农业生产。

而《禅门规式》的制定和实施更是使禅宗农业建立在如法的基础之上。由于佛教强调众生平等和不杀生命,认为农业生产劳动如锄地等会伤害无数的地下生命而得无量罪孽,同时也为抑制物欲,因而佛教反对出家人"安置田宅,一切种植,斩伐草木,垦土掘地。"②《十诵律》、《梵网经》等诸本戒律对此都严加禁止。8世纪中叶,马祖道一在湖南、江西一带提倡农禅结合,影响很大,他的门徒散居南方山林,竞建禅院,自谋生计。道一弟子百丈怀海制定"上下均力"的"普请"法,同时重整佛戒清规,成为其他禅寺争相效法的楷模。唐德宗兴元元年(784)怀海禅师(720－814)入百丈山(今江西省奉新县)开山建寺、大

---

① 王建光著:《禅宗农业的形成与发展》,载 http://economy.guoxue.com/article.php/7519 国学网——中国经济史论。

② 《佛遗教经》,《大正藏》第12册,第1110页。

扬禅风，折中大小乘戒律而制"禅苑清规"。在清规中提出了"一日不作，一日不食"的口号，由此并成为禅者的生活信念和行为方式，使禅者的农业耕种建立在符合戒律和伦理的诠释之上。禅宗农业由此成为禅寺经济的重要来源，禅者的生活和修行方式也促进了禅宗农业的形成与发展。由于长期开垦荒地和"一日不作，一日不食"成为禅宗农业的最大特点。

禅宗生产、生活方式的演变决定了僧团伦理观念的演变，而《百丈清规》正是这一演变的结晶。"一日不作，一日不食"的意义在于它从宗教伦理和善恶的本质意义上肯定了劳动的道德性和合律性，也是对中国文化传统中重视劳动、反对乞食和不劳而获的融合[1]。正所谓"垦土诛茅、运薪汲水、竖拳竖指之类皆自性天真之道用也。"[2]

二、"农禅合一"体制

佛教史上把通过劳作过程寻机教诲众僧、启发禅机、锻炼悟性称为"农禅"。农禅结合形式的倡导者是道一。他对禅林制度的兴起有两大贡献：一是广置禅林。在60余年间，他修禅弘教的足迹遍及今四川、湖南、湖北、江西、福建五省。据不完全统计，同道一有关的寺院、禅林、道场至今尚可查知的有28处，分布在唐代12个州近20个县，其宗19处禅林、寺院为道一亲建[3]。二是始行农禅合一。怀海随道一在泐潭山曾执役"牵车"[4]，慧藏随道一在石巩山曾"牧牛""作务"[5]，智常随道一在

---

[1] 王建光著：《禅宗农业的形成与发展》，载 http://economy.guoxue.com/article.php/7519 国学网——中国经济史论。
[2] 《天如惟则禅师语录》，《卍续藏经》第70册。
[3] 张弓：《唐代禅林经济简论》，载《学术月刊》，1987第9期。
[4] 《五灯会元·应真传》。
[5] 《五灯会元·慧藏传》。

龚公山曾"划草""取菜"①。在道一的禅林中,各种生产劳动已是僧徒常课,农禅结合成为固定的传法形式。

　　禅者开荒垦地在唐以后仍然十分突出。北宋禅师圆（1021－1103）"荷担丛林,不知寒暑,垦荒地为良田;莳松杉为美干,守一职,十年不易。"② 机简堂住饶之管山时,"十七年火种刀耕,备尝艰苦。"③ 无明慧经（1548－1618）禅师垦土掘地四十余年。④ 明代无异元来（1575－1630）禅师搬柴运水、垦土掘地"三二十年"。

　　在丛林初建时期,以"行普请法,上下均力"为基本生产原则,以"斋食均遍,务于节俭"为基本消费原则,两项原则体现了禅林的教派平等精神和勤苦俭约精神。"一日不作一日不食"要求每一个僧尼都要参加劳动和寺院建设,这即是禅门中的"普请"（俗称"出坡"）劳动原则,意思是普请大众,上下合力,共同劳动。怀海本人"凡作务执劳,必先于众"。⑤ 其后禅门高僧如黄檗开田择菜,沩山摘茶合酱,石霜筛米,云严作鞋,临济栽松锄地,仰山牧牛开荒,洞山锄茶园,雪峰斫槽蒸饭,云门担米,玄沙砍柴等等都是这种价值认同的具体表现。

　　丛林生产的主要项目有种稻,种菜,采茶等,产品只供丛林消费,没有手工业生产,与市场联系少,只有若干必需品如镰刀、瓷器、食盐等,有时到市场去买。整个禅林经济的生产体制是封闭的,其生产规模狭小,生产力水平低下,处于简单自然经济的原始状态。它的整体财力寡弱,运营机制简拙,垦种所得,聊供果腹。这与唐前期两京寺院的豪富、州县寺宇的丰盈,成为

---

① 《五灯会元·智常传》。
② 《禅林僧宝传》卷30《保宁玑禅师》,《卍续藏经》第72册。
③ 《无明慧经禅师语录》第4卷,《卍续藏经》第72册。
④ 《无异元来禅师广录》卷30,《卍续藏经》第72册。
⑤ 《怀海传》。

鲜明的对照。但它毕竟是顺应时代、合乎法脉的新制度。因此，百丈开创的"禅苑清规"不久即行于全国，"天下禅宗，如风偃草。"① 这不仅标志禅宗发展的一个新阶段，也促进了禅宗农业发展到一个新的阶段。

三、禅寺土地来源

丛林经济发展初期，由于缺少手工业和商业活动，禅宗经济的主要形式、成分和基础即是农业。同时，人数的增长与农业发展得以互相促进。大规模的人力使用和大面积土地耕种，丛林经济得以迅猛发展，其主要表现即是土地的大规模集中。随着禅宗农业的进行，大的丛林即在此基础上很快地形成。四祖道信在湖北黄梅双峰山三十余年聚众五百，② 五祖弘忍居东山二十余年徒众七百之余，③ 六祖慧能禅师归宝林寺时有缁白千余人。④

与中国佛教其他宗派一样，禅寺的土地来源有着如下几种⑤：

一是"赏"或"赐"。凭借僧众或寺院的社会威望以及政治和传统优势从国家（皇室）那里得到赏赐，"赐田"是寺庙取得土地的一种主要方式。如隋晋王杨广"钦敬禅林，降威为寺檀越，前后送户七十有余，水硙及碾、上下六具永充基业，传利于今。"⑥ 在唐代，寺院还从国家那里依法得到一些土地，如唐代

---

① 《五灯会元》卷3，中华书局，第136页，1984年版。
② 《续高僧传》卷20，《大正藏》第50册，第606页。
③ 《景德传灯录》卷3，《大正藏》第51册，第222页。
④ 《景德传灯录》卷5，《大正藏》第51册，第235页。
⑤ 王建光著：《禅宗农业的形成与发展》，载 http://economy.guoxue.com/article.php/7519 国学网——中国经济史论
⑥ 《续高僧传》卷17，《大正藏》第50册，第568页。

的均田法令规定,"凡道士给田三十亩,女冠二十亩,僧尼亦如之。"① 一般说来,南北朝时帝王的土地赏赐往往带"庄"附之以民,显示的是领主经济形式,而唐以后则往往仅赐之以"田",经济性质则是雇佣劳动。二是"施"或"捐"。从贵胄、富豪和信众那里得到土地,一些较小规模的捐赠因积少成多也达到惊人的数量。禅者以其独具特色的理论吸引了一大批世俗知识分子、名士和官宦。他们的资助或帮助也促成了世俗化、庄园化的禅宗农业或经济。唐昭宗天佑四年(907),抚州崇仁县邓进兄弟三人买地创普安禅院,并随附良田三十顷。② 北宋太祖时,知雄州安守忠一次就施给广慈禅院土地5770亩。③ 南宋绍熙元年,直秘阁张镃舍自己府第及田地六千三百余亩为慈云禅寺。④ 南宋时蒋山了明禅师住径山时,受杨和王敬重,随舍苏州庄田于了明禅师,岁可收入达二万斛。⑤

三是"买"或"夺"。僧院通过自身的生产经营或巧取豪夺而从破产农民那里购买或兼并而得到土地。唐代普光禅师,利用劝募,购海埔地一千多亩,筑岸成田,年收入千斛。唐肃宗(756-761)时,扬州六合县灵居寺贤禅师就"置鸡笼墅、肥地庄,山原连延,亘数十顷。"⑥ 昆明太华山佛严寺的《常住田地碑记》则对自己如何购置田产作了详实记载:(元)至元二十三年(1268)以银370两买到安登庄人李阿黑、张保、江茂等绝嗣民田三项,凡板田89亩7分,秧田55亩2分,共144亩9分,收租粒83石8斗。

---

① 《唐六典》卷3《户部尚书》。
② 《景德传灯录》卷3,《大正藏》第51册,第222页。
③ 《景德传灯录》卷5,《大正藏》第51册,第235页。
④ 《宋会要》道释二之十五。
⑤ 《释氏稽古略》卷4,《大正藏》第49册,第893页。
⑥ 《全唐文》卷745《大唐扬州六合县灵居寺碑》。

四是禅者依其艰苦的劳动开荒垦田。尽管这种方式也许不是丛林土地的主要来源，但却是禅宗农业在整个"寺院经济"中的根本特征。如南泉普愿禅师（748－834）于贞元十一年入池阳南泉山，"堙（又作"烟"）谷刊木，以构禅宇；蓑笠饭牛，溷于牧童；斫山畲田，种食以饶，"足不下南泉山长达三十年之久。①宪宗元和（806－820）末年，灵祐（771－853）禅师奉其师怀海之命，至湖南沩山弘扬禅风，初时，"猿猱为伍，橡栗为食"，其后禅者师徒边禅边农，到咸通年间（860－874），沩山禅林则为僧多而地广，佃户达千余家，还有七岁童子为其放牛。②其他如安岩山华严院僧无尽，于寺院附近的蓬道奥山开辟废田八百亩。象山蓬莱山寿圣禅院永净法师，开山田三百亩，植松十万余株。宁波天童寺开垦海埔地，岁收三千斛。这种开垦出的土地促进了禅林经济的发展，使许多丛林具有了庄园经济的规模。而且，一些著名禅寺的"常住田"的经营时间也很长，像弘忍的真慧寺庄（位于湖北黄梅县五祖山）、慧能的宝林寺庄（位于广东曲江县曹溪山，或称南华禅寺）从唐初一直到宋代，时达几百年。所以后世才有禅者言："良田一片望无涯，旷古相传佛祖家。"③

四、禅林体制的发展

唐经五代至两宋是禅宗的辉煌时期，五家七宗（即沩仰、临济、曹洞、云门、法眼五宗和由临济宗分出的黄龙派和杨岐派之合称）各竞其说。据印顺法师统计，在慧能其后的22个著名弟子中，除临济宗的义玄活动于北方，其他均在南方④。他们主要

---

① 《宋高僧传》卷11《普愿传》，中华书局，第256页。
② 《五代史补》卷3《僧齐己传》。
③ 《宏智禅师广录》卷8《良禅人干田求颂》，《大正藏》第48册，第97页。
④ 王建光著：《禅宗农业的形成与发展》，载 http：//economy.guoxue.com/article.php/7519 国学网——中国经济史论。

分布在荆楚、湖湘、吴越和闽粤一带。五代时吴越王钱镠（907—932 在位）皈依禅法，将江南教寺改为禅寺，于是江东禅刹兴盛。加上两宋时频繁出现"革律为禅"也使包括律寺在内的诸宗寺庙成为禅寺，吴越之地日渐成为禅宗中心。禅宗经济的发展也与之相应从荆楚、湖湘之地慢慢地集于吴越、苏松地区。尤其是在中国南方、江左，由于开发较晚，存有大量荒地，它们通过禅宗寺院的建立和发展而得以开发。8 世纪上半叶以后，佛教屡受打击，连阡带陌的大寺院及其寺院经济破坏几乎殆尽，而山林禅寺及其禅林经济相对完好。在诸帝恢复佛教的条件下，更逐步壮大。其以自给自足为特征的经营方法，也渗透到了其他寺院。

9 世纪中叶后，以农业为主的江南禅林经济发展迅速，禅宗田庄迅猛壮大，其性质也有重大变化，一些有著名禅师驻锡的禅院，土地及农业生产的规模十分惊人，出现了类似于世俗地主庄园的经营方式。①如唐末义存（822—908）在福州的雪峰庄，智孚在信州的鹅湖庄，道膺（835—902）在洪州的麦庄等。荆州玉泉寺于北宋天禧（1017～1021）末年更名为景德禅寺，其规模占地左右五里，前后十里。

南宋时，有着皇家寺院色彩的杭州寿圣禅寺，有山田地四千五百亩。② 显然，禅宗经济为此一历史阶段"寺院经济"的主要成分。虽然宋代禁止寺观买卖土地，但禅寺丛林仍然得到朝廷丰厚的赐赏。其中对著名禅寺的赐田有③：

---

① 尽管禅林经济与前述的大寺院经济均属封建地主经济，但前者始终以独立的自我经营为主，在经济上极少甚或不依附国家的资助或官僚的布施，加上远离城邑闹市，所以表现在教派学风上，往往是游离于当前严酷的政治斗争之外，同当权者保持一种疏散的，有时是不合作的态度。这种超然的境界，对于失意落魄，或一时需要心理平衡的士大夫，有相当大的吸引力。

② ③王建光著：《禅宗农业的形成与发展》，载 http://economy.guoxue.com/article.php/7519 国学网——中国经济史论。

宋神宗	熙宁八年 1075	兴德禅寺	淤田三十顷（《挥麈前录》卷一）
宋神宗	元丰七年 1084	多庆禅院	给田十顷（《长编卷342，元丰七年正月四甲寅》）
宋高宗		湖州报恩光孝禅院	赐田十顷（后实得二百余亩）（清陆心源《吴兴金石录》卷九）
宋高宗	绍兴年间	崇先显孝禅院	拨田三十顷，岁可收半二千一百余斛，柴山桑拓地二千八余亩。（《松隐文集》卷三十《崇先显孝禅院》）
宋孝宗		兴圣万寿禅寺（径山寺）	赐田万亩（叶绍翁《四朝闻见录甲集〈径山大慧〉》）

元代重视藏传佛教（俗称喇嘛教），但是从禅僧的优裕生活仍可见禅林的农业兴盛和经济繁荣。元代临济宗怀信（1280 – 1357）即自称："余九岁出家，于今过六十矣。至于逍遥广厦，顾步芳阴，体安轻软，身居闲逸。星光未旦十利之精馔已陈，日彩方中三德之珍馐总萃。不知耕获之顿弊，不识鼎饪之劬劳。……余且约计五十之年，朝中饮食，盖费三百余硕矣；寒暑衣药，盖费二十余万矣。尔其高门邃宇，碧砌丹楹，轩乘仆竖之流、机案床褥之类，所费又无涯矣。"[①] 不过，对于禅林经济的发展和自己何以"不知耕获，不识鼎饪"而得优裕生活，他只是

---

① 王建光著：《禅宗农业的形成与发展》，载 http：/economy.guoxue.com/article.php/7519 国学网——中国经济史论。

第五章 "农禅并重"的寺院经济形态　　111

理解为是佛祖的功德："长六尺之躯,全百年之命者,是谁所致乎? 则我本师之愿力也。"①而没有看到正是因为农业的发展,更没有看到其中存在的雇佣劳动和禅林内部也日益加重的经济剥削。

　　正因为宋元两世禅宗农业的发展和寺庄的扩大,禅宗农业才从小规模的劳动形式发展成了规模化的农业生产。作为现实的反映和要求,此时集成的各本"禅苑清规"对田林果蔬、佃户劳动、钱米租息等设有专人进行严密的组织和管理:设有"园主"("园头")负责栽种菜蔬及灌溉;设有"庄主"("下院执事")负责巡视田界修理庄舍,提督农务抚安庄佃;设有"值岁"负责坡务耕种收租,兼管常住竹木管理;设有"知山"主管田地产业,使其界限分明以免争讼,为此不少寺院都立有"常住田地碑";设有"巡山"负责竹木茶笋的照管;设有"监收"负责钱粮穀米的出入租息;设有"库子"司掌会计,主持出榜禁约,提点耕种、监管诸庄陂堰或山林茶笋抽长。②从中也可看出,此时禅林农业使用大量佃户,所以需设专人和机构来管理租息的出入。

　　宋元以后,由于受到禅宗的影响,佛教的其他各派和道教也颇重视农业生产。明时,北京韦公寺"寺无香火田地,以果实岁。树周匝层列,可千万数"。北京万寿寺有地百亩,"圃蔬弥望,种莳采掇,晨数十僧"③。清时,四川峨眉山三藏堂所产香梨、樱桃远近闻名,而云南昆明昙华寺的花木销量很大。新中国成立后,农业仍然是佛道教寺观经济的重要生产方式,特别是对于山区寺观来说"农禅并重",仍然是一种主要的修行方式和生存方式,只

---

①　《释门自镜录·序》,《大正藏》第51册,第802页。
②　宋惟勉编:《丛林校定清规总要》卷下,元弋咸编:《禅林备用清规》卷7,清仪润:《百丈清规证义记》(均收入《续藏经》)第63册)以及《敕修百丈清规》卷4(《大正藏》第48册)。
③　段玉明著:《中国寺庙文化》,第345页,上海人民出版社,1994年版。

是寺观农业的主要特征是自给自足，不以赚钱为目的。

第四节 "农禅合一"体制的特点

在禅林经济的基础上，禅宗独得休养生息，传承不绝。受到禅宗的影响，宋、元以后的佛教其他各派以及道教也颇重视农业生产，遂使中国后期寺院恒产的自营成分明显加重。由于这种自耕乃是以寺内僧众的无偿劳动作为前提，故在实质上可以看作是农奴制经营的转型[①]。

一、禅林经济是寺院地主经济的亚种

唐代以后，随着大量蓄有寄户——农奴与奴隶的寺院地主的寄生生活日渐不保，极富远见卓识的禅宗高僧怀海提出了"一日不作，一日不食"的英明主张，强调僧众无论地位高低均须参加劳动，寺院采取自耕自营的事例于是逐渐增多。当时，不仅一般僧众需要参加劳动，地位较高的上座等僧也无例外。为了将这种被迫的劳动变为积极的参与，禅宗又提出了"以平常心事道"的主张，要求僧众通过日常的衣食住行（包括劳动）领悟佛旨。禅林经济成为寺院地主经济的亚种是公元8世纪末至9世纪初由道一的一代法嗣确立的。道一的门徒散在各地山区，各自创建禅林，聚徒传业，同时自耕自养。他们以赣、湘等为中心，北至幽州，东抵明州，分布于今赣、湘、皖、浙、冀、晋等省。

以寺庄为主体的常住田，属于佛教所有制的法缘共财[②]。寺

[①] 段玉明著：《中国寺庙文化》，第345页，上海人民出版社，1994年版。

[②] 隋唐之际，佛教各派及各教团，模仿世俗的封建宗法制度，确立了宗教的付法继统制和经济上的法缘传承制。

院三纲（上座、寺主、都维那，他们共为寺院的上层僧侣，或寺院统治者）协管共财并有生产运营决策权。常住田实行庄园式经营。庄园内一般都营建庄墅，整个庄园的布局也就以庄墅为中心来安排。如长安诸寺庄，在庄墅外围，"水陆庄田"，"园圃周绕"[①]；在庄墅内，有住宅，有"供僧谷仓"[②] 等。寺院三纲委任知墅僧、主事僧，或由僧众公推直岁僧，负责管理生产，督遣庄客。知事僧在庄内负责受理买地、施地及生产管理[③]。知事僧实行定期轮换制，直岁僧当值一年。新旧知事僧或直岁僧交接时，要将财产及收支账簿在僧堂当众交割明白，并造物案、交历以为凭据[④]。从《百丈清规》中看出，大寺的执事僧有上座、监院、值岁、库司、知庄等十多种。每月十四、三十两日要定期召开执事僧会议，审查寺产的收支账目，决定寺庙的修葺或接受施舍等经济活动。各执事僧互相牵掣，互为制约，任何人不得有家长制下那样的权力。即便是寺院住持或寺主、上座，也受执事僧会议的监督，自己所管理的寺产费用情况，得定期向执事僧或僧众会议公布。这已说明，唐时，寺院经济的管理已走向规范化。

二、禅林经济具有自然经济特点

禅林生产的主要项目是种植稻、菜、茶等，产品只供僧侣维持生活，没有手工业生产，与市场联系少，对社会依赖性不大。只有少数必需品如镰刀、瓷器、食盐等要从市场购买。总之，整个禅林经济的生产体制是封闭的，生产规模是狭小的，生产力水平是十分低下的。处于简单自然经济的原始状态。它的整体财力

---

① 《续高僧传》卷29。
② 《宋高僧传》卷19《惠忠传》。
③ 转引《唐昭成寺僧朗谷果园庄地幢》，载《学术研究》，1980年第3期。
④ 张弓：《唐代的寺庄》，载《中国社会经济史研究》，1989年第4期。

寡弱，运营机制简拙，耕种所得，聊供果腹。这与唐初两京寺院的豪富，州县梵刹的丰盈，形成极鲜明的对照。但它改变了人们视僧侣为寄生虫的印象，自食其力，合乎时代，系乎法脉，在当时颇具生机。

一般寺庄有农田、菜园、林果园，有的还有水渠、池塘、水碾和各种手工作坊，如长安清禅寺庄有水田、陆田、仓廪、水碾、竹树林、园圃。中兴寺庄，有百顷稻田和"望若云合"的梨、枣树林。慈恩寺同州庄的农作物包括胡麻、大豆。河东普救寺庄的粮田、菜地、果园、水碾，分布在"上坊下院"周围。蒲州普济寺的夏县庄是山庄，有麻田、麦田和粟田。渔阳感化寺庄有粮田和栗园，园内栗树万株。范阳上垡村寺庄有麦田和果园①。唐初一些大寺的寺庄内普遍备有铁作器、陶作器、皮作器、竹作器、木作器等各种"杂作器具"②，表明这些寺庄可能还设有铁、陶、皮、竹、木作坊。唐初齐州灵严寺有烛作坊，差僧为作人③。各种手工作坊的存在，是唐代寺庄经济自给自足性的证明。

三、禅林经济必然向地主经济转变

田庄大地产和地租经营的出现是禅林经济发展的必然结果。9世纪中叶，江南禅林经济得到长足发展，主要表现为禅林增多和分布地域扩大，以及大地产制的发展，寺庄经营方式的出现。在道一法嗣（怀海等）奠定的基业上，怀海等和尚的法嗣一面经营老禅林，一面开辟新禅林。随着禅林体系日渐弘廓，

---

① 以上皆转引张弓：《唐代的寺庄》，载《中国社会经济史研究》，1989年第4期。
② 道宣：《量处轻重仪本》，《大藏经》第45卷。
③ 《释门自镜录·悭损僧物》。

禅宗有了牢固的基盘。于是禅僧目光转向业已衰弱的旧寺，致力于整顿改造，将其纳入禅林的又一新趋向。从最早的禅林庄园可看出：禅林庄园的主事者是庄主，其主要职责为"视田界至，修理庄舍，提督农务，抚安庄佃，些少事故，随时消弭"①。"抚安庄佃"表明禅林庄园已实行租佃经营；"视田界至"表明禅林与世俗的地产竞争已经开始。初期禅林"上下均力"的"普请"制度，即"农禅合一"的百丈规制，随着庄佃制出现于禅林，开始发生变化：一批禅僧不再劳动，他们成为禅林或庄园中的上层僧侣。"均力"、"均遍"的禅林经济体系，由此逐渐向新式寺院地主经济蜕变②。如当时灵祐创建的沩山禅林，自太和初年被李景让奏为同庆寺以后，很快发展为大地产庄园。到唐朝末，"大沩同庆寺，僧多而地广，佃户仅千（有疑为十）余家"③，成为寺院大庄园的典型。禅林体制为已经崩溃的旧式寺院经济体制向顺应时代的新式寺院经济体制的过渡，提供了适宜的形式。大沩同庆寺庄园的出现，表明这一过渡在唐末已经完成。先前的旧式寺院经济体制经由禅林制度已顺利地转换为自由兼并时代的、建立在佃农制寺院地主大土地制之上的新式寺院经济体制。在新式寺院经济体制下，"恣人相吞，无复畔限"，寺院地主大土地制可以同世俗地主大土地制一样发展。这种新体制正是禅门五宗赖以发展的经济基础，禅宗的传承由此转入新阶段。宋明之际的禅林经济虽然对朝廷仍有一定的依附性，但朝廷对其已不再像唐代那样任意控制，而是因势利导，将其纳入与朝廷协调互适的轨道，如实行寺田课赋政策，免除寺院徭役等等。于是寺院地主经济与世俗地主经济之间的

---

① 元·德辉重编：《百丈清规·两序章》。
② 张弓：《唐代禅林经济简论》，载《学术月刊》，1987年第9期。
③ 《五代史补》3，《僧齐己》。

差别逐渐缩小，在此基础上，禅宗日益深入中国社会的政治经济之中。

禅林经济完全世俗地主化了。唐末著名的有义存在福州的雪峰庄，智孚在信州的鹅湖庄，道膺在洪州的麦庄等。他们有些把土地出租给契约佃农，直接收取地租。但是，尽管禅林经济与前述的大寺院经济均属封建地主经济，但前者始终以独立的自我经营为主，在经济上极少甚或不依附国家的资助或官僚的布施，加上远离城邑闹市，所以表现在教派学风上，往往是游离于当前严酷的政治斗争之外，同当权者保持一种疏散的，有时是不合作的态度。这种超然的境界，对于失意落魄，或一时需要心理平衡的士大夫，有相当大的吸引力。

总而言之，百丈禅师制订丛林清规，提倡农禅并重的生活和修行方式，特别适应中国这样一个农业社会。唐时的禅林经济，开辟了我国佛教寺院"农禅并重"的经济体系。禅林经济也深受当时庄客制和庄佃制的影响，并且是当时佃客制和庄佃制封建地主土地制度的组成部分。但在禅林经济筑成的崭新基础上，禅宗独得休养生息，以后得历千余年而传承不绝。而"丛林"一词也几乎成了中国佛教寺院的代名词。

第五节　少林禅寺的古与今

少林寺位于河南省登封市西北 13 公里的中岳嵩山西麓，背依五乳峰，周围山峦环抱、峰峰相连、错落有致，形成少林寺的天然屏障。1983 年，国务院确定少林寺为全国重点佛教寺院。海内灵岳，莫如嵩山；山中道场，少林寺为胜。少林寺是中国禅宗祖庭和少林功夫发祥地，故有"禅宗祖庭，武林胜地"之称。

一、少林寺的兴与衰

少林寺创建于北魏太和十九年（495年）。北魏孝文帝笃信佛教，印度僧人跋陀来东土洛阳传法，很受孝文帝尊崇。孝文帝就敕令在少室山北麓为他修建寺院，供给衣食。因寺院建于少室山密林深处，遂命名为"少林寺"。跋陀是第一个来少林寺的高僧，他在少林寺专心翻译佛经，收徒数名人，高足有慧光、道房和僧稠等人。

少林寺第二位高僧是具有传奇色彩的菩提达摩。相传达摩是南天竺（古印度）国净饭王之子，其师般若多罗是古印度佛教的第二十七祖。达摩得法后，经历三年寒暑远渡重洋来到广州，梁武帝闻达摩来到，派使臣迎至南京，但达摩与梁武帝相谈很不契机，他就一苇渡江来到嵩山，在少林寺后山五乳峰山洞内面壁九年，创立了中国佛教禅宗。后人尊称达摩为禅宗初祖，少林寺也被称为禅宗祖庭。

公元574年，"周武灭佛"，少林寺也未能幸免。几年后，周静帝将少林寺改名为"陟岵寺"，修复了殿堂和佛像，选派了惠远、洪遵等120多僧人常驻陟岵寺。隋唐时期，大力提倡佛教。开皇年间，恢复了"少林寺"旧名，并赐给少林寺柏谷坞屯田一百顷，使少林寺拥有了一定经济实力。隋末各地起兵，少林寺遭受第一次大火，烧毁了多处殿堂，唯留佛塔。唐初，因少林十三棍僧救秦王李世民，护国功高。唐王朝不断赐给少林寺财物，大兴土木，修筑佛塔宝殿。皇帝、皇后也常游幸少林寺，尊为佛门宝地。当时的少林寺拥有田地14000余亩，寺基540亩，寺院建筑共5418间，僧人有2000多名。正如《少林寺碑》所记"妙楼高阁，俯瞰为林，金刹宝铃，上摇清权。"特别是723年，唐玄宗命天文学家僧一行到少林寺修建玉殿，僧一行精心设计建造了一座"梵天宫殿"雕工极其精湛,"使之悬日月光华,建佛地园林,动烟云气色"。唐代少林寺名僧辈出,有善护、志操、昙宗、法如、同光等。宋代理学兴起,佛、道、儒三教合流。理学家的思想受禅宗的影响,禅宗及禅宗祖庭少林寺也得到发展。宋雍熙年间,少林寺所藏佛经有9500余卷,少林寺被称为"天下第一名刹"。元代是少林寺的中兴时期,一代宗师福裕大和尚住持少林寺,"兴什起废,训徒说法,施者如岳,来者如归市"。当时有僧人 2000 多名。少林功夫也得到了全面发展。明代,对少林寺也常加整修,使殿宇一新,金碧辉煌。嘉靖年间,由于少林寺武僧应诏平乱抗倭有功,明政府免除少林寺粮差,并颁赐《大藏经》,新修用于储藏《大藏经》的千佛殿。清代,对少林寺进行了大规模的整修扩建,雍正十三年(1750年),皇帝亲览寺院规划图,审定方案,重修了山门,并重修了千佛殿。1750 年,乾隆皇帝亲临少林寺,夜宿方丈室,并亲笔题诗立碑。清末,少林寺日趋衰败。特别是 1928 年,国民军石友三火烧少林寺,烧毁了法堂、天王殿、大雄宝殿和上千册珍贵经藏,千年古刹大部分殿堂化为焦土。

新中国成立后,少林寺又得以重建。特别是改革开放后,国家将少林寺列为全国重点寺院。政府还拨款修复了天王殿、大雄宝殿、法堂、钟楼、鼓楼等主要建筑。2004 年至 2005 年上半年,少林寺又进行了最大规模的一次整修。

二、"功夫拯救了少林寺"

1981 年的少林寺:"一片破败,一共就十几个和尚,9 个是老人,靠 28 亩地过日子。"这是现任方丈释永信对记者描述的。

然而也就在 1981 年,几乎在现任主持释永信入寺的同时,一次在后来改变少林寺命运的武术比赛毫不起眼地在山东济南举行,观看这次比武大会的有几位香港人,他们是香港银都机构的工作人员,其中便有那位目光独到的人士,他叫张鑫炎——是拍过武侠片《碧血丹心》的著名导演,他此行目的是为了功夫新片《少林寺》挑选演员,其中被挑中的就有后来出名的李连杰。转机就在这部《少林寺》。"1982年《少林寺》上演,在国内外掀起了对少林功夫的热潮,紧接着,一切都被改变了,从1974到1978年根据门票统计少林总共的游客是20万左右。而到1982年少林的游客达到了70多万人,1984年达到260万人,20世纪90年代以后游客基本稳定在每年150万人左右。从那时候起,少林寺的旅游收入一度长期稳定地占据登封财政收入的38%。"1982年推出的《少林寺》红遍整个神州大地。由李连杰主演的功夫片《少林寺》20多年前曾掀起了功夫电影的热潮,并使李连杰一举成为国际级影星,红遍海内外。

少林功夫已经彻底地改造了少林寺。从小就生活在少林寺周围的李炎林是少林寺农家宾馆的主人,根据他的记忆:"那时候的少林寺就像是每个农村都有的那种普通小寺庙,靠种几分薄地过活,唯一不同的是,那里的和尚还坚持练功夫,但是纯粹只是一种爱好,根本没有人把功夫当什么。和尚没事就常出来和村子里的人聊天,顺带也教大家功夫,这算是他们的消遣吧,所以像我这样年纪的人都是少林寺的俗家弟子。甚至有些和尚跑到周围的中学去当体育老师,当然,这可能还因为是经济压力造成的。还有一个和尚后来跑到登封县体委去了,这是当时少林功夫能发挥的最大功用了。"然而,从1988年元月在少林寺院内首次公开对外表演开始,少林寺走上了"功夫经济"的道路,第二年改名为少林武僧团,开始了国内外的演出,1998年成立了"少林寺事业发展有限公司",经营少林素饼和少林禅茶,并已经注册了国内29大类近100个商标,向一些社会企业特许授权使用"少林"商标。少林寺还设立了"河南少林寺影视有限公司"、"嵩山少林寺武僧团培训基地"等。

自 1986 年始，他先后创立了少林寺拳法研究会、少林寺红十字会、少林书画研究院、中华禅诗研究会、少林寺慈善福利基金会。

少林功夫是指在嵩山少林寺这一特定佛教文化环境中，历史地形成以佛教信仰为基础，充分体现佛教禅宗智慧，并以少林寺僧人演练的武术为主要表现形式的传统文化体系。少林功夫表现出来的文化内涵是禅宗智慧赋予的。少林功夫首先表现为一种信仰，一种对于超常神力的追求。对于超常神力的渴望，对于超常智慧的追求，从来都是从佛教徒的追求目标。这是少林功夫与其他武术的区别所在。少林功夫的最高境界是用心法指导一切，所斗之术为"心法之争"，非"形"法之战。由武入禅，由定生慧。此慧已是禅武合一的般若智慧，非是常人之智慧。

三、功夫改变了地方经济

郑少公路直直走到底就是少林寺了，沿途并没有想像的深山古林，而这条公路"是为了让旅客更方便到少林寺建造的"，这仿佛就是个象征——从功夫的市场化开始，少林寺以及周围的现实生态完全被改变了，"深山藏古寺，碧溪锁少林"这种存在 1500 年的景象其实在短短 20 年间就彻底消失了。

"如果没有功夫，少林寺周围的村落或许还是贫穷的小村落。"李炎林说。比起此前小农的耕作，现在的功夫俨然成了当地最大的经济来源，游人增多后，当地村民受利益驱动迅速撤离土地。而旁边一些村庄的居民也不断往少林寺靠拢，少林寺周围的村庄迅速膨胀。

"功夫带给少林寺以及周围的变化无疑是巨大的，在 1982 年前，少林寺周围的村民每年产值只有 30 元，村民们没用过煤，全是砍树作燃料，没有电器也没有电。而现在，少林寺已经成了一个巨大的产业，"释永信说。而且"为了美化景观，地已经不让种了，现在所有经济来源就是少林寺，"李炎林说。"少林寺功夫的巨大产值不仅把这么一个地区的经济拉上去了，也彻底改变了周围乡村的生活，原来这儿方圆百里就一个村子，统称少林村，改革开放后分成四个村：少林村、塔沟村、郭店村和雷家沟。经过这几次的反复，这些村显然都形成了一个以少林寺为核心的经济生态。功夫经济还在一定程度上解决了当地群众的就业问题。"在古代的少林寺，除了布施之外，佃农耕地是少林寺最大的收入了，后来经历几次的历史变化，后来这些佃农后来就围绕着寺成了定居的村民，而现在，他们又要依靠少林寺吃饭了。"

发展至今的少林寺，从内部机构设置来看，俨然是一个架构完备的实体，甚至拥有一个少林实业发展公司，释永信说当年为了保护少林寺商标才成立公司，因为商标法规定只有公司才能注册商标。少林寺自己并不忌讳言商。释永信在《禅露集》中也有这样的观点："佛教不避世，佛教如果避世，早就自取灭亡了。"少林寺这种"历史性格"，与其他寺院不同，十分典型。它在商业社会中采取主动原本就是可以预想的结果。

少林寺僧人仍然侧重禅宗修习，所以更注重修习的法门，所谓"以禅入武，以武悟禅"，意思是以武入禅本身是修行的法门之一。"参佛悟禅，和习武练功是互为一体的，为了弥补拳法中动作开合的缺陷，就与内三合（意、气、力）、内五行（心、肝、脾、肺、肾）有机的结合。"释永信解释佛和功夫的关系时说，"少林禅宗"中有行、走、坐、卧皆为禅，吃饭、睡觉都是定的说法，严格讲起来，"加上意念处处为禅，中发心源方入定"。他说，修禅，没有身份阶层之分，谁下工夫谁受益。修禅分三层功夫：一定、二空、三生慧；从体姿上分：一坐、二卧、三行禅；从呼吸的方法上分：一有息、二无息、三飘浮息；从入禅的途径上分：一念决、二入化、三生慧。

禅宗的修炼不像其他宗派那样，如净土宗需要终生不停地念佛，律宗则是通过清规戒律对行为的约束，只有禅宗直接通过观心来修行，它和少林功夫有一脉相通的地方。少林功夫是以禅入武，身心两修，追求的悟道解脱，成就的是"不动心"，这都是佛教阴阳思想的体现。释永信认为，阴阳变化是中国传统文化最基本思想，不仅道家讲，儒家讲，我们佛教也讲，少林功夫亦不例外。所谓"能动能静"，讲的就是阴阳变化。"比如大家都熟知的少林功夫基本特点；进退一条线，拳打卧牛之地，非曲非直，刚柔相济。讲究的都是阴阳变化，甚至在'一条线'里求变化，在'卧牛之地'求变化。"

也正是因为源于佛教，少林功夫不同于许多姓氏命名的武功，会在师徒关系的诸多传承后，发生派系分化，少林功夫在千年传袭后却有"天下功夫出少林"之说。1990年以来，少林寺因佛教文化这一特殊途径和优势，先后访问日本、韩国、美国、俄罗斯、英国、德国、西班牙、澳大利亚、加拿大、泰国、马来西亚、新加坡、阿联酋等国家和香港、台湾，为传播中国传统文化、增进中外友谊和理解、促进世界和平，做出了很大贡献。少林功夫不仅在新的时代得以传承，体现了禅宗文化与社会主义社会相适应，同时还促进了当地经济文化的发展，甚至成为中华民族乃至世界文化的一种品牌，这正是禅宗文化的一种效应。

1982年，电影《少林寺》在海内上映。

1983年，国务院确定少林寺为全国重点佛教寺院。

1993年，少林慈善善福利基金会成立。

1996年，少林慈善福利基金会会刊《禅露》创刊。

1996年，初祖庵及少林塔林① 被定为全国重点文物保护单位。

1997年，少林寺网站初建。2001年，少林寺网站正式开通。

2004年，国家将"少林功夫"作为后备项目正式报关联合国教科文组织。

2004年，"河南佛教文化少林功夫访问团"赴台交流。并首次亮相拉美。

2004年，美国加州议会确立每年3月21日为"嵩山少林寺日"。

总体而言，新中国成立后，在50年代进行社会主义改造运动中，农禅并重、自立自传自养成为主要潮流，但"文革"的冲击中断了寺院经济这一历史转型的运动。从十一届三中全会后，拨乱反正，恢复宗教信仰自由政策以来，寺院经济形态的转型过程是社会组织之间的积极互动过程，其具体的作用和途径不可一概而论，但它们也有共同的一致性，这就是从传统意义的农禅向市场商业的转化。

当前寺院的经济活动正是在新时期的人间佛教思想指导下积极展开的。一方面寺院经济的内容在发展了"农"的意义下进行而不是局限于传统的农业种植，农业种植活动在许多寺院都已经消失了。另一方面，寺院经济活动内容的方式选择又必须符合"禅"的要求。一般不能超出五戒、十善、四摄、六度的伦理规约。许多寺院沿袭传统称本寺院属于传统的宗派，但就各寺院的主要活动来看则基本上遵循贯彻了"人间佛教"的基本思想，积极开展多种经济活动和其他宗教活动。

---

① 少林寺塔林现存塔共有253座。我国最大的这片古塔建筑群，是研究我国古代砖石建筑和雕刻艺术的宝库。这里有唐贞元七年的法玩塔，宋宣和三年的普通塔，金正隆二年的西堂塔，元代后至元五年的照公和尚塔，明万历庚辰年的坦然塔以及清康熙五年的彼岸塔等。由于这里前后左右树木茂盛，自然景色秀丽幽静，更增添了深山少林古塔的肃穆气氛。

第六章　金融性的"无尽藏"寺院经济形态

在古代经济活动尚未发达之际，寺院经常以暂时闲置的善款、余粮来帮助信徒周转、救急，例如北魏的僧祇粟与僧祇户、南北朝的寺库、唐代三阶教的无尽藏、宋代的"长生库"、元代有"解典库"等。由此形成一种特殊的寺院经济形态——金融性的"无尽藏"寺院经济形态。这种经济形态衍生出寺院高利贷，其性质可以说主要还是寺院地主经济。

第一节　三阶教及"无尽藏"的产生

三阶教又名普法宗，产生于南北朝末期，于隋代兴起的一个被视作"异端"的佛教宗派。后来由于其教义有悖于朝廷的统治思想，遭到朝廷取缔。但"无尽藏"的经营形式延续下来，成为寺院经济的一种组成部分。

一、三阶教的形成

三阶教的教主是信行禅师，俗姓王，魏郡（今河南安阳县）人，一说魏州（故治在今河北大名县东）人。母亲是位虔诚的佛教徒。他在家庭环境的熏陶下，自小就有浓厚的慈悲情感，乃至路见牛车在泥辙中负重载艰难前行，也会悲伤落泪。又天性敬佛，无论远近，凡有塔影，必加礼拜。17岁时便在相州（今安阳）法藏寺出了家。不久又受了具足戒，成为一名高僧。信行出家后博涉群经，勤于思考，又很重视自身的修持，反对空谈高论。因此在佛学理论上与主宰教坛的一般名德宿望发生了分歧，而接受了北朝以来在民间流传已久的教分三阶的思想，主张僧俗信徒应适应时代特点实行特殊的修持方法。

所谓教分三阶，信行将整个佛教依时、处、人（根机）划分三个历史阶段。据佛经说，佛灭后经历正法、像法、末法三个时期。佛灭后的第一个500年为"正法"时期，第二个500年为"像法"时期，千年后进入"末法"时期。正法期是"净土"，为一乘（佛菩萨）众生居处；后两个时期均属"秽土"，其中像法期是三乘（凡圣混杂）的"秽土"，而末法期则是世间众生（邪解邪行）的"秽土"，亦名"五浊诸恶世界"。信行认为，他所处的时代属于末法期，所处的世界是五浊诸恶世界，一切众生戒见俱破，根性低劣，也叫"第三阶机"。按当时佛教通行的说法，众生能否接受佛教和接受什么教法，取决于众生自身的根性利钝优劣。既然"末法秽土"众生根劣，所行佛法就不能与"正法"和"像法"期的利根众生相同。"第一阶"行"一乘"法，"第二阶"行"三乘"法，各有特殊的所信所教，被称作"别教"，相对而言，第三阶于"法"不能再分大小，于人不能再分"圣"、"凡"，理应无差别地普信一切法，普敬一切人，是谓"普法"，全称"普真普正佛法"。

"社会是不断退化的，时间越往后，社会越丑恶，人的根机也越恶劣"，北朝时期这样的观点在民间十分流行，现实的背景是社会动荡、民不聊生。人们在深重的苦难中看不见光明，丧失了信心，因而容易接受这种对现实充满厌恶和恐惧的三阶思想。信行处在这种动荡苦难的生活中，出生在下层穷苦百姓家庭，受到三阶思想的强烈感染，产生了创立三阶教的想法。

"普法"的另一个含义是"认恶"，即认识自己具有的过恶。唐临的《冥报记》说，三阶教大旨在"劝人普敬认恶，本观佛性,当病授药,顿教一乘。"把对他人的"普敬",同对己的"认恶"结合起来,形成了三阶教的许多特殊的实践和信仰,称为普行。他们反对净土信仰,主张念"地藏菩萨"。据说地藏菩萨介于释迦之后,弥勒之前,立誓尽度众生,拯救诸苦,始愿成佛。他们还皈依五种佛,其中四种佛名是自己独创的。有一种叫做"普真普正佛"的,又分为如来藏佛、佛性佛、当来佛、佛想佛四种,也就是世间一切众生;一切众生又实为同一的"普佛"。据此,他们不崇拜释迦牟尼,而普敬一切众生。

　　普法是信行三阶教思想的核心。他也从自身做起,严格实践体现大乘利他精神的菩萨行。他感到比丘的身份对于菩萨行不方便,便毅然回到法藏寺舍弃了具足戒,从此居大僧之下,在沙弥之上,亲执劳役,还实行头陀、乞食、日止一食的苦行。在道路上行走,逢人便拜,不管对方是僧、俗、男、女。他这样诡异的行动引起许多人的关注和怀疑。不少人找上门去对他提出诘问。信行都很直率地向他们解释自己的动机,并乘机宣传自己要创立三阶教的思想。很多人被他感动,接受了他的观点,按照他的主张行事。这样,三阶教的思想便以相州为中心,逐步向四方传播开来。东晋以后长期的社会动乱,民生凋敝,加上北魏太武帝、北周武帝的两次灭佛运动,使部分佛教徒有理由认为末法时期已经来临,从房山石经的开刻,三阶教普敬、认恶的提倡和无尽藏的经营可以看出,佛教徒力图从精神和物质两个方面力图摆脱末法的危机。

　　信行正式提出三阶教的设想并付诸实践,约在隋朝开皇初年。开皇三年(583),他在相州光严寺发愿,要为皇帝、诸师、父母乃至一切众生,施舍身命财物,建立礼佛、转经、众僧、众生等16种无尽藏行,"愿施无尽,日日不断",直至成佛为期。开皇七年(587),他又写信给相州知事,阐述了自己创三阶教,行无尽藏的意义,强调这样做既有助王国,又饶益群生,要求州知事代为上奏皇帝，争取皇帝的理解和庇护。当时，宰相高颖对佛教有好感。他听说了信行的大名，很赏识其行事，便奏请隋文帝召信行入京，并出资在京城真寂寺建立三阶教院，邀请信行居住。由于信行及其弟子们的不懈努力，也由于隋文帝和高颖等大臣的有力支持，在一段时间内三阶教的发展极为迅速。京城内外，"前后望风，翕成其众"。京城中的三阶教寺院增至五所，即：化度寺（原真寂寺）、光明寺、慈门寺、慧日寺、弘善寺。在东都洛阳，也有福先寺等三阶教寺院。其他一些寺院，虽然并未正式纳入三阶教系统，但赞成三阶教的部分教义，实行六时礼旋、乞食为业者大有人在。从8世纪到13世纪，日本与高丽都有三阶教流行的痕迹，三阶教对域外佛教也有一定的影响。

二、"无尽藏"的经济含义

三阶教最重要的实践则是"无尽藏行"。就是主张经营"无尽藏"实行普施。"无尽藏"是专为支持和发展佛教而求得和储藏的财物积累，始建于梁武帝时代，三阶教把它作为最重要的普行手段，并成为此教的一大特色。信行认为："以无尽藏物，施贫下众生，由数得施奴，劝发善心，即易可得"；"教贫穷人，以少财物同他菩萨无尽藏施，令其渐发菩提之心。"[1] 用无尽藏的财物，施给贫人，可以激发其从善之心，而施财物给无尽藏的人，则可发菩提心。信行还特别强调，布施不应该是个人的独自活动，而需要成为集体的事业："若复有人多饶财物，独行布施，从生至死，其福甚少；不如众人，不问贫富贵贱、通俗，共相劝化，各出少财，聚集一处，随宜布施贫穷、孤老、恶疾、重病困厄之人，其福甚大。"因此，他要求每个人的思想行为都必须融化于"无尽藏行"中，加入无尽藏的，每天至少要"舍一分钱或一合粟"。事实

---

[1] 《隋书》卷35，《经籍志》。

上，京城施舍，也遍及官僚富户。信行是从菩萨施"无尽藏"的教义中得到启发，把经营"无尽藏"作为动员信众、组织信众的有效传教手段。无尽藏的建立和提倡，使三阶教的经济力量迅速成长。三阶教的无尽藏，不仅包括一般金钱、财物，以致"钱帛金绣积聚不可胜计"，而且拥有大量土地、庄园、六畜。

从经济上看，"无尽藏"犹如三阶教徒众的一种互助合作金融组织。根据三阶教规，加入"无尽藏"的人，每天至少要舍一分钱或一合粟，多舍不限。施舍的内容，也不限于钱谷，还可以施舍香火灯烛，音声钟呗，房舍床坐，甚至还可以施舍洗浴无尽，也就是施舍劳动，施舍服务。这样的"无尽藏"组织形式，很适合当时各阶层群众的积累功德的宗教要求，也很适合他们的经济互助要求，很快就得到了千千万万信徒的拥护和参与，三阶教也因此积累了雄厚的物质基础。

无尽藏是隋唐时代寺院经济的重要形式。三阶教中谈到物资方面的无尽藏布施时，仅饮食无尽藏，就详细列入了应布施的物品有：粳米、糯米、面粉、油脂、粟米、小豆、大豆、柴、厨具、调料、蜂蜜、胡麻、酪、瓜菜等。向寺院施无尽藏，不论是普施，还是施一部分，都被看作是修行[1]。

关于"无尽藏"的使用，据《太平广记》卷四九三记："其无尽藏财分为三份：一份供养天下伽兰增修之备，一份以施天下饥馁悲田之苦，一份以充供养无碍（斋僧）。"[2] 其中的"悲田"、"无碍"两部分，具有明显的救济性质。此类做法，在东汉五斗米道中曾经有过，但像这样大的规模，在中国历史上实属罕见。这使三阶教对下层群众具有特别的吸引力。无尽藏的另一部分用于整修伽兰。从现有资料还看不出僧侣挪用于奢侈生活的情况。

---

[1] 《无尽藏法略说》、《三阶教残卷》。
[2] 《释迦方志》卷下。

但是，信行逝世后，三阶教很快就遭到厄运，隋开皇二十年（600），文帝就下了不准该教传播的诏令。这是因为三阶教宣传的末法浊世思想，有强烈的不满现实的倾向，与封建朝廷宣传美化本朝的意图相抵触；在佛教内部，三阶教的思想也与维护佛教正统立场的上层僧侣大异其趣，因而被视为异端邪说大受批判。于是僧俗统治阶级联合起来压制三阶教。武则天在位期间，曾先后敕令检校洛阳福先寺和长安化度寺的无尽藏院。唐玄宗开元元年（713），敕令取缔无尽藏，禁止士女施钱，同时敕令将化度寺的无尽藏财物、田宅等，分散给京城寺观，剩余部分也归到化度寺住持名下。唐代武则天和玄宗李隆基还曾先后多次发布限制和取缔三阶教的诏令，诸寺的三阶教寺院被勒令拆除，寺院经营的无尽藏被没收。由此也可以看出，统治者对于佛教寺院拥有强大经济实力，并以此影响下层群众的做法是相当不安的。

第二节 金融性的"无尽藏"高利贷

隋唐时期，创立三阶教的信行法师于长安化度寺创立称为"无尽藏院"的金融机构，将信徒奉献的财物贷与他人，用以救急济难。"无尽藏院"，是佛教特有的积聚财物的形式。其时，不仅佛教而且道教的寺观封建经济，其来源除官私布施外，地产与高利贷是寺院经济的两大支柱。《十诵律》规定，僧祇塔物（僧团财产）出息取利，纳入僧团"无尽藏"。

一、无尽藏——寺院高利贷的早期形式

"无尽藏院"的发明者就是创立三阶教的信行（540—594）。信行认为用无尽藏的财物，可以激发受施者之从善心、施者之菩提心。并特别强调，布施不应该是个人的独自活动，而需要成为

集体的事业。单独所行的布施其量虽多却功德少,但如通过无尽藏汇聚力量,无论布施的是多么微少,都可不问贫富贵贱、僧俗,互相融通,而成为法界无尽藏行——虽修一行,而成为周遍无尽的布施,所以其功德也最大。故信行要求加入无尽藏的信徒,每天至少要"舍一分钱或一合粟"。无尽藏设有16种无尽藏施,它把各位信徒的少量供物合在一起,使其价值和宗教功效得以倍增。客观说来,"无尽藏院"充当了一种把收入的财产分别用于法事和慈善事业的分配人的角色,而且发挥了类似现代银行的功能。

事实上,金融性的"无尽藏"经营,使高利贷资本成为寺院经济的一部分,是从南北朝开始的,并且成为寺院经济中最重要的经营形式。史载此时寺院"广引财事乞贷,贪极无厌"①,"比来僧尼,或因三宝,出贷私财"②。他们不仅"规取赢息",牟利巨万,而且"侵蠹贫下,莫知纪极",③ 逐步形成社会中的一个新的食利者阶层。东晋以后寺院经济的产生是从消费共同体向经济共同体的转进。南朝四百八十寺在早期的"无尽藏"制度下,各僧的化斋收入要上交寺院共同保管,共同消费("同饮同食")。从南北朝开始,寺院的金融机构称为"寺库"。它接受百姓作质押的典当品和众多布施财物,以寺库为寺院经济的基础,并贷放给贫困的百姓。隋唐时期佛教、道教等寺观的封建经济,地产与高利贷是寺院经济的两大支柱,隋唐至宋朝均继续流行着此一制度。寺库到了宋朝称为"长生库",元朝称之为"解典库"。封建统治者明智地意识到通过鼓励宗教组织办理慈善事业比自身直接经办更有实效。此后,寺院建"义仓"、"悲田坊"、

---

① 《广明弘集》卷6。
② 《魏书》卷114《释老志》。
③ 《魏书》卷114《释老志》。

"安乐坊"、"养病坊"、"安济坊"、"福田院"等便史不绝书。

二、"无尽藏"经营的理论依据

关于寺院高利贷，在佛教经律中是能够找到依据的。佛教经律允许以三宝物（佛物、法物、僧物）出贷取息。《行事钞》记载："'十诵'，以佛塔物出息，佛言：听之"①。在偿还时，有些财物须要有个说净的手续。《行事钞》记载："'萨婆多'，若说净财宝及以衣财，若人贷之，后时宝还宝，钱还钱，乃至衣财相当者，不须说净；若还不相似物，更须说净"。② 这给寺院和僧尼经营高利贷资本打开了方便之门。寺院僧侣可以借此冲破宗教戒规束缚，以"济贫"、"救灾"为幌子，创立"寺库"、"长生库"等等，从事"无尽藏"经营，牟取高利。中国佛教内律的这种"许可"，使封建国家对于寺院生息资本不但不加以限制，反而予以一定的保障。当然寺院的三宝财物并不是都可任意出贷的。《行事抄》记载："僧有五种物不可分：一地、二房舍、三须用物、四果林、五华（花）果。僧祇、众僧田地，正使一切僧集亦不得卖，不得借入，著私受用，越毗尼"③。其次，寺院集体和私人两种财产拥有制的形成和"分野"，也给寺院地主生息资本确立了两种不同的高利贷信用的前提和条件。前者是寺院经营"典当"，创办质库的基础；后者则是寺院僧侣私人"举贷"的根本④。

---

① 《大藏经》卷40，第57页。
② 《大藏经》卷40，第111页。
③ 《大藏经》卷40，第14页。
④ 简修炜等：《南北朝时期寺院地主经济与世俗地主经济的比较研究》，载《学术月刊》，1988年第11期。

三、"无尽藏"经营的形式

寺院无尽藏高利贷资本一般采取两种借贷形式：一是寺院僧库的"典当制"；二是寺院僧侣地主的私人"举贷制"。

所谓"典当"，即质举，亦称"僦柜质钱"。对于此《资治通鉴》中是这样界定的："民间以物质钱，异时赎出，于母钱外，复还子钱，谓之僦柜。"① 在高利贷信用上，它是高利贷资本为了减少放债的风险，要求债务人提供一定的财物作担保的借贷形式，对人供给抵押信用。同时，"典当"产生了最早的信用机构——质库（或称长生库、当铺等）。如南北朝时，长沙寺僧"铸黄金为龙数千两，埋土中"以作为整个寺院"历代相传"的资业②。这类财产名义上是集体所有，实际上是寺主拥有所有权。

所谓"举贷制"，"举贷"，是民间一种常见的、不用抵押，而通过契约进行的高利贷事务，它供给债务者以人格的信用，只以券契为凭，券契一毁，俩权、债务便算了结。南北朝寺院的"举贷"，多是在寺院地主与豪强和世族之间进行的。有些僧人私人也是豪富，如南朝吴郡西台寺僧释法瑶拥资百万，北朝济州"道人道研，为济州沙门统，资产巨富。"③

隋代信行禅师（540－594）创立的三阶教，在一度被禁后，因其门徒甚多，又受到隋代重臣肖瑀、高颎等的外护，仍隐然保全实力，延续到唐代，又在长安恢复了相当的盛况。著名的寺院有化度（原为实际寺）、慧日、光明、慈门、弘善五大寺，而以化度寺为其中枢，无尽藏院就设立于此。到了武后证圣元年（695），才明令判为异端，将该教的典籍归之伪杂符录一类。圣

---

① 《资治通鉴》卷227。
② 《南齐书》：《萧颖胄传》。
③ 《北史》：《苏琼传》。

历二年（699），又令限制学三阶教的只能乞食、长斋、绝谷、持戒、坐禅，此外所行都视为违法。后至开元元年（713），废止无尽藏院，断绝了三阶教的经济来源。开元十三年（725）更对三阶教徒做了比较彻底的处分，原来有些寺院里的三阶教徒别院居住的，一律命其拆除隔障，与众杂居，并且还销毁了三阶教所有《集录》四十余卷（依《开元录》所搜集，凡有三十五部、四十四卷），不许再行诱化。尽管如此，三阶教的潜势力依然存在。如贞元年间编纂《贞元释教录》的圆照，即对三阶教有好感。他曾编辑《信行禅师塔碑表集》五卷（著录于《续开元释教录》卷末）。在《贞元释教录》内还收载由化度寺僧善才请准入藏的三阶《集录》四十四卷（五帙）的目录。附载牒文并说到当时长安城内五十五寺各有三阶禅院，住持相续二百余年，僧尼二众千人以上。但此教到了以后终归衰落，大约在唐末就绝迹了。

但是"无尽藏"的经营形式并没有完全被消除，建立于隋唐的"无尽藏"，被扩充成了纯粹商业性的经营，称之为"长生库"。"长生库"一词显然原先只是用来泛称寺院的仓库而不一定涉及典当质押的功能。就此意义而言，它是"无尽藏"的同义词。

第三节 "无尽藏"演化为"长生库"

中国历史上最著名的无尽藏是在隋朝长安的化度寺，这是僧人信行所创立的三阶教的中心所在。寺院中，由信徒所奉献的巨额财富，在初唐时期本是用来整修全国各地的庙宇、寺院，但是到了713年（唐玄宗开元元年），这个库藏就奉敕令充公了。在其盛时，由无尽藏中贷出金钱甚至不用写立契据。但是后来"无尽藏"逐渐演化成长生库，成为寺院高利贷的一种经营形式。

一、宋代寺院"长生库"

宋代佛教寺院普遍兴办长生库、碾硙、邸店等牟利机构。为了加强对这些机构的管理，雍熙四年（987年），国家专设课利司以掌京城诸寺邸店、庄园课利之物，听命于三司，以寺务司官兼掌。据学者考证：当时，开封相国寺内店铺极多，"屋宇雄壮，门面广阔"，"每一交易，动即千万"①，属于相国寺寺院收入的课租金额相当可观。

宋代以后，"长生库"成为寺院高利贷的普遍形式。长生库，简单地说，即寺院经营的质库（当铺），是一种以抵押借贷为主的金融机构。宋时又称"常住库"、"长生局"、"度僧局"。长生库的历史非常悠久，南朝史籍中便有了其活动的记载。隋唐时，它又被称为"质钱舍屋"②。宋代寺院经济虽然不如前代兴盛，但以长生库为代表的高利贷资本无疑被继承下来并不断得到发展，因此从北宋至南宋，它的活动（典质借贷）一直非常引人注目。

一方面，长生库资本的来源非常广泛。宋代长生库资本的发展，主要表现在其资本来源广泛及其数量之巨大。其来源大致有以下几种：

第一，檀越施舍。僧侣生活最初全靠俗众供养。自南北朝开始，寺院建立起自己的经济体系后，施舍供养的经济地位有所下降，但一直是寺院的主要收入之一③，加上以所施财物借贷求利，又为佛家内律所允许，因而也就成了长生库放贷资本的重要来源之一。如南宋明州阿育王山妙智禅寺，因高僧大慧果公、大圆璞、从廓住此讲经论法，禅名远扬、香火大兴，从廓乃以"施者委金

---

① 孟元老：《东京梦华录》卷2。
② 《山右石刻丛编》卷9。
③ 参见吴永猛：《中国寺院经济的发展》。

帛,创为度僧局五所"①。普陀山一佛寺,"淳祐八年,制帅颜颐仲祷雨,有感,施钱二万、米五十石",创立长生库及接待庄②。

第二,寄存或合股资本。一些俗众及僧侣将钱存寄或投入寺院长生库取利。寺院寄存一般人钱物、渊源甚早。这些寄藏之物是否用于举贷取利,不得而知。到宋代,因商品货币资本的发展,一些富户不但在长生库寄存钱物,在许多地方,他们甚至与长生库合股取利,因而至少到南宋,这种寄存或合股营利的钱物成了长生库资本的重要来源。宋代寺院高利贷,其资本来源极为复杂,其中大商人不是经商得到的,而是来自社会各阶层的施舍,这就决定了寺院高利贷资本的多样化。同时,寺院利用善男善女的布施反过来残酷压榨一些贫困下户,足见寺院高利贷资本与世俗高利本质上的一致性。但是,寺院高利贷利息大多用于度僧、修缮寺院等等宗教活动,或是满足僧侣们的生活需要,这一点与世俗高利贷利息大多转向土地投资有所不同,也是寺院高利贷与世俗高利贷的显著的区别之一。关于合股制,这是宋代高利贷资本的一种新的经营形式,也是明、清以后盛行的金融合会萌芽的最早表现。

第三,其他来源。如以寺院本身的田产、工商收入用作长生库的放贷,南宋绍兴恩光孝寺,绍熙中有长老惠公住持此寺,整顿佃户欺隐,建立寺庄以受土地收入,这些收入除用于土木兴修外,还建立了度僧局,以钱贷放,取息买牒。③ 有的来源于僧侣化缘所得,如南宋永康县普明寺"僧允禧复为如靖谋,从富人乞谷三百石,贷之下户,量取其息,以其徒目前之供"。④

---

① 《攻集》卷110。
② (明)周应宾:《重修普陀山志》。
③ 袁燮:《絜斋集》卷10。
④ 《陈亮集》卷16。

另一方面长生库作为古代生息资本（即高利贷资本），其活动形式是多种多样的，与世俗质库一样，但最主要的形式还是各种各样的抵押借贷，即所谓的以物质钱。

长生库还经营各种实物借贷，尤其是谷物借贷。因为寺庄田产的主要收放是各种谷物，人家施舍之物也有相当一部分是谷米。如南宋淳熙三年，薛纯一将，"山阴田千一百亩，岁为米三百石有奇入大能仁禅寺（在绍兴）。"① 将这些米由长生库经营放贷取利。南宋永康县普长生谷明就是用于放贷的②。因此，一般长生库既存钱币，也有谷物，如上引普陀山寺院的长生库便是因施舍了钱二万及谷五十石建立起来的。宋代长生库还有耕牛的借租赁长生牛，这些牛有的系老百姓所施，有的由债务人抵押而来。寺院得到这些牲畜之后，一般用于出租。

关于长生库的利息，从当时一般情况看出，它与当时一般官私质库的利率相差不会太大。从债权人即寺院本身来看出，长生库资本主要走向生活消费（精神生活消费），一供僧（买度僧自卫、饭僧），一供佛（土木修造、菩萨庄严、供应各种佛事消费）。而且因商品经济发展不够，不但封建土地剥削收入（地租等）成了长生库资本的来源之一，长生库资本还直接走向土地，进行剥削，从而充分反映出长生库资本作为古代生息资本的保守性。

由于宋代商品经济的发展，货币在人们心中的地位明显提高，因而对于寺院、僧尼来说，金钱无疑也具有魅力的。宋代某僧所谓"钱如蜜，一滴也甜"③，就是宋代僧人金钱崇拜的一个典型写照。在宋代，许多僧侣都积蓄有不少钱财，这就为他们从事商业和高利贷活动提供了便利条件。《宋史·刘永一传》记载，

---

① 《渭南文体》卷18。
② 《陈亮集》卷16。
③ 《冷斋夜话》卷8。

某僧"寓钱数万",又如邢州僧慈演便有"蓄镪千余万"①。再如僧绍光,"有金一两,在弟子姚和尚处,并有钱二十千在市上某家"②,像这类拥有大量钱财的僧尼是不胜枚举世闻名的。但寺院、僧侣却并不以此为满足,为了掠取更多的钱财,僧侣们不惜打破佛教的清规戒律,明目张胆的加入商人、高利贷者的行列,"或贮积谋利,坐列市贩,赋役不及"③,"甚则破戒律,私妻子,近屠沽市贩"④。对此,宋代大僧居简也不得不承认:"僧者,佛教所自出,今也,货殖贤,不肖无禁"!⑤

由此可以看出,宋代寺院地主与世俗地主在剥削形态已毫无二致,也是一个土地、商业、高利贷三位一体的混合型的剥削实体。

二、元代寺院"长生库"

元代"长生库"资本的发展来源也是十分广泛且数量巨大的。元代皇室大都信佛,因此皇帝不但给予寺院免赋的特权、赐予土地,而且常常赐给钱钞,作为借贷之本。如仁宗延祐六年六壬子,"赐大乾元寺钞万锭,俾营子钱"。大都西山大昭孝寺在天历中也曾蒙皇帝赐予"钞三百万锭,以其二买田饭僧,以其一视规息为国家修建佛事,"⑥ 这是皇帝直接赐给。有时皇帝还直接下令让地方政府供给寺院钱钞,如仁宗延祐四年二月,昭文馆大学士资德大夫、功德使司使阿剌不花奉圣旨"更问省家要壹百锭中统钞"分付给真定府龙兴寺常住库,"存本用息点长明灯者"⑦。元代如彰德府城六天宁禅寺,

---

① 《括异志》卷 10。
② 《夷坚支甲》卷 6《和尚书》。
③ 《乐全集》卷 15《原蠹中篇》。
④ 《斐然集》卷 20《丰城县新修智度院记》。
⑤ 《北集》卷 10《夷禅师塔铭》。
⑥ 《至正集》卷 47。
⑦ 《常山贞石志》卷 19。

有孝子李某"施财五千贯,收入常住库"①。随着商品经济的发展,高利贷资本在元代极为活跃。利息高到第一年本利相等,第二年连本带利加一番,本利一锭,十年本利达一千零二十四倍,元时称之为"羊羔儿息"。江浙行省言:"各处住持耆旧僧人将金谷掩为已有,起盖通居私宅,开张解库"②;大庆寿寺"市区子钱之人皆有赢储"③;大护国仁王寺曾向民间贷出钱凡二十六万余锭④进行高利贷剥削,使得寺经济更为发展。长生库元朝称解典库,以后也没有衰落,而是继续得到发展。而且与前代相比,资本的活动及构成获得了新的内容及形式,这是本书所述可足以证明的。

明代以后,寺院也是常常把聚敛的资财拿来经营高利贷。福建建宁地方,"为僧者……或一家而住院三寺两寺,或一人管三庵四庵。或典拨田亩,厚私藏而累里甲;或举放私债,索重息而致佃人于逃窜"⑤。农民向寺院借贷,通常要以土地作抵押,到期无力偿还本息,土地就归寺院所有,因此放高利贷成为寺院攫取农民土地的一个重要手段。寺院拥有雄厚的财力,还经常利用天灾人祸,用低价典买农民的土地。另外,寺院之间的土地买卖活动也比较频繁。

第四节　关于"无尽藏"经济形态的评述

佛教自东汉初期传入我国以后,历代统治阶级对其推崇备至,经三国两晋南北朝到隋唐,广为传播,渐布全国。上至帝王

---

① 《安阳县金石录》卷12。
② 《元典章》卷33《礼部·释道》。
③ 《巴西文集》,〈皇太子赐大庆寿寺田碑〉。
④ 《元史》卷41《顺帝记》4。
⑤ 嘉靖:《建宁府志》。

下至平民，皆笃信佛教，并对寺院施舍大量钱财。官僚富豪也竞相把他们的私蓄托僧尼保管，或由其代为放款取息。而寻常百姓则认为寺院神圣不可侵犯，丝毫不敢赖债或盗窃寺院财物。此外，政府还给予僧尼种种优待，如免役、免税等。这些都使寺院财产最为稳妥且迅速膨胀，堪称"十分天下之财而佛有七八"，为其经营货币借贷创造了有利条件。

在中国古代，有钱人放贷取息，乃是常有这事，佛教传入中国时，中国封建社会已经相当发达，高利贷资本已然发展起来。为了适应中国的社会环境，寺院、僧人放债取息也在所难免。事实上，佛教经典和戒律是允许寺院、僧侣经营高利贷的。《大正藏》卷40《行事钞》规定："以佛塔物出息，佛言，听之"。也就是说，连佛法无边的佛祖是允许寺院和僧侣放债生息的。当然，由于寺院财产的特殊性，即名义上是属于僧人共同所有，因而佛教经典又对寺院、僧侣的高利贷活动作了很多具体的补充规定：《十诵》、《僧祇》，塔物出息取利，还著塔物无尽财中；佛物出息，还著佛无尽财中；拟供养塔等，僧物文中例同，不得干杂。①

寺院质库利用手中握有的巨额资本，在社会上大规模放债取利。它一方面满足统治阶级上层如官僚地主的需要，另一方面也满足城乡下层人民如农民、小工商业者的需要。作为信用机构，质库把货币贷给不同类型的当户，使货币得以从质库流向社会；经过一定时期的周转，当户则将这些货币以债和利息的形式返还质库，从而使货币又从社会流向质库。正是这一过程，形成了封建社会前中期特有的货币流通渠道。据史料记载，中国5－10世纪时，寺院僧侣大都程度不同地利用质库从事放贷活动，其目的并不在于谋得生活必需品之购买费用，而在于发财致富。这无疑

---

① 游彪著：《宋代寺院经济史稿》，第200页，河北大学出版社，2003年版。

是使以典当行为中心的货币流通渠道得以畅通无阻的基本动力。如唐中期福田寺的常俨法师，"与常住铺店，并收质钱舍屋，计出锢过十万余资"，便是明证。

另外，寺院、僧人的高利贷活动往往是在商业资本充分发展的前提下得到发展的。通常情况下，无论中国，还是西方各国，高利贷资本的发展都是与商业资本密切联系在一起的，同时也与货币资本密切相关，如果商业资本与货币资本没有发展起来，高利贷资本是不可能发展起来的。因此，寺院、僧人有其特殊的一面，但寺院经营的高利贷业本质上与世俗高利贷资本并无差别。尽管很多人希望政府出面干涉寺院、僧人经营高利贷资本，但因高利贷有大利可图，而且是一种正常的行为，并没有违背国家法律，因而不可能加以根除。据载，宋代稍有条件的寺院都运作高利贷资本。从现存资料来看，佛教寺院通常以钱作为高利贷的资本。这也可以说，对中国封建经济来说，增加了一种特殊的高利贷经营——金融性"无尽藏"式经营。

早期的寺院庙宇，常常是坐落在市场附近或城乡商业最繁华的街道上，因而大大便利了寺院经营的商铺、邸店、质库开展的经营活动。质库为南来北往的客商人等提供服务，通过放款收息，增加寺院的总体财富，从而为寺院经济更重要的部门——商业的兴旺发达提供一定的资金保障，这也是后世商业资本和高利贷资本相互渗透、融为一体的开端。

从总体上来说，自宋元以后的一些寺院的大僧侣就是披着袈裟的封建大地主，他们租佃土地，放高利贷，从各方面榨取农民的血汗，在这一点上，僧道地主同世俗地主相比，可以说有过之而无不及。

第七章 "政教合一"制度下的寺院经济形态

历史上,"政教合一"制度主要在我国西藏地区实行。本书主要探讨以西藏为主的藏传佛教寺院经济形态。藏传佛教是我国藏民族主要信仰的宗教,也是藏族地区占主导地位的宗教。在中国佛教寺院经济中,藏传佛教寺院经济是一种特殊的现象,其客观存在不仅成为中国佛教寺院经济的一个重要组成部分,同时,也是信奉藏传佛教的民族和地区(主要是我国青藏高原及内蒙古一些地区)经济发展的重要组成部分。它与汉传佛教寺院经济最明显的区别就是寺院是藏族地区三大领主之一,是青藏地区的统治阶级的组成部分,因而藏传佛教寺院经济是"政教合一"的封建领主制下形成与发展的。

第一节 藏传佛教的形成与历史地位

历史上,自佛教传入藏区,经过与本土宗教——苯教的激烈斗争后,在藏区统治阶级的扶持下,最终形成独具特色的藏传佛教,成为藏区意识形态的主流,并成为藏区"政教合一"政治体制的思想基础。藏传佛教寺院也成为藏区三大领主之一,成为藏区至高无上的统治者,藏传佛教的领袖达赖喇嘛既是藏区的宗教领袖,也是政治上的最高统治者。

一、藏传佛教的形成

公元7世纪，这个时期正好是我国以长安为中心的唐王朝，在结束魏晋以来300多年的战乱局面后，中国封建社会进入一个高度团结、统一、繁荣发展的新时期。佛教先后从印度和汉地传入吐蕃。

崛起于西藏高原雅隆河谷地区的吐蕃，在其第三十二代赞普松赞干布的统率下，先后兼并了西藏高原上的若干部落，统一了全境，建立了以拉萨为中心的强大的吐蕃奴隶制王朝。松赞干布建立统一的吐蕃奴隶制王朝后，对内，在法律上、军事上和经济上仿唐采取了一系列的措施，建立和推行了一套完整的国家形态的统治制度；对外则实行开放政策，加强同周边国家建立联系，对经济、文化比较发达的近邻——唐朝和尼泊尔采取联姻通好的政策，建立友好相处的关系，以求在军事上和平相处，政治上取得支持，经济、文化上得以充实和补充；为主动吸取其他民族和地区的先进经验，进行文化交流，松赞干布对物质、精神文明均冠绝当时的唐朝和在工艺技术上亦属前列的尼泊尔，采取了联姻通好之策，先后娶尼王盎输伐摩女墀尊公主和唐室文成公主为妃。当时盎输伐摩笃信佛法，而长安佛教也正处鼎盛之期。两公主均携带佛像、经典、法器、僧侣入藏，并在拉萨建立大昭寺、小昭寺。在这些因素影响下，松赞干布对佛教表示了一定的关注。而在吐蕃王朝的外部周邻，除大唐、天竺（印度）外，泥婆罗（尼泊尔）、于阗、葱岭诸国外，甚至连青藏高原东部的吐谷浑等，几乎都是信仰佛教的国家和部族。

为了巩固和壮大新兴的奴隶主政权，促进吐蕃社会发展，松赞干布选择了佛教。松赞干布在拉萨周围建造了122座神殿，这是吐蕃最早的一批佛教寺庙神殿。松赞干布引进佛教，是为了巩固其统治的需要。根据佛教教义中的"十善行"，松赞干布把佛

第七章 "政教合一"制度下的寺院经济形态

教的思想作为约束人行为的基本准则,并制定了法律,即"十善法",下令臣民信奉佛教,用法律的形式规定了吐蕃人要按佛教教义行事,并提倡人人平等的思想。这种思想一直贯穿于吐蕃社会政治生活的始终,也成为吐蕃与唐通好的思想理论基础。松赞干布利用佛教的这些教义,一方面给予佛教最有力的支持和倡导,另一方面则开始把佛教作为其统治属民的精神手段。公元755－797年赤松德赞任赞普时,佛教在吐蕃意识形态上已占统治地位,并与原来的苯教相结合,形成藏传佛教。在整个藏族地区封建割据局面出现的同时,佛教已在藏族人民生活中逐步取得重要的地位,并在西藏社会中取得极大的普及和发展。

赤松德赞时期,又先后多次遣人到长安取佛经、请汉僧,又到印度延请著名佛教学者寂护(Santiraksita,又译作静命、喜瓦错)、莲花(Padmasambhava)等人入蕃译经说法。[1] 在赤松德赞主持和寂护等人的设计下,公元779年,在桑耶地方(今扎囊县北)建了桑耶寺——西藏历史上第一座具备佛、法、僧的正规寺院。赤松德赞支持和鼓励贵族子弟及王室成员出家入寺为僧尼,于是出现了吐蕃本土上第一批僧人,史称"七觉士"[2]。在桑耶寺建成后,随着"七觉士"等一批贵族大臣子弟后妃先后出家为僧,吐蕃开始出现了正式的僧伽组织。由于当时出家为僧者均为贵族大臣子弟和王室后妃,他们的一切费用均由王室或各地官府供给,并享有不支兵差、不纳赋税的特权。此后,赤松德赞又根据益西旺波的建议,"给每处三宝(道场)以二百户属民,给每个补特伽罗僧人以三百属民。如果在授予僧侣以权力之后,而又使上级机构不再统治寺院所属之属民及土地,那么(佛教之

---

[1] 赵萍、续文辉编著:《简明西藏地方史》,第44页,民族出版社,2000年版。
[2] 次仁俊美主编:《西藏宗教与社会发展关系研究》,第33页,西藏人民出版社,2001年版。

三宝道场）则会永固美好"。这就是著名的"三户养僧制"。[①]

经过赤松德赞的建寺兴佛活动，藏传佛教在吐蕃社会取得了一定的实力。在整个前弘期[②]，佛教带着浓厚的外来色彩，仅仅得到统治阶级中的一部分人（王室）的支持，未被掌握重权的贵戚朝臣所接纳，因此其命运全系于王室，处于被动依附地位，听凭政治摆动。一旦政治力量的对比发生不利于王室中的一部分人的倾斜时，必然出现不可避免的危机。[③] 同样，一种文化经过传播和渗透，也不会轻易退出历史舞台。佛教经过"上路弘传"与"下路弘传"，又重新在各地建寺度僧，迅速发展。

公元 10 世纪，在新兴封建领主的利用、支持和倡导下，在藏族人民经过动乱迫切需要精神寄托的情况下，藏传佛教再次以青海为发祥地，在经历百年沉寂后，再度复兴。藏传佛教的教义和传教方法也更加适应了当时的藏族社会显密并重、道行次第的理论和修习方法，为佛教文化与苯教文化的结合提供了可能，不仅为当时社会中的人们以及各教派所继承，也有效地契合了当时藏地的等级制度，从而为统治者所接受。[④] 由于其经过百年的压抑，藏传佛教发展极为迅速并进入"后弘期[⑤]"，其主要标志是：（1）各个教派及其他一些小宗派相继建立。（2）大批寺庙建立。藏传佛教的寺庙除布达拉宫、大昭寺、小昭寺等少数系"前弘期"建立外，绝大多数为"后弘期"建立。如：萨迦寺、热振

---

① 黄颢：《〈贤者喜宴〉摘译》（十），载《西藏民族学院学报》，1983 年第 1 期。
② "前弘期"：在藏文佛教史籍中指佛教传入吐蕃王朝至达磨赞普灭佛这一时期。
③ 赵萍、续文辉编著：《简明西藏地方史》，第 64 页，民族出版社，2000 年版。
④ 续文辉、赵萍：《试论藏传佛教的发展逻辑》，载《西藏党校》，1992 年第 4 期。
⑤ "后弘期"：从公元 975 年后，佛教经过下路与上路弘传之后，又重新取得发展的时期。

第七章 "政教合一"制度下的寺院经济形态

寺、甘丹寺、哲蚌寺、色拉寺、扎什伦布寺、塔尔寺、拉卜楞寺等。(3)佛教经典问世。(4)形成"政教合一"制度。

佛教在藏族地区得以弘传的原因是:

首先就佛教本身而言,在它所传播的整个前弘期中,它与苯教的斗争始终是宗教领域的主旋律。随着社会的发展,佛教更适应新的经济基础。它所具有的精致的体系,无论从理论上还是形式上,均比原始的信奉万物有灵的苯教更易使新兴的农奴主把它作为精神统治的工具。同时,经过长期佛苯之争,几乎被灭的佛教也吸取了历史经验,逐渐融合了一些原来西藏的传统文化的习俗,使之更加适合在西藏发展,并为广大民群众所接受。

其次是因为藏族社会当时正处于分裂割据,进而缓慢向封建社会过渡时期。随着旧的生产关系的结束,社会生产力的发展,一种新型的社会形态也随之逐步形成。公元11世纪青藏高原封建庄园溪卡的出现,标志着藏族社会由奴隶制向封建农奴制的过渡。社会形态的变革必然导致意识形态的变革,一个既能体现统治者建立新的封建秩序的需要,并能安定社会,还能寄托人民情感需要的根植于西藏社会的新型文化——佛教,便成了历史发展的需要。这种社会背景为一种新意识的出现提供了契机。

再次,动荡的社会为佛教的复兴提供了人才。此时在外部,印度境内由于印度教的兴起和伊斯兰教势力的间入,兴起大规模灭佛运动,使得大批僧人流离失所,辗转来到西藏。而在西藏内部,一些在分裂割据的社会中逐渐失势的旧贵族,为了寻找新的仕途之路,而凭着自身良好的文化素质开始从事宗教活动,这从藏传佛教各教派的创始人及诸多高僧的经历中都可以看到。

公元12世纪末,佛教终于在西藏高原扎下根,形成独树一帜的西藏化佛教,即以佛教深邃的内涵为基础,杂揉交融苯教的某些内容形式,从而形成了一个新的佛教派——藏传佛教,俗称"喇嘛教"。而藏传佛教自形成之日起就与地域性封建集团相结合，教派众多，成为青藏高原新型的分散的割据势力。①

二、藏传佛教的历史地位

最初，这些分别隶属于不同封建主的佛教势力也还没有形成不同的藏传佛教教派。随着封建社会的进一步发展，各个封建割据势力之间也开始争权夺利，不同封建主掌握下的藏传佛教势力之间，开始产生了门户之见。与此同时，逐渐出现了藏传佛教的教派。藏传佛教，比较注重密宗，甚至以其为本（因为密宗中很多内容与西藏奴隶社会中原有的苯教文化有一致性，也反映了藏传佛教刚产生时的不成熟性），加之各分散的封建割据势力的把持，以及佛教教义传承的不同等诸因素，使藏传佛教一开始就形成了各持一端的不同宗派，于是藏传佛教有了各种派别。

从公元 11 世纪中叶开始出现的这些教派同青藏高原各地方的封建领主的势力范围的确立是同时出现的。许多教派纷纷与地方势力（主要是家族势力）结合，形成宗教和政治二位一体的政教结合体，使教派利益和地方势力的利益相得益彰，较好地适应了封建割据斗争的需要。虽然各宗派不可能在这段时期内取得正统地位，但是它们不同的教义传承、论点和侧重点，以及门户之见，形成了藏传佛教的内部矛盾运动，也成为藏传佛教发展的契机。

各教派不仅为藏传佛教在西藏社会得以确立起到了积极地推动作用，同时也使藏传佛教在以后的发展中拥有了巨大的潜力。藏传佛教的发展，时至明代，在西藏地方已形成强大的宗教势力。各教派都有自己的寺院、土地和属民；各教派首领或是地方封建势力首领，都与地方势力有着密切不可分的联系。这种藏传佛教与地方封建势力在政治方面紧密结合，具有举足轻重的地

---

① 赵萍、续文辉编著：《简明西藏地方史》，第 57 页，民族出版社，2000 年版。

位，在经济上也得到各封建割据势力雄厚的物质支持。随着大量寺院的建立，藏传佛教自西向东出现了众多教派，最初有宁玛派和噶当派，随后又有萨迦派和噶举派。元朝是独尊萨迦派，明朝是多封众建，清朝则是独尊格鲁派（黄教）。

公元 15 世纪，宗喀巴兴起的宗教改革，是西藏宗教史上的一次大变革。由于当时社会经济的发展和黄教在某些方面的改革适应了人民大众的意愿，使寺院发展很快，"寺庙之多，不胜其数"，①"虽穷乡僻谷，皆寺院林立……盛极一时不可言宣"。② 黄教势力的大增，使其他许多教派的僧侣纷纷涌入黄教寺庙内，还有其他教派的寺庙直接转化成黄教寺庙。这样，黄教集一切教派之大成，成为典型的藏传佛教，俗称喇嘛教。

藏传佛教的发展是西藏"政教合一"制度的确立的前提。青藏高原"政教合一"制度始于元朝的萨迦政权和明朝的帕木竹巴政权。他们均是帝师和法王兼领统治，并可世袭。萨迦政权从 1254 年到 1349 年，存在近百年。帕木竹巴政权从 1349 年到 16 世纪末，存在 200 多年。1750 年清政府取消世俗的藏王制，使政务直接由达赖管理，加强了"政教合一"制度的作用。而"政教合一"制度的确立，无疑对藏传佛教的发展起到保护伞的作用。正是这个保护伞，使这时的寺院除了宗教上的权力以外，还垄断了西藏社会"管理宗教之权，选任藏王之权，制定法律之权，任免一切官吏赏罚僧侣官员之权，征调军旅之权，征收赋税之权，宣战媾和之权，制定货币之权。"③ 甚至掌握着西藏社会文化、教育，乃至婚姻。

从元代以来，萨迦政权的受宠，到明朝时期的"多封众建"

---

① 《西藏通鉴》第 1 编，第 76 页。
② 法尊：《西藏民族政教史》卷（6），第 283 页。
③ 佚名：《西藏记》。

政策，以至于清代格鲁派的飞黄腾达，无不说明藏传佛教与政治制度的密切联系。同时也说明宗教离不开政治的庇护，而政治力量的形成，同样也离不开宗教的支持，这是任何"政教合一"社会制度形成的必要条件。青藏高原的"政教合一"社会制度，不仅受到藏传佛教教派和封建割据具有的复杂性的影响，还受到历代中央政权政策的扶持与约束，更加决定了这种"政教合一"社会体制的复杂性。这使这种独特的社会体制不仅在中国乃至在世界也具有不可替代的独特性。而受这种独特体制影响和庇护的藏传佛教，也就有兴旺也有衰落，各个教派的地位也始终难以为继，最终逃脱不掉受重用也就是受利用的工具地位。不管其地位曾经有多高，都只能附属于政治制度，成为维护政治制度的工具。当然藏传佛教的进一步发展，的确也必须依赖于"政教合一"制度的庇护，没有这个保护伞，其生存与发展也是不可能的。总之，藏传佛教是藏族社会在从奴隶制向封建农奴制度过渡的特定历史时期中兴起的，它是一定社会经济基础上的社会意识形态，它必然要为它所依附的基础——封建农奴制度积极效劳。藏传佛教除了一切阶级社会宗教所具有的共同属性之外，它的特殊性主要表现在宗教势力和地方政权在政治、经济方面的紧密结合上。

第二节　藏传佛教寺院经济的形成

藏传佛教传播活动一开始就有其独特的方式，这种方式的实现进程是以人力、财力和物力为基础的巨大消耗。因此，藏传佛教寺院经济行为几乎伴随着佛教的传入而产生。佛教传入青藏地区之初，便大规模兴建寺院，从而就使寺院具有经济功能的属性，是一定人力、物力和财力的整合，并构成经济行为结果的社会实体——藏传佛教寺院。

一、封建领主制社会的必然产物

佛教在传入当时吐蕃社会后和民间的苯教斗争持续了几个世纪。与苯教相比，佛教更利于奴隶主阶级统治，苯教逐渐被佛教代替，二者在长期的发展过程中不断融合，形成青藏高原独特的宗教——藏传佛教。这一方面与当时社会经济的发展和统治阶级大力扶植是分不开的；另一方面是因为藏传佛教有了赖以发展的温床，即开始形成了具有经济属性的寺院实体。

藏传佛教寺院经济是以寺院经营经济或以寺院领主经营经济的一种经济方式，宗教渗透到经济领域是其主要特征。藏传佛教之所以能够在藏区存在并且发展，是因为其有着雄厚的物质基础或经济基础作坚实的后盾。藏传佛教寺院经济（简称寺院经济）作为宗教与经济相结合的产物——是以一种独特的经济现象在藏区得到充分展示的。宗教与经济的关系在藏区完全是一种互为依托、互相影响的一种互动关系。在阶级社会中，一定阶级的生产、交换、分配、消费诸环节，归根到底是由生产资料的占有方式决定的，而对生产资料的占有形式，是生产关系中的决定性因素，同时，它又在一定社会制度的整个生产关系中占有重要地位。寺院经济在青藏高原是随着封建农奴制社会的发展而发展的，其一经形成，就逐渐成为生产资料的主要占有者之一和三大领主的重要组成部分，因而就寺院经济存在的社会性质来说，是典型的封建农奴制经济的性质，与世俗经济没有两样，甚至更具欺骗性。在落后的自给自足的自然经济生产方式下，采用各种剥削方式，无偿剥夺农奴的劳动产品以及人身权利。

寺院经济是青藏高原封建农奴制经济的重要组成部分，也是青藏高原政治经济变革和发展的产物。马克思主义认为，一定社会政治、文化、宗教变化之原因，只能由当时的社会经济来说明。吐蕃王朝时期,其社会经济形态发生了深刻的变化——即由奴隶社会经济形态逐渐向封建农奴制的社会经济形态过渡。这种社会经济形态的变化,必然要求有与之相适应的意识形态和上层建筑配合。藏传佛教正是在当时社会经济形态的发展变化过程中形成并产生的新的社会意识和上层建筑。反过来,意识形态和上层建筑又对社会经济的发展变化产生深刻的影响。由于藏传佛教的学说有助于新兴阶级政治愿望的实现,顺应了当时社会经济的发展,所以吐蕃王朝的赞普们选择了这种新的意识形态作为精神武器。为了使这一精神武器长久的发挥效用,就必须巩固藏传佛教的社会地位。于是统治阶级不仅在政治上提高僧人的地位,而且给寺院以物力、财力上的大力支持。这样使寺院在其存在的一开始,就拥有丰厚的财富和特权。

公元 5-8 世纪是青藏高原由奴隶社会向封建社会过渡时期,这个时期是青藏高原奴隶制社会上升并达到全盛的时期。农牧业在雅鲁藏布江流域有了较大的分工。农业、畜牧业、手工业等都有了较大的发展,社会分工进一步具体化,各行各业都得以迅速发展,商品交换得以扩大,劳动生产率得到提高,这种经济环境也为各地寺院经济实体的发展创造了良好的物质基础,如大昭寺、小昭寺、桑耶寺的建立等,都是花费大量人力、物力和财力才完成的。此时僧人堪布、大修行者、经师等也已开始成为社会上拥有免差税特权的特殊阶层,僧人所需要的一切都由政府直接供给,除此之外,在政治上寺院也得到各种特权,僧人逐渐蜕变为寺院封建领主。寺院作为早期独立的政治势力和经济实体客观存在于吐蕃社会,并享受政府兵差、赋役的免税制度,形成较独立的实体,即寺院庄园。

公元 10 世纪,藏族社会进入封建农奴制社会。这时雅鲁藏布江流域分散的农业和手工业开始转向个别集中的农业,社会经济在局部地方得到某些发展,但是整个西藏社会由于商品经济发展缓慢，使社会经济表现为单一性自给自足农业经济。这种农业经济本身带有浓厚的农奴制特征。在这种社会经济形式下，农奴主和上层僧侣凭借其掌握的生产资料，把大批农奴束缚在土地上，为其承担各种劳役。同时，由于封建割据势力的产生，使宗教寺院也由其所属的地域不同而分成许多教派。各个割据势力凭借其经济势力，再度在其范围内倡行佛法，使各个教派力量悬殊，教派斗争不休。这种以地域性为主建立的经济，表现为分散的经济，商品经济不发达。同时也促成了寺院和封建农奴主的结合，使贵族和僧侣联合起来，形成了局部地区的"政教合一"制度。而这种"政教合一"的制度，又使寺院经济得到巩固和发展。只是早期寺院经济由于割据势力的产生，致使政治、经济、文化极度分散，其经济力量尚不够雄厚。

公元13世纪以后，青藏高原"政教合一"的封建领主制全面确立，对土地的最高所有权属于中国历代中央政权，由中央政权授权历代西藏地方政府将土地分封给各个僧俗封建领主，土地成了封建农奴主的领地。西藏的阿里、卫藏塔布、工布等地区封建领主庄园制的土地经营制度普遍确立。新的封建制生产方式，促进了农牧业生产的发展，带来了经济繁荣的局面，促进了西藏地区农牧业经济的发展。封建经济的发展和繁荣，又是藏传佛教寺院经济形成和发展的土壤与社会经济的基础。

二、"政教合一"制度与寺院经济

从公元13至14世纪末的200年时间里，地方割据的政教联合专政制度进一步发展，寺院僧侣通过干预政治获得了更多的经济权益，不仅寺院财产增加，寺院财产管理机构权力加大，而且上层僧侣人人财产迅速增加，政治地位不断提高，僧人财产管理机构（拉丈）甚至发展到了类似宫廷组织的地步①。萨迦、噶举等教派先后达到了其权势极盛的阶段，这些教派的上层僧人直接参与掌握政治、经济权力的活动。各派之间为追逐世俗社会权力和经济利益经常打着宗教的旗号去争斗。这种争斗的结果使得西藏地方依次经历了萨迦政权、帕竹政权、噶玛噶举政权和最后的格鲁派政权。而藏传佛教随着寺院及僧人数量的倍增也得到空前的发展，寺院经济的规模也在进一步扩大。

元代的统一，结束了青藏高原200多年来的分裂割据局面。这时青藏高原和内地交换关系日益加强，这在一定程度上促进了青藏高原社会经济的发展。则由于庄园制度的建立，使寺院封建主和庄园制度紧密结合，寺院取得各种特权。"萨迦家族的私有庄园和其他私产，按照惯例，豁免负担并享受有种种特权"。②寺院经济逐渐强大起来。可以说"政教合一"制度确立了藏区寺院经济的历史地位。

元代西藏"政教合一"政治体制开始逐渐形成。元以后的明、清政府也不同程度地重视并利用藏传佛教对藏区的统治，给予雄厚的物质支持。寺院成为一个独立完整的体系，并且日趋完善。寺院经济得到迅速发展并与世俗贵族政权融合在一起，从而使西藏"政教合一"制度日趋牢固。藏族社会形成了以宗教为轴心的上层建筑。当这种上层建筑和寺院经济结合时，使寺院经济的发展在政治上得到有力保护。反过来，它也是"政教合一"制度赖以存在的经济基础甚至是经济支柱。

从13世纪初叶开始，藏传佛教各派形成，寺院集团与贵族家族融合，成为地方割据势力。青藏高原一直处于各势力此消彼

---

① 次旺俊美主编：《西藏宗教与社会发展关系研究》，第247页，西藏人民出版社，2001年版。

② 杜齐：《西藏中世纪史》。

长，相互攻击的状态中，各势力为自己的利益，均希望得到中央王朝的支持。公元 1269 年，元世祖忽必烈册封萨迦派教主八思巴。这时藏传佛教寺院地位日益巩固。萨迦派从西藏传向了所有藏区，也是藏传佛教的第一次大规模向外传播。[①] 在元廷的扶植和支持下，萨迦派逐渐上升为一个同时兼有"政"与"教"两大权力系统并相对完整的西藏地方政权，成为西藏地方"政教合一"制度的开端。萨迦、帕竹、止贡、蔡巴、达珑、雅桑等教派纷纷派人向元朝表示归顺，元王室也想利用藏传佛教作为其统治青藏高原的工具，对各教派给予有力的支持。蒙古统治阶级封赐给寺院土地和大量属民。通过王室和地方统治阶级的支持，使寺院不仅获得免差免税等种种特权，还使寺院掌握了社会上大量的财富和劳动力，寺院经济不断得到充实发展。

　　明代实行"多封众建"的政策，即对西藏的各主要教派和地方势力首领均以分封，并通过分封以及袭职、替职和朝贡等形式使其各自直统于中央。在明成祖分封的法王和教王中，基本上囊括了西藏从东向西最有实力的各大教派，即后藏的萨迦，前藏的帕竹和止贡，在前藏部分地区和西康大部分地区拥有相当影响的噶玛噶举，以及新兴的格鲁派。在法王、教王之下，僧官的封号还有西天佛子、大国师、国师、禅师、都纲、觉义等等，充分体现了明朝以"多封众建"政策作为对西藏行使其主权的指导思想。与此同时，各教派也都通过朝贡得到朝廷的厚赐。当时青藏高原的朝贡者主要是以诸王为首的各宗教首领和其下属僧人集团，而明朝对西藏朝贡者的赏赐财物实际上大量地流入了西藏各寺庙之中，成为寺庙重要的经济来源并大大促进了寺院经济的发展，增强了寺院实力。当时，藏区不少新建寺院均是用明朝的赏赐来修建的。如拉萨三大寺（黄教）之一的色拉寺就是释迦也失

---

① 才让著：《藏传佛教民俗与信仰》，第 9 页，民族出版社，1999 年版。

用从明朝带回的赏赐所建。"明朝将大量财富流入西藏,所导致的西藏寺庙经济的普遍发展和宗教势力的增强,无疑为16世纪西藏统一的(政教合一)政体的最终确立奠定了经济和社会的基础"。①

清代在继承元、明两代施政措施的基础上,对西藏地方的统治政策进行了重大改革。清初,对西藏的政策构思是"兴黄教,即所以安众蒙古",也就是说清初采取扶植藏传佛教教派之一的格鲁派的策略,意在抚绥蒙藏人民,并进而利用蒙古诸部对西藏进行间接统治。随着治藏政策的不断调整,清廷授权七世达赖掌握地方政权,承认并最终在制度上确立西藏"政教合一"体制,为寺院经济的发展奠定了牢固的基础。清代,由于格鲁派自身的宗教优势,加之当时以帕竹统治集团为首的各贵族在经济上的大力扶植,所以自产生就得到迅速发展。清廷独尊格鲁派,到16世纪中叶,以拉萨三大寺为中心包括下属的众多支寺的格鲁派寺院已遍布于西藏各地。这些寺院既是宗教组织,同时也成为经济上的实体,而且大多数寺院都拥有自己的寺属庄园、牧场和属民,寺院中也专门设有管理经济的机构。这样,随着寺院经济的发展,格鲁派于是从初创时期单纯的藏传佛教教派之一逐渐成为卫藏社会中一个以寺院经济为基础的新兴实力集团。②特别是达赖喇嘛和班禅额尔德尼两大活佛转世系统的确立,对此后的藏族社会产生了深远影响,也使寺院经济的发展得到更加恢弘的发展。五世达赖喇嘛自受清廷册封后,其地位和声望大为提高,"各地蒙古益加敬信",来藏布施、熬茶者"络绎不绝"。③同时,

---

① 石硕:《明朝西藏政策的内涵与西藏经济的东向性发展》,载《西藏研究》,1993年第2期。

② 赵萍、续文辉编著:《简明西藏地方史》,第109页,民族出版社,2000年版。

③ 转引《西藏图志》卷7,第36页。

第七章　"政教合一"制度下的寺院经济形态

达赖喇嘛在物质上也得到清廷的大力支持。清廷每次除赠送大量礼品外,还规定每年拨给达赖喇嘛白银 5 千两用作赡养。五世达赖用从内地带来的大量金银,在卫藏各地新建了称为"黄教十三林"的 13 座黄教大寺院,对这些寺院和原有的寺院,都封给一定数量的庄园和农奴①。此外,格鲁派寺院又没收了其他教派寺院的大量财物。这一切扩大了其经济实力,使得寺院发展极为迅速,逐渐形成一个庞大的格鲁派寺院实力集团。这不仅使格鲁派集团在西藏社会中的优势地位获得了保障,而且也使格鲁派集团具备了在政治上发展的基础。五世达赖时,格鲁派寺院集团清查了全藏区的户口土地,并用达赖喇嘛的名义颁发土地文书。到 18 世纪中叶,清中央组建了西藏地方政府,并授权七世达赖喇嘛以掌管行政的权力,确立了达赖喇嘛为代表的"政教合一"的体制。从而,西藏乃至整个藏区形成了由官家领主、贵族领主和寺院领主分别占有全部土地的局面。寺院领主,其财产是寺院接受地方政府的封赠或贵族的布施所取得的。1737 年(乾隆二年),据清朝政府统计,达赖系统所属 3150 余所寺庙,即占有农奴 121438 户;班禅系统所属 327 座寺庙,占有农奴 6752 户。②在原西藏地方政府统治时,"寺庙占有的土地约达一百一十八万五千克(一克地即下 1 克种子的土地,约合内地一亩),即占西藏全部实际耕地的近 40%。"以拉萨的三大寺而言,"每寺占有的土地都在三万克以上,其中号称拥有七千七百喇嘛的哲蚌寺拥有溪卡一百八十五处以上,计耕地有五万一千余克,牧场三百处,牲畜三万头以上,农牧奴两万余人。"③

---

① 牙含章:《达赖喇嘛传》,第 36 页,人民出版社,1984 年版。
② 藏族简史编写组编:《藏族简史》,西藏人民出版社,1985 年版。
③ 松筠:《卫藏通志》。

三、寺院经济与藏传佛教传承方式

寺院经济不仅是青藏高原政教联合专政的经济基础,而且也是藏传佛教"活佛转世"制度形成的直接原因。"活佛转世"制度的产生,不仅具有深奥的佛教理论基础,而且有复杂的社会历史根源。其中如何使寺院财产和高僧私人财产得以顺利稳定地继承、发展,是其形成的重要因素之一。公元11世纪中叶至12世纪初叶,藏传佛教各个教派相继形成,各个教派和各地稳定下来的割据势力逐渐融合为一体。在佛教复兴的过程中,世俗贵族为扩大实力而推崇佛教,不仅争相延聘高僧,组织人员译述佛经,而且慷慨地出资赞助修建寺院,甚至将田产、牧场、牲畜连同农奴施舍或奉赐给寺院与僧人,使寺院和僧人们成为具有政治与经济实力的社会集团,充分具备了独立发展的可能性。[1] 随着"政教合一"制度的产生、发展,各寺院集团逐渐占据了各地方的政治和经济的主导地位,成为独立的经济实体。西藏的不少庄园和百姓被各宗教派别所占有。其中"帕木竹巴拥有庄园和属民2438户,止贡巴拥有庄园属民3000户,萨迦派拥有除阿里三围以外的南北拉堆、古尔莫、曲弥、香、夏鲁、羊卓等七个万户的地方,共一万零八百八十五户属民。"[2] "噶玛派树在贡布地方就拥有十万户属。"[3]。当时一个教派寺院的实力强弱主要由它所占有的农奴和庄园等物质来体现,这种在经济上的竞争甚至超过教派间不同观点的斗争。各教派之间为了土地、草场、水源、属民人户等产生矛盾,甚至不惜兵戎相见,其中影响最大的一次战

---

[1] 陈庆英主编:《藏族历史宗教研究》(一),廉湘民:《试论藏传佛教寺院组织的形成及其历史地位与作用》,中国藏学出版社,1996年。

[2] 东嘎·洛桑赤烈:《论西藏政教合一制度》,第141页,民族出版社,1983年版。

[3] 巴卧·祖拉陈哇:《贤者喜宴》,第924页,民族出版社,1986年版。

第七章 "政教合一"制度下的寺院经济形态

争,发生在萨迦派与直贡噶举派之间。① 可见具有雄厚的经济实力是一个教派兴盛的坚强后盾,寺院经济势力的兴盛直接关系到一个教派的存亡。同时,在门户各异的诸教派林立的境况下,各方为了证明其传承系统的正宗位置,争夺政治上的统治地位,维护其寺院集团的名声,自然需要确立一个无可非议的合法传承系统。因此,出于维护保持僧侣集团的政治权力、经济效益、宗教地位以及高僧个人威望等原因,各教派都共同面临着一个重要的问题,即如何选择教派首领的继承人问题。已有的两种传承方式:家族世袭制和师徒传承制各有不可克服的弊端。家族世袭制,使宗派利益与家族利益高度统一,家族的命运就是宗派的命运,家族的崩溃也就意味着这个教派的衰亡;师徒传承制虽然走出了血缘关系的界限,比世袭制进了一步,然而它也存在着局限性,师徒传承制只能做到其教义连绵相续,而喇嘛个人的威望则无法传递给弟子,寺院财产或高僧个人拥有的大量财产也不可能没有干扰的稳定地传给继承者。于是,为了更好地解决僧侣集团的权力、财产、地位的继承延续问题,噶玛噶举派拔希以佛教的灵魂转世说为依据,率先创立了"活佛转世"制度。活佛转世意味着转世灵童将能够得到和前世喇嘛一样崇高的威望,他和前世喇嘛是一个人,理所当然的应该拥有前世喇嘛所具有的权力、财产和地位。② 活佛转世制的产生,不仅解决了教义的传承问题,更重要的是它成功地解决了寺院财产的继承和分配问题,避免了因争夺财产、权力继承权而引起的内讧,同时稳定了寺院集团,而且使寺院财产不断增值。其继承权的稳定性决定了其财产积累

---

① 次旺俊美主编:《西藏宗教与社会发展关系研究》,第 268 页,西藏人民出版社,2001 年版。

② 次旺俊美主编:《西藏宗教与社会发展关系研究》,第 268–269 页,西藏人民出版社,2001 年版。

几乎是呈单向的增加趋势,极少失去或外流。

正因为"活佛转世"制度在寺院财产继承、权力分配、教义延续等方面具有诸多优越性,该制度创立后,于是盛行于格鲁派,又影响到宁玛派、苯教等宗派,甚至发展到整个蒙藏地区,不少寺院有德行、声望的喇嘛,都开始仿效转世,出现了众多的大小活佛。它的产生使处于初级阶段的政教联合专政制逐步臻于成熟,并且使藏传佛教与世俗的利益,政治与宗教的利益统一起来。

总之,在封建农奴制度下,寺院经济是藏区封建农奴制经济的重要组成部分之一,也可谓青藏高原封建农奴制社会的历史产物。在藏族古代和近代社会里,寺院经济始终成为其社会的基本形式之一,影响着藏族社会的进步和发展。特别是西藏"政教合一"体制的正式形成,标志着寺院经济作为一种独立的经济成分在西藏及各藏区形成,并作为一种经济力量,全面地影响和导向着整个藏区经济的发展。

第三节 藏传佛教寺院财富的基础来源

马克思主义认为,一定的经济基础和上层建筑统一构成一定的社会形态。在任何一个社会形态中,一定阶级建立自己的上层建筑,最终是由一定的经济基础所决定。藏传佛教寺院通过历代中央政权的扶持和同世俗贵族政权结合,掌握了西藏社会的政治、经济、文化,因此寺院住持既是教主,同时又是封建主[1]。在封建统治阶级的扶持下,藏传佛教寺院聚了大量土地和财富。

---

[1] 周本加:《西藏民主改革前的寺院经济》,载《西藏研究》,1985年第2期。

一、源于世俗政府的封赐

历史上，宗教的社会职能之一是兼顾统治阶级的利益。历代封建统治者正是利用宗教对人民的影响，把自己的统治笼罩在神的灵光中，因此都极力在政治上册封宗教领袖人物，思想上宣扬宗教，经济上对僧侣、寺院赏赐大量金银，划拨香火地，赐建寺院，供给僧人"粮饷"，豁免寺院赋税差役等，推动了寺院经济的发展。这使得寺院经济一开始产生，就有其深刻的社会根源。

自佛教传入西藏，吐蕃王朝利用佛教巩固自身的统治地位，佛教也需要政府王室赐给寺院大批农田、牲畜、牧场等财物。由于宗教已日益渗透人们的精神生活和统治阶级本身利益之需要，许多世俗贵族也加入到僧侣中，这部分贵族本身是农奴主阶级，拥有很多财产，而且很大部分带入寺院、扩充了寺院经济的势力。据法显《佛国记》记载："诸国王、长者、属土为众僧精舍供养，供给田宅、园圃、民户、牛、铁券书录"。在吐蕃赤松德赞时期，大臣尚蔡邦·多日在堆珑江浦修建的江浦寺前所立的石碑碑文也有类似的记载："赞普天子赤松德赞恩诏，在堆珑江浦地方建寺，立三宝所依处，住有比丘四人，作为寺院顺缘之土地，牧场、法器、财物、牲畜等一并交付寺院，作为赞普赤松德赞常川不断的供养"。[①] 赤松德赞还根据益西旺波的建议，"给每处三宝（道场）以二百户属民，给每个补特伽罗僧人以三百属民。如果在授予僧侣以权力之后，而又使上级机构不再统治寺院所属之属民及土地，那么（佛教之三宝道场）则会永固美好"。

[①] 中央民族学院藏族研究所编：《藏族研究论文集》（1982 年），陈庆英等：《吐蕃赞普赤松德赞生平简介》。

这就是藏族地区著名的"三户养僧制"。[1]寺院不但以"三户养僧制"取得了经济上的独立地位，而且其权力和政治地位也呈现出全面上升之势，这对吐蕃后期甚至以后封建农奴制时期社会的发展产生了深远的影响。

藏传佛教寺院及上层僧人从各级政府所获得的土地来源，可分为二类：一是清朝政府封赐，加赐给呼图克图的辖地，由其"拉章"直接管理。二是地方政府封给的领地，由"却溪"（供养佛与僧众，宣扬佛法的庄园）经营，并免去差役，新封赐或新增加的差地（包括贵族赠送土地），则向政府支差。

热巴巾时代，由于其"深信佛教，大小政权皆受于僧众"，寺院僧侣参与政治的势力逐步扩大。随着寺院政治势力的扩大，其经济关系也发生重大变化，热巴巾将原来的3户增加7户，还专门为一些寺院拨更多的土地、牲畜、奴户作为寺院的固定财产和寺户，[2]这样原来的"三户养僧制"变为"七户养僧制"，至此，上层僧侣演变为占有寺院庄园的农奴主阶级，僧人供养制向寺院经济转化。

元朝以后，历代中央政权为了达到统治西藏的目的，都从政治、经济等方面给宗教以大力扶持，寺院经济日益雄厚，成为整个藏族社会经济的重要组成部分。据记载，元朝统一中国后，元始祖忽必烈封八思巴为国师，赐给他象征权力的玉玺。元政府把整个西藏管理僧俗的大权交给了萨迦派。这样"政教合一"制度在西藏得以确立。经过噶举派和格鲁派的继承和发展后，从五世喇嘛到"三俗一僧"的噶厦政府达到全盛时期。由于历代朝廷的大力扶持，奠定了藏传佛教寺院雄厚的物质基础，为藏区寺院经

---

[1] 黄颢：《〈贤者喜宴〉摘译》（10），载《西藏民族学院学报》1983年第1期。
[2] 东嘎·洛桑赤列著，陈庆英译：《论西藏政教合一制度》，第20页，民族出版社，1985年版。

第七章 "政教合一"制度下的寺院经济形态

济的形成和发展创造了先决条件。元朝时期，上自皇帝下至后妃都崇信藏传佛教，其在皇宫内的佛事活动越来越多，加之朝廷对藏传佛教的领袖封以高官显爵，在政治上极力推崇，使藏传佛教发展日盛一日，这是汉传佛教无法比拟的。如"旭烈兀封给帕木竹巴的领地属民为二千六百三十八户；蒙哥汗封给止贡派的领地属民为二千六百三十户，忽必烈封给蔡巴噶举的领地属民为三千七百户……"。"阔端汗封给萨迦派除了阿里三围以外的拉堆南北、古尔莫、曲迷、香、夏鲁、羊卓等七个万户地区，属民一万零八百八十五户。"① 据记载，元朝一次赏给西藏宗教首领的纸币就多达50万贯，皇庆元年（1312年），元朝皇帝"遣使赠西僧金五千两，银二万五千两，布帛三万九千九百匹"②。通过这些方面的扶植，使寺院掌握了社会上大量财富和劳动力。由此可以看出，统治阶级有意识地利用宗教，而宗教代表人物也主动地向统治阶级靠拢，政教互相渗透经济的阶段由此开始。

　　元代以后，历朝都极力笼络西藏宗教上层人物，崇其封爵，厚予赏赐。明朝依照历代惯例，厚赐高僧活佛。明太祖虽然废除了喇嘛教在内地的特权，但是并没有中止喇嘛教与内地的联系。他对于喇嘛仍给予应有的宗教上优厚的礼遇，以此作为中央管辖西藏地方的重要手段。明成祖对西藏喇嘛教极为重视，从而也加强了明朝中央政府对西藏地区的管理。在永乐年间，多次遣使入藏，使藏传佛教再度东来。明成祖赐西藏喇嘛哈立麻"大宝法王"称号，释迦智在明朝曾任永乐、宣德两代国师，还为藏僧在北京修建"真觉寺"（民间百姓称"五塔寺"）。由于对喇嘛教领袖人物的尊宠及赏赐，使藏传佛教在北京重新恢复发展起来。如

---

① 中央民族学院藏族研究所编：《藏族研究论文集》（1982年），东嘎·罗桑赤烈：《论西藏政教合一制度》。
② 《元史》卷24，本纪第24，仁宗（1）。

永乐帝对噶玛噶举派黑帽系五世活佛却贝桑波先后赏赐达七次之多,"仅白银一项就有大银翘宝七百颗"。① 西藏寺院上层僧侣也大规模向明皇室朝贡,明朝中央则以优厚数倍于贡物价值的金、银、钞、绸缎等物大量回赐。由于回赐丰厚,导致天顺年间(1457—1464年)出现了藏地入贡者"络绎不绝,赏赐不赀"的现象。

清代自世祖顺治皇帝始至历代诸帝出于政治目的,不但尊崇汉传佛教,而且对藏传佛教也采取扶植的态度。清王朝入主中原定鼎北京后,为进一步强化对蒙藏地区的直接管辖,更特别看重喇嘛教对蒙古的作用。清魏源在《圣武记》中所讲的"以黄教柔训蒙古",正是清政府安藏定边的基本国策。清历代统治者把对藏传佛教的支持当成他整个统治方针的重要组成部分。乾隆皇帝直言不讳地说:"兴黄教即所以安众蒙古"(《喇嘛说》,见雍和宫四体碑)。清政府以兴黄教来安定边陲,以达巩固中央集权之目的。清政府对藏传佛教的控制是一种手段,而不是最终目的,其目的还是要利用藏传佛教来强化对蒙、藏地区的统治。其利用藏传佛教的政策主要表现在清朝历代皇帝对喇嘛教领袖人物极为尊崇,都给以优厚的待遇和极高的礼遇。清代顺治帝时的1652年,五世达赖应清世祖之邀,进京谒见。朝廷特地修建了一座寺庙——黄寺,作为五世达赖在京的驻锡之地。达赖一行进京受到极为优厚的款待,清帝命诸王依次设宴宴之,并赐给五世达赖黄金550两,白银1.2万两,大缎100匹以及其他多种贵重礼品。五世达赖返藏后,又用御赐的金银资财,在卫藏各地新建了许多格鲁派寺庙。康熙帝继任后,规定由打箭炉税收项下,每年拨给达赖白银5000两,作为僧众养赡,另外每年给班禅茶叶50大包,作为扎什伦布寺僧众熬茶之用。乾隆四十五年(1780年),六世

---

① 《青史》,郭和卿译,第332页,西藏人民出版社,1985年版。

第七章　"政教合一"制度下的寺院经济形态　163

班禅到热河给乾隆庆祝七十寿辰，清政府赏给他数千两黄金和数十万两银子的物品。雍正十二年（1734年），七世达赖自理塘泰宁惠远庙启程返回拉萨时，清政府一次赏给银二万两。嘉庆十三年（1808年），九世达赖坐床时，清朝赏银一万两①。类似的事例很多。此外每年布达拉宫开销中的不足部分亦均由清廷补足。清朝还在西藏"免征其正赋之贡"，规定"凡所纳赋税及向罚入银钱，存俱备公用并喇嘛念经之费"。②政府封赐给寺院大量财产，使其在经济上和寺院保持联系。同时，贵族也支持和维护寺院经济的发展。如宗喀巴修建甘丹寺作为驻锡之所，正式创立格鲁派，当时捐献地基，负担经费的施主，是内邬栋王扎巴坚赞和豁卡的朗索红钦伦波、朗索甲吾两兄弟，甲玛的万户长达哇等人；修建哲蚌寺时，奉献资金和土地属民的施主是由当时的内邬宗本南喀桑布担任的。③另外，据史料记载，在十七世纪，蒙古固始汗进藏，消灭了藏巴汗，同时"没收分配了藏巴汗的地属下贵族的土地和农奴，其中一部分给有功的贵族，作为世袭庄园，一部分留做新政权中官员的职分田，另一部分则拨给各地黄教寺院作为寺属庄园，以加强黄教势力"④。此外，五世达赖在受到清廷册封后，黄教成为西藏各教派中占统治地位的教派，因而使"黄教旧有的寺院大加扩充，并新建寺院六十余处，有的资料说明此时黄教寺院已增加到三千零七十处。对于这些寺院，除拨与土地和农奴之外，还命令各宗溪、按期供给各黄教寺院的宗教活

---

①　以上均参考次旺俊美主编：《西藏宗教与社会发展关系研究》，西藏人民出版社，2001年版。
②　佚名：《西藏记》（"龙威秘藏"本）。
③　中央民族学院藏族研究所编：《藏族研究论文集》（1982），东嘎·洛桑赤烈：《论西藏政教合一制度》。
④　王森：《关于西藏佛教史的十篇资料》，中国社会科学院民族研究所编。

动费用。"① 这些对当时寺院经济的发展起了推进作用，成为西藏上层建筑的经济支柱。

西藏自正式归入元朝版图后，受元、明、清历代中央政权的管辖。西藏的土地基本上可以分为三级所有，最高一级的所有权是属于元、明、清皇帝，其次一级是属于受元、明、清历代皇帝敕封的西藏各地方政府，第三级是西藏的僧俗贵族、寺院活佛、世袭头人所占有。当时寺院作为三大领主之一，在政治上扮演着重要角色、经济上拥有雄厚的实力，在经济上其影响面涉及到农、牧、商、贷等诸多方面。清朝后期，由于国门被资本主义列强打开，清王朝无力抵抗，随着国日贫，民日弱，佛教也不能发展，藏传佛教与国运自然相同，日渐颓废，昔日之盛况一去不复返了。

总之，历代封建统治阶级在经济上对藏传佛教的扶持，为寺院经济注入了大量的资金和物力，反过来，也正是通过对藏传佛教上层僧侣政治、经济上的优待，实现其"用僧徒化导"、"因俗而治"、"兴黄教即所以安众蒙古"的基本治藏政策，从而达到其维护多民族、封建制国家的统一之目的。

二、藏传佛教教化功能收入

接受施舍是寺院获得经济收入的又一个渠道。根据佛教经典规定，出家僧人可以依靠化缘为生，不管地位多高的僧人，都可以伸手向人要求施舍。故而寺院就以兴建庙宇和进行宗教活动名义向社会各个阶层的人们要求布施，从而获得相当数量的钱财和物品。加上不断收到信徒们来寺点灯拜佛时所奉献的布施和以各种名义向广大贫苦农牧民硬性摊派布施，布施收入的数量也是相

---

① 王森：《关于西藏佛教史的十篇资料》，中国社会科学院民族研究所编。

当可观的。①

首先，世俗贵族和封建牧主、头人的捐助。在封建社会里，寺院与世俗贵族以及封建牧主、头人之间有着密切的政治和经济联系。世俗贵族为了使自己已有的特权得到更进一步的巩固，常常借助于寺院的神权来为自己正名，而封建牧主、头人为了使自己的剥削和行为更加"天意"化，他们往往求助于寺院力量和宗教宣传。为此，他们都以笃信佛教为名，积极为寺院充任施主，除将大块土地、草山、牲畜等以捐赠形式献给寺院，还把大量金钱布施给寺院，以换取一顶神圣光圈的帽子。而寺院统治者也乐于为这些人效力，他们一方面宣扬天命论为封建剥削阶级辩护，另一方面对广大劳动者散布和灌输顺从忍耐，对剥削者卑躬屈膝的思想，以便获得世俗贵族和封建牧主、头人对寺院的经济支持。如第一代嘉雅活佛格桑欧珠在成为塔尔寺的活佛之前，曾被"塔尔寺六部落中的申宗部的昂索拜为上师，献给了许多土地，又为他修建了一座寺院名嘉雅郎旧（现已不存在）。哆吧（今湟中县哆吧镇）的昂索也以他为师，献哆吧新寺和扎麻隆静房及其所属土地"。②

其次，寺院组织在其争取世俗权力和经济利益的过程中，充分发挥了宗教的教化作用：一方面宣扬"六道轮回"、"因果报应"的神秘说教，为统治阶级的剥削辩护；另一方面劝诫广大劳动人民要顺从忍受压迫、剥削。寺院的这种明显的维护封建农奴制的教化，获得世俗贵族对僧侣集团更为慷慨的经济资助，支持和维护寺院经济的发展。这种教化功能产生的收入有两类：一类

---

① 梅进才主编：《中国当代藏族寺院经济发展战略研究》，第 61~62 页，甘肃人民出版社，2000 年版。

② 梅进才主编：《中国当代藏族寺院经济发展战略研究》，第 67 页，甘肃人民出版社，2000 年版。

是布施收入；一类是寺院僧人外出为人念经、做法的收入。如格鲁派创立时，朗氏家族的扎巴坚赞作为施主承担了甘丹寺的全部建筑经费。而甘丹寺建成后，扎巴坚赞、囊梭仁青、甲玛万户长达瓦等，向甘丹寺捐献（布施）了一批溪卡，提供实物和劳役地租，以此收入供养甘丹寺几百僧侣常年生活费用。朗氏家族的南喀桑布为哲蚌寺提供建筑经费及足以供养该寺僧人的庄园属民，并与其子南喀贝觉资助修建色拉寺，供给庄园、属民。以哲蚌寺而言，每年单靠布施收入即达粮食一千一百克（1 克约等于 25 市斤），酥油八千五百克，藏银三百一十万两。[①] 塔尔寺作为一座藏传佛教的大寺院，每年的布施收入也是极为可观的。以前朝廷的重要官员、达赖喇嘛、班禅大师、蒙藏王公千百户来寺，照例要给僧众发放布施，多的达白银数万两，少的也有上千两，如蒙古亲王达什巴图尔等人为大金瓦殿一次捐银万两、黄金上千两，西藏郡王颇罗鼎一次捐银两万两。六世班禅进京时驻锡塔尔寺时，曾几次向塔尔寺僧人发放布施，有记载的一次就用银六千七百九十多两[②]。正月祈愿大法会时，全寺僧众齐集大经堂念经，往往有信徒给每个僧人布施一元、两元者。信徒家中有人亡故，往往要到寺中点酥油灯、请僧众念经超度并布施财物。

除施主来寺布施外，如塔尔寺旧时每年春秋两季常派人到青海、内外蒙古、甘肃的农村牧区化缘。塔尔寺的大吉哇、大拉让、各个扎仓、各活佛的吉哇往往在蒙藏地区有自己比较固定的化缘布施的地域或部落，还有专门为化缘布施而写在锦缎上的文书，盖有吉哇或扎仓的印章，僧人带着这样的文书以及唐卡、佛像和给当地首领的一些礼物，前往指定的地区或部落就会受到接

---

① 《藏族简史》：中国社会科学院民族研究所西藏少数民族历史调查组编。
② 《藏学研究论丛》第 6 辑，陈庆英《塔尔寺调查》，第 223 页，西藏人民出版社，1994 年版。

待，化得布施。塔尔寺化得布施的数量因各地历年的经济状况而有不同。据调查资料，1954年所化的布施为：羊一万五千只，牛一千五百头，马三百匹，银元三千六百元，元宝二十五个，还有皮张、氆氇、茶叶、酥油、青稞几万驮，是人们布施较多的一年，1956、1957年化的布施较少，但总值都在人民币20万元以上。僧人外出念经、做法也能获得一定收入。以往塔尔寺附近信教群众家中遇到有生病、死亡、生孩子、还愿等，或村庄遇天旱、瘟疫等，常请塔尔寺僧人到家中念经、做法事，以求护佑。除供给僧人的吃用外，还要献给僧人一笔钱作为酬谢，花钱的多少视所请僧人的身份地位而定[①]。有的资料说请一名普遍僧人念一次经要花三至五个银元，请扎仓堪布念一次经要花三十到五十个银元，请塔尔寺法台念一次经要花一百银元。

藏传佛教寺院和汉传佛教寺院一样，由于得到世俗政府的赏赐和信徒大量的捐赠，都有较为雄厚的资产，但与汉传佛教寺院在财产性质上略有不同，分为寺院公有财产、活佛占有财产、僧人占有财产。新中国建立前，在藏传佛教传播的藏、蒙古等各部地区，寺院和上层喇嘛都拥有大量土地、牧场、高利贷资本和商业资本，其经济资本雄厚远非普通人可以想像。一些较大寺院逐渐成为一个可以自给自足的经济实体和社会金融机关、买卖机关。

第四节 藏传佛教寺院经济的形式

历史上，藏传佛教寺院都占有大量的生产资料，诸如土地、

[①] 《藏学研究论丛》第6辑，陈庆英《塔尔寺调查》，第223页，西藏人民出版社，1994年版。

牧场等。它们既是寺院存在和发展的基础，也是剥削压榨农奴的物质条件。由于"政教合一"制度的确立，使得一些上层贵族和僧侣的地位是双重的，他们在寺庙内部是上层僧侣；在社会上又拥有大量土地，充当农奴主，对农奴进行剥削。藏传佛教寺院经济现象是我国少数民族地区寺庙经济现象中的一个典型。强大的寺院经济既是藏传佛教得以广泛传播的物质基础，也是宗教参与政治的经济基础。在西藏，宗教——政治——经济"三位一体"，形成的独具特色并实力雄厚的寺院经济，是我国汉传佛教乃至其他宗教的寺庙经济难以比拟的。

一、寺院农牧业

近代，各大藏传佛教的寺院都是当地的封建领主，占有大量的土地、牧场、牲畜和其他生产资料。寺院农业收入主要通过剥削农奴获得。新中国建立前，仅西藏一地共有大小寺庙2500余座，占有实耕地约180万克，[①]为西藏实耕地的39%；占有牧场400余个；占有农奴9万余人[②]。著名的哲蚌寺、色拉寺、甘丹寺是西藏寺院领主的主体，据不完全统计，其共占有溪卡（庄园）300余个，土地播种面积97.4万克；占有牧场200余个，牲畜16万头；占有高利贷本粮236万余克[③]，高利贷本银174万秤；占有农奴7.5万余人；占有房屋4.9万余间；并占有拉萨市房屋90余院和各种林卡160多个。[④]仅哲蚌寺就占有"溪卡"（寺院庄园）185处以上，计耕地5.1万余克。[⑤]而在甘、青、

---

① "克"：土地的衡量单位，1克土地约合内地1亩。
② 段玉明著：《中国寺庙文化》，第321页，上海人民出版社，1994年版。
③ "克"：粮食的衡量单位，每克合25市斤。
④ 段玉明著：《中国寺庙文化》，第321页，上海人民出版社，1994年版。
⑤ 梅进才：《中国当代藏族寺院经济发展战略研究》，第8页，甘肃人民出版社，2000年版。

川、滇等藏传佛教地区，寺院占有生产资料的情况同样严重。据甘孜地区大金、甘孜、理塘、灵雀、惠远、寿灵、日库7个较大寺院的调查，共占有土地2.1万亩。木里大寺占有耕地万亩以上。中甸归化寺所占土地相当于该地区耕地面积的34%。夏河13庄的95%以上土地归拉卜楞寺所有。青海藏传佛教寺院共占有土地34.8万亩，约为全省总耕地面积的5%。其中，塔尔寺占有10.2万余亩，东科寺占有10万余亩。在占有土地、牧场的同时，这些寺庙还占有大量的"神山禁地"与动产，共同组成雄厚的寺庙经济。[1] 据1957年湟中县的调查统计，仅塔尔寺就有耕地1.23万多亩。[2]

  农业及地租　寺院遍布藏区，其经济结构据所在地区的经济环境不尽相同。一般农区寺院，以占有大量土地收取地租为其主要经济来源。寺院由中央和地方政府的封赏敕赐，或采取占用无主荒地方式，或由封建王公贵族教民信士施舍给寺院，或俗家弟子入寺时要送给寺院"口粮田"等不同方式，以"香火田"、"赡养田"、"口粮田"、"供养田"等不同的名义占有了大量的土地。

  在西藏"政教合一"的农奴制社会中，农奴阶级占总人口的90%以上，他们由差巴（支差的人）和堆穷（意为冒烟的小户）所组成，他们在为领主支差的前提下，从领主手里得到一份土地，以维持自己简单再生产的必要生活资料，另外还有占总人口5%的"朗生"（家奴），这些人则完全丧失了生产资料和人身自由，是受剥削和压迫最深的奴隶阶级。

  藏传佛教中的寺院僧尼不事农耕，靠"塔哇"（仆人）从事

---

[1] 丁汉儒：《藏传佛教源流及社会影响》，第115—118页，民族出版社，1991年版。

[2] 《藏学研究论丛》第6辑，陈庆英《塔尔寺调查》，西藏人民出版社，1994年版。

劳作耕耘，在组织上由若干塔哇组成"庄头"（寺院所属佃仆村），再指定"居唤"（什长）一名，以寺院赋税制度"上等地下籽种一克者交粮十克，中等地下籽种一克者交粮七克，下等地下籽种一克者交粮五克。"[①] 另外，按每年"折交草粮银钱五钱，柴薪银钱八钱"的规定，负责催缴地租摊派差役款项等事宜。租种寺院土地，一般要将年收获的70%交给寺院。

寺院农业经营主要在寺属庄园进行。庄园，藏语称溪卡，是青藏高原封建领主组织生产活动和管理农奴的一种农村基层经济组织和基层行政组织，是领主经营领地的一种形式。史籍记载早在公元10世纪西藏封建社会初期，这一名称就已经出现。公元14世纪中叶以后，帕竹政权兼并卫藏几个万户，把原在其领地内行之有效的溪卡这一管理方式推广至雅鲁藏布江中游各地，促进了封建制度的发展。17世纪后半期，固始汗和五世达赖建立第巴政府后，溪卡进一步发展，成为卫藏农业区社会基层组织的基本形式。按其属主的不同，溪卡又分别称为雄溪（政府庄园）、格溪（贵族庄园）和却溪（寺院庄园）三种。庄园主剥削的主要方式是劳役地租、实物地租、部分货币地租。这三种形式在西藏各庄园是混同在一起的。

寺院庄园是西藏农奴主对农奴进行剥削的手段，也是其生产的单位。生产中主要劳动力是农奴和下层僧侣。庄园内的土地、牲畜一般以一定的租约形式经营。寺院依仗"政教合一"的特权，采用各种各样的剥削手段，聚敛了大量财富。作为三大领主之一的寺院，其剥削农奴的主要手段也是强迫农奴交纳劳役地租。也有少数的劳役、实物、货币三者兼有，而以劳役为主的混合地租剥削。劳役地租是封建地租最简单、最原始的形式，它是

[①] 梅进才：《中国当代藏族寺院经济发展战略研究》，第8页，甘肃人民出版社，2000年版。

建立在领主的自营地和租佃给农奴的份地的基础上的,即领主将庄园的耕地分成两部分,大量的好地留作领主的自营地。所谓"自营地",藏语称"敖新"或"雄江格新",在西藏也称公上地、本土地,通常都是土质肥沃,灌溉条件好的土地,被三大领主掌握据为己有,在生产力极端落后的情况下,领主利用农奴的无偿劳动来耕种自营地,以榨取最大的剩余价值,是农奴制庄园经济的特点。而贫瘠的土地往往分给农奴作为份地,并收取地租。所谓"份地"在西藏又称差地、工作地、生活地、穿衣地,往往都是贫瘠的土地。份地由领主首先分给差巴耕种,其次是租给堆穷耕种,农奴靠农奴主分给的一块份地生产生活,就得被迫到农奴主自营地上支乌拉(即内差)。

农奴向农奴主统一交纳的这种份地地租,分为"内差"和"外差";"内差"即向寺院庄园支付劳役地租;"外差"即向西藏地方政府支付实物和"乌拉"差役。为支出内差,农奴每年必须自带工具、牲畜、口粮为寺院领主的"差徭地"从事无偿劳动,花费在领主自营地上的劳动天数一般要占去农奴全年3/4以上的劳动时间,农奴每年交纳的粮物最低要占全部收获的70%,甚至高达80%。显然,这样苛重的剥削率,对劳动者的生活生产的影响是极为恶劣的,这种通过超经济强制广大农奴完成的劳役地租,实际上只是寺院领主迫使农奴完成各种赋税和徭役的主要形式。农奴全年辛勤劳动,只能得到总收入的一小部分。一定程度上,寺院庄园的农奴比起贵族和政府庄园的农奴,负担的内差比外差重。

除了内差,农奴租种的寺院庄园的土地还要负担各种沉重的外差,即乌拉差役。其名目繁多,通常在二三十种以上,诸如"驮畜差"、"马夫差"、"寺院工程修建差"、"兵差"、"僧差"、"驿站运输差"、"过往官员食宿接待差"等等。在诸种外差中,"萨崔"差(短途运输差)和"宗吉"差(长途运输差)是农奴负担最重的差役。西藏山高沟深，地域广大，交通十分不便，原西藏地方政府每年运输粮食、酥油、羊毛等物资到拉萨，均靠农奴自备口粮，驱赶自己的驮畜运送或用人力背负，他们往往连续几日或数十日奔波在崇山峻岭之中，因驮畜常常在途中过劳倒毙，而不得雇佣别人的牲畜代替，为此负债累累，甚至倾家荡产。封建领主还向农奴征收"土地税"、"马鞍税"、"药材税"、"纸税"、"酥油税"等等各种苛杂无度的实物税，使广大农奴尤感应接不暇，被迫沦为乞丐或逃往他乡。农奴主视农奴为私有财产，不仅可以随意支使，还可以将农奴随意买卖、抵押、转让、赠送、交换，甚至作为赌注，不少农奴还被农奴主辗转出卖过多次。

在原西藏地方政府统治时，"寺庙占有的土地约达一百一十八万五千克，即占西藏全部实际耕地近40%，寺院把这些掠夺来的土地，以租约形式出租给农奴、下层僧侣，对农奴进行超经济的剥削，为此他们还制定了一种特殊的赋税制度：按下籽种数量收税，'上等地下籽种二克者，交纳十克，中等地下籽种一克者交粮七克，下等地下籽一克者，交粮五克'。每年"折交草粮银钱五钱，柴薪银钱八钱。（单位同上）在以畜牧业为主的地区，按牲畜头数计算赋税，牛一头，二年交银钱半个；绵羊十只，二年交银钱一个，山羊七十只，二年交银钱一个"。此外，"百姓养猪者，每二十口猪，一年交猪一口"①。这些措施的施行，加重了小农经济的负担，许多农户由于交不起赋税，最终破产，其土地被寺院占去。此外，寺院在"青稞贱时囤积，贵时贵卖，以致街市青稞糌粑昂贵，穷民度日艰难。"②这些措施的施行，一方面使寺院人数增多，另一方面社会劳动力大减，造成土地、牧场荒

---

① 《藏族简史》：中国社会科学院民族研究所编。
② 《藏炉述异记》。

废，社会生产力受到削弱。

而青海的塔尔寺，其耕地按来源及经营方式可分为三类。第一种是营粮地，是历史上清朝或蒙藏王公、千百户封赠给塔尔寺的土地。耕种这些土地的农民是历史上的塔尔寺的属民，即所谓的佛教寺院寺户，甘青藏区称为"塔哇"。这部分农民在清代不给政府纳粮支差，仅给塔尔寺纳粮，一般每斗种籽的地每年纳粮一升至四升，即占收获量的5%—10%，另外还要交草20斤。虽然粮草负担较轻，但他们每人要为塔尔寺服一定天数的劳役，为寺院修补房屋、院墙，搭酥油花架，出车马为寺院运输等，寺院有大的工程或大型活动，许多临时差役也由他们承担。这部分属民对塔尔寺有一定的人身依附关系，而且这种依附关系世代相传，类似于西藏寺院的寺属农奴（但依附程度要轻一些）。第二种是庄头地，是清末民国时期农民开垦的塔尔寺占有的荒地、草山，农民按寺院的规定向塔尔寺交粮交草，还要支一定的差，这种农民被称为"庄头"，藏、汉族都有。第三种是租粮地，即塔尔寺将田地按租佃契约租给农民，向政府交纳的公粮由佃户负担，另外每下一斗种籽的租地向寺院交租子七升左右即占收获量的20%—30%，租粮地的地租比营粮田和庄头地重，但佃户不负担寺院的劳役，他们与寺院的关系是比较单纯的佃户与地主的关系。在租粮地中又有一种所谓的"包口地"，即农民因破产无力偿债，将自己的田地作价交给寺院，并承租此地成为佃户，一般在作价时农民多报地亩数以多得地价，寺院即按虚报数收取地租，这样往往形成佃户租种十五亩地按二十亩交租的情况。塔尔寺公有土地及派差等事务由全寺的吉哇（大吉哇）管理，吉哇的管事（卓尼尔、襄佐）在湟中民间俗称大老爷、二老爷、吉哇老爷，负责接待、与官府交往、向属民派差、收租、放债等世俗经济事务，并有详细的账册文书。此外，由于塔尔寺控制了湟中及西宁南川的水源，下游村庄灌溉田地，要向塔尔寺交纳粮草作为水费，据花寺的碑文记载，民国初年塔尔寺每年可以收入水费五千余石、草五千余束。在新中国建立前塔尔寺每年地租收入在150万斤到200万斤之间，寺院除供给僧人口粮外，还有不少节余可用于寺院维修及法会开支。历史上塔尔寺最主要的和基本的经济收入来自出租土地的地租。

牧业及畜租　在藏区，牧区与农区不同的是，牧区寺院占有大量的草山牧场和牲畜，以收取畜租为主要经济来源。在游牧经济占主导地位的牧业区，人们对土地所有权的概念淡薄，地产的权属不严格，加之在尊重僧侣、崇拜佛教的藏民族地区，由王朝政府划拨大量草地牧场、牲畜、领地属民归寺院所有，特别是每建新寺，寺院常常采用"禁封神山"说教来侵蚀公有荒山林地，占有大量的牧场及牲畜和属民。如青海牧区在民族改革前有大小寺院300余座，全省寺院共有羊37.6万只，牛9.37万头，马2.08万匹，约占当时青海牧区牲畜总头数的6%。寺院僧人不事放牧，将牲畜租交寺属牧民放牧，寺院赋税制度显示："牛一头，二年交银钱半个；绵羊十只，二年交银钱一个，山羊七十只，二年交银钱一个"的规定向寺院缴纳畜租。寺属牧民代寺放牧牲畜一般每年生产的畜产品的70%要交给寺院。[①]

历史上，西藏的牲畜连同牧奴一起，也同牧场与其他土地一样都归官家、贵族和寺院三大领主所有，大多数领主既是农业区的领主，又是牧业区的领主。对牲畜的占有形式大体可分为官家所有，寺院、贵族、喇嘛所有以及牧户所有等多种牲畜占有形式。西藏最大的寺院哲蚌寺，在民主改革前就占有牲畜3万头以上。三大领主在牧区对牧奴的剥削有两种最普遍也最苛重的形式，一种叫做"节美其美"，意为"不生不死租"。领主将一定数

[①] 梅进才：《中国当代藏族寺院经济发展战略研究》，第9页，甘肃人民出版社，2000年版。

量的牲畜租给牧奴放牧,牧奴每年向领主交纳畜产品,不管后来牲畜生或死,其征租数目按最初数,永远保持不变,即"不生也不死"。在牧区,寺院领主利用封建特权时常强行放"节美其美"租,摊派给谁,谁就必须接收,不能违抗,并永远不能退租,即使这批牲畜死完了,牧奴的子孙后代也要按原定数额向领主交租。牧区的另一种租称"计约其约",意思为有生有死租,简称"协"。"协"租属于双方自愿的租田形式。寺院领主的协租额很高,每年规定除交租外,终年辛苦所得仅能维持个人最低生活,其家属仍然需要经营副业,方能勉强度日。农奴租种寺属庄园土地,"每年的实际负担,最低要占全部收获的70%,支出的劳动日约占农户全部劳动日的70~80%,牧奴代牧寺属牲畜,每年生产的畜产品,一般要占全部产品的70%"。[①]

总而言之,藏传佛教寺院庄园经济制度是建立在封建宗法性土地所有制之上,反映了私有土地高度集中化和农牧民人身依附关系的普遍化,是封建农奴制的必然产物。庄园经济制度,作为一切封建社会所共有的特征,对社会经济生活产生过积极的影响,比如早期促进了当时经济发展的专业化、社会化和商品化的发展,但是后期的发展,由于强烈的人身依附关系和超经济强度的劳动则束缚了劳动者体力和智力的正常发挥,使劳动者只能为衣食而紧紧依附于农奴主,庄园间完全处于封闭状态,并且规定各庄园间互不相属,不得越界游牧,不得往来通婚,甚至禁止上至王公贵族、僧侣,下至农牧民不能入内地从事经商活动,对进行贸易的人数、时间、地点、路线等均有严格规定,由此严重扼制了社会生产向专业化、社会化和商品化发展,其表面上看,巩固了小农经济的独立性和凝固性,使庄园经济成为一种典型的自给自足经济形式,然而其实质是维护了封建农奴制的统治。

---

① 周本加:《西藏民主改革前的寺院经济》,转引《西藏研究》,1985年。

二、寺院手工业

藏族的封建农奴制社会，自17世纪中叶格鲁派寺院集团得势以来，经济日趋迟滞。整个西藏自然经济占绝对优势，商品经济极不发达。全区仅有农业和牧业的分工，手工业和商业经济占的比重很小。西藏的手工业生产，基本上还属于家庭副业式的生产方式，生产目的主要为了满足领主和其家庭消费。西藏的手工业虽然已经达到相当的水平，如织藏哔叽、花坐垫，做铜佛像，制藏靴和木碗等。但由于对封建领主有人身依附关系，手工业者社会地位卑贱低微，差役繁重，加之生产工具和生产技术比较落后，生产规模不大，生产的产品有限，从而使整个手工业还处于一种不发达的落后状态。至明、清两朝，由于政府的干预，寺庙手工业普遍退缩。除了宗教事务必需的香烛纸钱的生产而外，部分有条件的寺庙也从事一些山货土产的加工。据嘉庆《四川通志》记载，四川会理宝藏寺附近有银矿1座、雅安金沙寺有金矿1座，说明矿冶开采等大型手工业部门并未完全从寺庙经济中退出。

在藏传佛教寺庙中，一般均有制作佛物的专门加工场。由于内地印刷业多不习藏文，藏传佛教经典以及有关佛事的宣传品的印刷极为不便。于是，一些寺庙自行开版印行佛经，最后竟致成为寺庙经济的重要构成部分。四川德格印经院的形成就是这一方面的典型事例。此外，一些寺院所属农奴弃农从事手工业活动，为本地居民或寺院生产生活必需品、装饰品和宗教用品，也应看作是寺庙手工业的外延。

三、寺院商业

藏传佛教寺院领主普遍都有经商的习惯，特别是近代，西藏商埠开放后，外国资本的侵入带来的商业利益，更加诱使藏区寺院领主走发展商业的道路,寺院领主拥有庄园、农奴和畜群,为他们发展商业提供了资本,而他们的各种特权,又为他们发展商业提供了条件。正因为这些有利的条件,藏传佛教寺院,差不多都有经营的组织和机构。如在西藏商界颇有影响的大金寺,其商业资本高达银元240万元,仅在昌都的商店就拥有藏银263万两,像这样雄厚的资本,即使在内地的商业城市亦占重要地位。四川藏区70%的寺院经商。青海塔尔寺有众僧大集体的商业机构大吉哇和大拉昂,各扎仓(经院)的小集体,设有专职管家并组织人员司商务,上层喇嘛个人也从事商业活动。寺院把商业资本贷给僧人中的"生意通",由僧人直接经营,年终返还本息,从形式上看有的坐地经营、设立商号,有的组成驮队长途贩运,往来于西藏、印度、尼泊尔和内地北京、天津、张家口等地。从经营品种看,有畜产品、土特产品、贵重药材、绵毛织品、粮食茶叶、日常生活用品,甚至枪支、弹药、鸦片无所不包。从资金上看,塔尔寺大吉哇一处,用来经商和放债的资金达3万多两白银,银元宝数百个(每个50两)。寺院经商,得利甚多。

寺院领主通过商业活动,增加了自己的财富,而广大的农奴,却因商业的发展更趋向于贫穷。其原因是商业活动与封建特权相结合,领主加重了对农奴的剥削量。在藏区普遍形成了一种由领主直接操纵的派购派销或赊销的特殊商品流通方式。这种方式以领主利益为转移,既非自愿也不等价,若届时不能以自己产品及时支付对领主的赊欠,又须以商业利润,即变相高利贷计算本息,这样使得农奴债台高筑。农奴负债增加和乌拉差役繁重,是藏区农奴制度的固有现象,而商业的发展更使这些危机加深。

"寺院也都经商,有时是把资本供给商人,让他们去经营,商人也可以利用寺院的名义得到各种利润"[①]。寺院也把西藏社

---

① 李有义:《今日的西藏》。

会特需用品，诸如茶、绸、缎等囤积起来"当这种生活必需品在市场上稀缺时，寺院便投放出去、取得高额利润。据 1959 年民主改革时调查，定日县协格寺囤积的茶叶够该寺 90 年之用"[①]。

以拉卜楞寺为例，历史上拉卜楞寺就具有传统的经商习惯。拉卜楞建寺后，随着寺院的兴起和宗教影响的扩大，青海、西康（现四川阿坝等地）及甘南广大牧民群众来拉卜楞寺朝拜者日渐增多，群众随朝拜之便，也带来农畜产品在拉卜楞进行贸易交换。另一方面拉卜楞寺院为扩大影响，也投资商业，或广罗商人到拉卜楞地区经商，甚至寺院给商人提供贷款。寺院的商业参与，对拉卜楞地区商业经济起着举足轻重的作用，从而形成商业依附于宗教活动而繁荣，宗教力量促进商业发展的独特的经济风貌。寺院为巩固自己的社会地位，稳定经济基础，因此在商业活动方面投放大量资金，从此宗教信仰与商业经济在实践中形成矛盾的统一和协调。新中国建立前，寺院的活佛和宗教上层人士大都从事了商业活动，许多一般喇嘛也随之卷入。至新中国建立前夕，寺院经商阵容扩及上自十八昂欠，各扎仓吉哇，下至一般僧众。据 20 世纪 50 年代甘肃省少数民族社会历史调查组甘南分组的调查，私人拥有的流动资金约在 1000 万元以上。其中，"措钦吉哇"（全寺财务官）资金约在 500 万元左右；喇嘛个人拥有 50 万元以上者占喇嘛人数的 10%，1000 元以上者约占全寺人数的 30—40%，从事商业活动的人数约占全寺成年喇嘛人数的 20—25%，活佛和喇嘛个人还积有大量的银锭、黄金、布匹、绸缎、呢绒、皮张等物品。[②]

拉卜楞寺拥有属寺百余座，各属寺大多有放债基金，而且资

---

① 李有义：《今日的西藏》。
② 甘肃省夏河县志编纂委员会编：《夏河县志》，第 525 页，甘肃文化出版社，1999 年。

本雄厚。当时拉卜楞的商业活动是：(1) 由北京运来礼帽、各种佛教用具、布匹、瓷器、广东丝绸、金纸、铜鎏金佛、珊瑚、腊珀、铜制茶壶、经堂金顶、汉口的水獭皮、四川豹皮、哈达等。(2) 从拉卜楞运往西藏的物品有：枪支、弹药、大烟、走马、扫帚、红枣、甘草等。(3) 从西藏运回：毛哔叽、织锦缎、印度礼帽、红花等药品、藏式花帽、氆氇、腊珀等装饰品。寺院资金主要还是投放到牧区的畜产品、土特产品上，寺院几乎垄断了整个畜产品、土特产品市场，收购皮毛、牲畜等，品种达 20 多种，收购的物品销往外地。外销的土特产品及各种皮毛运往天津、兰州等地。经商方式都是流动性质，财力一般的喇嘛都将资金集中在一起，交由几个能够信任的喇嘛负责贸易，有的由昂欠出资本，派人去做。资金雄厚的活佛有自己的武装商队，拉卜楞寺就有 3 个强大的商队，往来于西藏及其他藏区[①]。

而位于滇、川、藏三省交界的云南中甸归化寺[②]，是古代"茶马互市"之要冲。占地面积 500 亩，拥有森林、土地和牧场，拥有 370 户庄园农奴和 30 多个财务集团，有拉章、觉厦和西苏等经济组织。觉厦和西苏各有聪奔（藏语商官之意）8 名，专门从事以盈利为目的的经商和放债活动，牟取暴利。寺院经商是寺院资本的主要来源。康熙二十七年（1688 年），应达赖喇嘛请求清朝在中甸立市[③]，为中甸喇嘛藏商参与频繁的滇藏贸易活动创造了有利的条件。归化寺喇嘛藏商凭借自己雄厚的政治经济势力以及与康藏各寺院密切的关系网络，进行滇、印、藏"三角贸易"，逐步成为中甸经济和市场的垄断者。成为中甸、川、滇、藏、印货物的集散

[①] 甘肃省夏河县志编纂委员会编：《夏河县志》，第 526 页，甘肃文化出版社，1999 年版。
[②] 《归化寺僧侣商业概述》，载《西藏研究》，1993 年第 2 期。
[③] 《滇云历年传》卷 11。

地及货物批发站，操纵着中甸的市场经济与物价。

归化寺喇嘛经商的形式：一是寺院直接派喇嘛带着农奴驮货入滇印藏做"三角贸易"；二是把西苏资本承包给喇嘛，让喇嘛自己去经商，到年底盈利分红，亏损赔偿；三是让喇嘛回家用自己的资本去经商，或喇嘛让家人带马帮到外贸易。外出做生意，特别是进康藏贸易获利是很高的，因此拥有大批骡马和资金并亲自进藏贸易的喇嘛富户所获利润之高就更无需说了。因此，在中甸有"进得西藏回，金银满袋归"之说法。民国时期，中甸喇嘛藏商运入康藏的货物主要是茶叶，其次还有银币、火腿、红糖、粉丝、白酒、木碗、铜器和铁器等，由拉萨购回的货物有卡机布、糖、印度香烟、毛毯、藏帽、药材、羊毛等。到拉萨贸易，每年一次，单程毛利便在4倍以上。如一元茶在中甸值0.5元（半开），运到拉萨则值4元，一顶藏帽在拉萨值6.5元，运到中甸则值20元[①]。中甸喇嘛藏商也运货到云南各地如丽江、鹤庆、下关、保山、昆明、思茅和西双版纳等地，运往云南各地的货物除西藏、巴塘、理塘的藏物土产外，还有本地所产的虫草、麝香、贝母、牛皮、野兽皮、酥油和青稞酒等。

归化寺喇嘛藏商与中甸外来汉商和本地小商贩有着密切的往来关系。他们在中甸成立商会，把中甸作为滇藏贸易的集散地和货物转换市场。于是，归化寺喇嘛藏商与滇商号们互相利用，共同在归化寺旁的白拉谷（焚毁于1921年）建起了滇藏贸易的"巨商堡垒"，中甸藏语称之为"丝格出丁"，有大货栈30余所，每年出入中甸的财货总值达到了700万元（半开）[②]。归化寺旁的小街子村有许多杂货铺，专为喇嘛藏商代销英、印、藏货，致使

[①] 见中央访问团1951年2月版丽江区材料《中甸县志团体初步了解》之14。
[②] 段绶滋：民国二十八年《中甸县志》，载《中甸县志资汇编》（三），1991年。

卡机布等洋货充斥中甸市场（时至今日，还有一些中甸藏族老人称火柴为洋火，称脸盆为洋盆）。每逢喇嘛进藏贸易，有户主关系的小商便要给喇嘛藏商送礼品，为他们祈祷。喇嘛藏商入藏归来，又把运来的卡机布、毛呢、棉纱、香烟、糖、手表等预赊给关系户代销。到1956年，中甸进藏的喇嘛藏商103户，货物达到2200驮，寺院喇嘛藏商的资本达到500—600万元，其中最大户上50万元，最小户不下3千元①。

四、寺院高利贷

高利贷剥削是西藏三大领主封建剥削的另一种重要手段。藏传佛教寺院经济的高利贷与汉传佛教寺院的"无尽藏"高利贷并无二致。高利贷资本是生息资本的一种古老形式，它在人类社会第二次社会大分工即手工业与农业分离后，就已开始出现，并存在于资本主义以前的整个封建制和奴隶制社会中。新中国建立前处在资本主义以前各个社会经济形态中的少数民族地区，也都普遍地存在着高利贷剥削，但仍以西藏各地尤为普遍和突出。按照佛门的戒律，僧侣不能从事商业和高利贷活动，佛教在沙弥十戒中明文规定：离杀生、离不与取、离非梵行、离妄语、离饮酒、离处高广大床、离着华璎珞、涂身熏衣、离作歌舞及往观听蓄种种乐器、离蓄金银钱宝、离非时食。然而，藏传佛教根据自己所处的特殊地域、社会环境，对吃荤、食肉、蓄钱、借贷等方面放宽了律戒。藏历十四饶迥水猪年（即1863年），拉卜楞寺大囊竟公开向教区僧侣颁布借贷章程：

"根据皇上的宗旨，为保护佛教昌盛，以嘉木样阐化大禅师为各大囊欠领袖头目人等，农牧区、拉德（神民）各部落、汉人、藏人、蒙古人及有关管理交通、商店的人员、管内外事务的

---

① 中甸县商业局油印本：1964年《中甸县民族贸易公司十年工作总结》。

人员等须知：上至大囊欠吉哇，下至一般事务的管家人等，都管理着为数不等的一批财产、物资、金钱等，这些都是本大寺各扎仓的唯一业基，对此不能抱有任何的贪污、盗窃、利欲熏心的邪念，也不得贪得无厌的放高利贷去剥削别人，否则，就是坏毁吾佛教之善业宗旨及僧众之修善、修身；所以，罪恶之人未可言语。各佛殿、经堂的公共财产都是活佛、喇嘛及众扎仓用以做善业佛事之用的，所以，必须严加管理和适当的予以借贷；允许取合理的利息，并由管家人等首先选择其借贷的对象，看是否将来能偿还得起，并要有保人，这保人要找信得过的、靠得住的人来做保，在这样的情况下，才予以借贷，否则不借贷；收账时候，一定按照定期，不得超过期限，到期本利偿清。倘若到期后负债者不守信用是不行的，也不许说穷疲道苦，说还不起借贷，更不能为本村的人丢脸。不能以活佛、僧官之财作偿物，一定要以自己的财产还其债务，假如讨账碰到难讨的问题时，除只能向上报告，不得私自自作主张，肆意强行索取；为索要寺院债务而引起的各种口角、纠纷，寺院活佛僧官不得为其做主，也不能以寺院的决定、公众之财产为借口进行不适当的强劫掠夺，更不能以未还清债务为名，以私人成见等进行强词夺理、威胁与勒索。总之，倘若负债者真的偿还不起的话，就用自己的财产（指房屋、工地等）作抵押，按其上述行施，不得丝毫有犯，若有违犯者，定要认真对待，一方面采取公开办法，上下取得一致，十八囊欠、众寺及各拉德部落等实做后盾；另一方面求神佛惩罚，护法神等对其施加法力，使其不安宁。因此，希有关世俗人等，要认真取舍，尽量按其寺院的章程行事，只有按其章程、规矩办事者，吾佛、护法等定会佑护！希众周知。"[①]

---

① 张庆有：《藏族寺院经济运行的历史与现状》，载《西北民族学院学报》（哲学社科版），1996 年第 3 期。

该章程要求有关僧人、世俗众人都要严格遵守。该章程甚至影响到拉卜楞寺以外的地区。

债利是寺院农奴主经济收入的主要来源之一。"西藏的喇嘛寺庙,不分大小,几乎无不兼放高利贷。估计放债总数要占到西藏高利贷总数的五分之四左右"①,如"拉萨三大寺一年放出的高利贷总计青稞一百四十三万多克（每克约二十五市斤）,藏银九十九万多秤（每秤五十两,折合银元三元三角三分）。"② 寺院的"利率一般年息为 30—50%,小额的有高达 100% 或 150% 的"。③ 除了寺院放债外,还有许多活佛和喇嘛私人也放债。高利贷对社会生产的发展起萎缩作用。寺院通过这些放债活动,使许多小民破产。从而把这部分人的土地、财产并入寺院范围内,扩充了寺院的势力。通过这些活动,寺院攫取了社会上很大部分财富。据不完全统计,达赖喇嘛自己的放债机构于 1950 年共放高利贷债金藏银 303.9 万两,年收利息 30.3858 万两,拉萨三大寺不仅在寺院庄园属民中大量放债,还在其他领主庄园的属民中放债。哲蚌寺历年放出的高利贷,截止 1959 年民主改革前,计达粮食 1 亿 6 千多万斤,现银 1 亿多大洋。一般年利为借五还六（20%）。寺院封建农奴主所放高利贷,种类繁多,一般以贷放粮食为主,也贷放钱币、布匹、盐巴、茶叶等。农奴借债前要奉送哈达、肉类等礼品,甚至要交出相等或超过借物价值的抵押品。这种高利贷多数借期很短,一般是春借秋还,到期不能偿还,农奴主就将抵押品收归己有,乃至夺走农奴的分地。寺庙领主就是这样,通过高利贷放债活动,致使许多小民破产,从而把这些人

---

① 《山南地区扎囊县扎期区囊包林溪卡调查资料》,中国社会科学院民族研究所西藏少数民族社会历史调查组,1969 年。

② 王森、王辅仁:《废除西藏喇嘛寺庙的封建特权和封建剥削》,载《民族团结》,1959 年 8 期。

③ 叶鲁:《西藏农奴主怎样凶残地榨取农奴血汗》,载《民族团结》,1959 年。

的土地、财产并入寺庙集团范围内，扩充了寺院经济的势力。农奴借粮借钱，到期不能归还就得重办手续，转利为本，利上加利，致使许多农奴祖祖辈辈都无法还清，成为所谓的"子孙债"。西藏的农奴几乎人人欠债，有 1/3 以上欠的就是这种父死子还，代代相继的债务，许多农奴不知自己背上所负债务是祖上什么时候欠的，最初欠了多少，全凭债主拿了"翟据"任意说。子孙债的剥削是无底洞，往往是欠债者早已还了本金的几倍、几十倍甚至几百倍，仍然还不清。如冬噶宗有一户差巴，祖上曾向哲蚌寺的一个扎仓借了 15 克（一藏克约等于 28 市斤）青稞，每年还 6 克，还了 100 多年，还积欠 200 多克。还有"铁链连手，互相保证"高利贷，即规定几家联保联坐，一旦借债人破产或逃亡，债务就由联保偿还，寺庙农奴主则只赢不亏。如墨竹工卡宗帕买地方 10 户人家，借了甘丹寺绛孜扎仓 50 克青稞，经过多年的利滚利，债务变成 410013 克，10 户人家有 5 户逃亡在外，3 户死亡，全部债务落在其余两户头上，使其成为世世代代还不清的负债户。除通常借债外，寺庙农奴主还强迫农奴借债，如色拉寺当时在所属属民 500 户中均强行贷放"恩子"贷款，每户放银 50 两，规定不许还本，只许还利。每年付息酥油 2 克（合大洋 20 元），纯利 70%。有的寺院将百姓承诺的布施在其无力交付的情况下转成债务就地贷出，使农奴背上空头债，陷入更深的贫困之中。放债也是归化寺喇嘛为牟取暴利而向中甸农牧民做的一种不平等的交易。据七耀祖和西洛嘉初两位藏族老人讲述："归化寺至少有积累青稞 300 万斤，每年分批借放，其利息为 15%，借期仅 6 个月。据统计，其放青稞一项利息收入，为全县粮食总产量的 25%，约合 4654.8 石。放银债收入合云南半开 12.5 万元"[①]。归

[①] 西洛嘉措、七耀祖：《中甸噶丹松赞林概述》，载《藏族史论文集》，四川民族出版社，1988 年版。

化寺及其喇嘛藏商户还囤有大量的盐、茶和布匹等藏民日常生活必需品，他们常放债给中甸四乡五境的农牧民，到年底收取的债利是粮食、酥油和山货。

由上可知，在西藏封建农奴制下，高利贷资本一方面为寺院领主积累了大量财富，并迫使农奴进一步固定在寺院农奴主的领地上，从而在一个侧面维护了封建农奴制；另一方面，高利贷资本的猖獗，严重地摧残了西藏社会生产第一线的劳动力——农奴，使生产力萎缩，继而极大地阻碍了社会的发展进步。

总之，在以"政教合一"领主制经济为主的藏族地区，寺院经济的经营又与中原早期的庄园经济有所不同，主要采取领主制经营。这种经营方式的特点是非生产资料占有者以奴役性条件从生产资料占有者手中取得份地，世代耕种，被束缚在某一土地上，非生产资料占有者对生产资料占有者和封建政权处于人身依附地位。生产资料占有者迫使非生产资料占有者提供劳役或缴纳实物与货币，并可惩罚、出卖农奴或没收其财产。就其人身依附关系而言，领主制经济下的农奴比庄园经济下的农奴地位更低。封建领主制下的藏区寺庙寺产的经营无论采取何种方式，其剥削率都相当高，其中还不包括农奴无所不有的无偿劳动。

# 第八章　社会主义条件下的寺观经济形态

我国佛道教随着社会主义制度的建立，其社会性质发生了根本转变，佛道教的存在和传播完全是在国家宗教信仰自由政策保护下进行的，人民群众有信仰或者不信仰佛道教的权利。历史上佛道教的种种弊端得到抑制，佛道教寺、观在国家政策法规的引导和保护下，成为我国宗教领域"三自方针"（自治、自养、自传）中"自养"的重要实践者。社会主义的经济建设是社会主义全体人民的根本利益所在，国家的兴衰与每个人的命运相连。寺观"自养"经济是当代佛道教传播与发展的重要基础。

第一节　佛道教及寺观经济性质的转变

历史上，由于中国的佛教、道教与封建制度紧密联系，佛道教成为封建统治者利用和控制的工具，是为封建经济社会服务的上层建筑，寺观经济自然也就具有封建经济的种种特征，甚至就是封建地主经济的重要组成部分。新中国成立后，佛、道教逐渐获得了新生，在政治上废除了封建特权和剥削压迫制度，在经济上有了自己的空间，寺观"自养"经济成为佛道教"自传、自治"的重要基础。

一、佛道教性质的转变

中国佛教和道教是具有独立教团和合法地位的，并在诸教中历史最久、影响最大的两个宗教。由于佛道二教的教义和戒律，如因果报应、天堂地狱、积善成德、清静无为等，这些理念、规范和鼓励都合乎宗法社会道德的行为，消弭违规和犯上作乱的行为，有利于政权的巩固和社会的安定，致使成为历代政权支持佛道二教的根本原因。正因为有皇权的支持，历史上的寺观经济都曾达到过自身的鼎盛时期。即便如此，由于历史上的中国是一个典型的封建专制国家，就是影响颇大的佛教和道教教团，也必须接受政府管辖，不能违背政府的法规，佛道二教对于治理国家也只能起辅助性作用。因此，历史上的佛道教具有两个明显的特征：

一是教权服从皇权。国家为君王一家，皇权至上，"普天之下莫非王土，率土之滨莫非王臣"，"天无二日，国无二君"，尊君的观念根深蒂固。在这种政治文化传统下，一切宗教组织都必须依附于皇权，为皇权服务。因此，教权服从皇权是历史上宗教存在的最重要特征之一。历史证明，由于宗教影响广泛、久远，一切统治阶级和各种政治势力都会利用它为自己的统治服务。拿破仑就曾十分得意地说他手中三大工具是"我的地方官吏，我的主教，我的宪兵"。中国数千年的封建社会历史，也无不证明了这一点，即宗教是统治阶级利用和控制的工具。

二是佛道教都深受儒家思想的影响。秦汉以后，我国历代封建王朝，都确立了意识形态中"独尊儒术"的格局，并且始终把它作为封建正统。佛教虽然是最早兴起的世界性宗教，但其宗旨在于普度人生，使一切从生死轮回的苦海中解脱出来得到永恒的寂静，注重的是彼岸世界的景象。儒教是通过天人感应的宗教神学，把封建地主阶级伦理观念——三纲五常，神化为"源出于天"的神圣准则，成为我国封建时代统治思想。道教则把儒家道德作为"得道"之"道"的核心和长生成仙的标准。佛、道两教都依附于儒教，在中国形成三教合流，共同作为漫长的封建社会人们的精神支柱。随着中国封建社会的发展,统治者欢迎更加完整、更加系统化的宗教,于是崇佛兴道也成为历史的必然,但它们的存在主要是弥补儒术之不足。如佛教自进入中国后,一直适应封建地主阶级的需要,还在理论上逐渐中国化,即受儒家思想的影响,还逐渐形成了日益膨胀的寺院经济,使僧侣地主成为地主阶级的一个组成部分,而且使佛教的发展同整个地主阶级的政治经济利益密切地结合在一起,致使中国佛教的命运必然与中国封建地主阶级的命运共休戚、相始终。

新中国成立后,在《共同纲领》中就明确指出:各民族都有保持和改革自己的风俗习惯和宗教信仰的自由。由于我国实行了宗教信仰自由的政策,同时进行了宗教制度的改革,佛教和道教中的封建特权和封建压迫制度得以废除。与旧中国相比,当代中国佛道教状况已发生了根本的变化,由此决定了当代中国佛道教的社会性质也发生了根本变化。正如《关于我国社会主义时期宗教问题的基本观点和基本政策》指出:"解放以后,经过社会经济制度的深刻改造和宗教制度的重大改革,我国宗教的状况已经起了根本的变化,宗教问题上的矛盾已经主要是属于人民内部的矛盾。"① 从总体来说,佛道教社会性质的转变主要表现在:当代中国佛道教是处于社会主义条件下存在和发展的宗教,是摆脱了剥削阶级利用的宗教,是爱国守法并能积极适应社会主义的宗教,是基本上以合法宗教活动满足信教群众宗教生活的宗教,宗教问题上的矛盾主要属于人民内部矛盾。②

佛教和道教经过民主改革,废除了宗教中的封建压迫剥削制度:(1)废除宗教的一切封建特权,包括藏传佛教中的"政教合一"制度,也废除了寺庙私设法庭、监牢和刑罚的权力等。(2)

---

① 参见《关于我国社会主义时期宗教问题的基本观点和基本政策》。
② 龚学增主编:《宗教问题概论》,第222页,四川人民出版社,1999年版。

废除寺观的封建生产资料私有制和高利贷、无偿劳动等剥削制度。(3) 禁止寺观敲诈勒索信教群众的财物。(4) 废除寺庙的封建管理制度,实行民主管理制度。总之,废除了宗教特权和剥削制度,使我国佛道教摆脱了国内外反动阶级的控制和利用,成为中国教徒自办的宗教事业。

社会主义制度的确立以及随之对宗教制度的民主改革,已经使我国的宗教状况发生了很大变化,摆脱了剥削阶级的利用,成为坚持"三自"方针,自主办教的宗教事业。如以信仰藏传佛教为主的藏族地区,也先后进行了民主改革和社会主义改造,并规定寺院的土地不减租或共同协商减免,在寺院开展了"三反[①]"运动。西藏的民主改革包括宗教制度方面的民主改革,是一场深刻的社会大变革,赢得了广大僧俗各界人士的热烈拥护。截止1960年,我国藏区基本上完成了对藏传佛教中的封建特权和剥削压迫制度的民主改革,这不仅是一次史无前例的社会改革,它使我国藏区实行宗教信仰自由政策成为可能,也是我国社会制度民主改革的重要组成部分。从此废除了寺院封建土地所有制、废除了藏传佛教寺院封建特权和压迫、剥削制度,废除了僧侣的特殊地位和寺院封建农奴的等级制度,解放了贫困喇嘛,解除了农牧民负担,实行了"以寺养寺,以劳养寺"的社会主义新型寺院经济。

1953年6月,中国佛教协会成立,实现了全国各地区、各民族、各宗派佛教的大团结,最终结束了旧中国各民族、各宗派佛教徒之间相互隔绝、四分五裂的状态,为现代中国佛教的发展奠定了组织基础。在佛教内部事务方面,针对佛教界特别是汉传佛教的混乱局面给予整顿。各地佛教徒响应中国佛教协会提出的"庄严国土,利乐有情"的号召,积极支援国家建设。佛教的利

[①] "三反"是反对叛乱,反对乌拉差役,反对人身奴役和封建特权。

生思想，即利益人群思想和"一切资生事业（工农商业）悉是佛道"的教义，"农禅并重"和"一日不作，一日不食"的优良传统，也激励着佛教徒积极参加社会主义物质文明建设。

1957年也成立了中国道教协会。在党和政府的宗教信仰自由政策的保护下，道教也进入新时代。道教在政治态度方面发生了根本转变，逐步改变了超脱尘世，不问政治的状况，能够适应新社会的要求，接受共产党的领导，走社会主义道路。开始主张道士参加农业、手工业及服务业的生产劳动，以实现其"自养"。宫观经济方面也发生重大改变。土地改革没收了宫观的多余土地，取消了地租收入，道士们开始从事生产性劳动以自食其力。对道教界生活困难者，政府则给予适应的照顾。成立了宫观民主管理委员会，改变了封建性很强、等级森严的宫观管理制度。

当代中国的佛道教是处于社会主义制度下的宗教。社会主义制度的确立以及随之对宗教制度的民主改革，已使我国宗教状况发生了根本变化，集中表现为彻底摆脱了剥削阶级的利用。宗教状况的这种变化决定了当代中国佛道教和旧中国的佛道教相比起到了一种全新的社会作用。在经济建设方面，广大信教群众和不信教群众一样都是社会主义的建设者。

二、寺观经济性质的转变

历史上，佛道教寺观经济具有封建性。除了其主要经济来源于帝王官吏和地方绅士的赏赐布施使许多大的寺观都拥有大量土地外，寺观经济也普遍采取世俗地主的封建剥削压迫形式，主要依靠收取地租，以维持寺观中的经费开支。如它们可以雇用长工和出租土地，此外，还有看管香火、应赴香火、应赴经忏、信众布施、放高利贷，在寺观中经营商品、房屋出租等。由此成为我国封建地主经济的重要组成部分。而由于寺观经济的发展，使佛道教均拥有强大的经济基础，也使其更加成为统治阶级控制和利用的工具。当然，佛道教寺观经济的发展，在很大程度上受到当时国家对宗教的认可态度，皇权始终支配教权，兴佛，则佛教寺院经济就兴旺，兴道，则道教宫观经济就发达，反之，废佛、废道，相应的寺观经济也将受到灭顶之灾。

新中国成立后，汉族地区佛道教原依附的经济基础和社会制度发生了巨大的变化。

首先是社会大环境的变化。新中国建立初期广大农村经过了土地改革运动，封建地主的剥削制度不复存在，实现了耕者有其田，贫苦农民都分到了土地，生活有了保障；在城镇也废除了人剥削人的不合理制度。原来因贫穷或没有生活出路而出家到寺观当僧人、道士的人，特别是寺观中的下层僧道，许多人自动地离开寺观还俗，有的回家务农，有的参加各种社会培训，走上建设新中国的工作岗位。全国僧道人数由旧中国的几十万人，下降至十几万人。寺观的数量也因此减少，有的因缺少僧道移作他用，有的逐渐成为文物与旅游场所，而不再有佛道教活动。这是社会变革带来的一种自然结果。

其次是佛道教寺观原来的经济来源发生了根本性变化。过去来自帝王、官吏、富绅的大宗赏赐不可能再有，经过土地改革，出租土地或放高利贷进行盘剥也不能继续下去。旧时代佛道教寺观的三项主要经济收入，随着社会的变革而不再存在。为维护广大农村中佛道教寺观的日常生活来源，国家在土地改革运动中除了将多余的土地分给附近农民外，也给居住寺观的僧道分了土地，由他们集体参与经营。许多地方的寺观由于组织生产有方，不仅生产自给有余，而且还涌现了一批生产丰收的先进单位。

第三是改变了寺观内的封建等级管理制度。新中国成立后，原来由几千年封建制度所形成的佛道教寺观管理体制也不再能适应新的时代要求，佛道教废除了封建家长制的丛林制度，在保持原有宗教活动的组织体系外，各地寺观纷纷建立起由选举产生的民主管理机构。大部分寺观都建立了民主管理委员会。但"农禅并重"的丛林制度在寺观生活中仍在起作用。

各地佛道教徒,纷纷组织起来,从事手工业生产和农业生产劳动及旅游服务业。产业从无到有,从小到大,由手工操作到机械操作,使生产不断得到发展,为祖国建设作贡献,从而改善和提高了各自的生活水平。佛道寺观经济的经营范围也比新中国建立前扩展了许多。宗教界以自养为目的的经济活动在一定程度上减轻了国家和信教群众的负担,有利于社会经济发展。宗教界积极开办自养事业,直接为经济发展做贡献。中国佛道教界在新中国建立初期还曾作为一支重要的社会力量,为新中国的建设事业做出过重要贡献。当时,许多寺观为实现自养,举办了小型工厂、作坊、商店、诊所等。宗教界人士普遍都认识到只有依靠自己的生产劳动才能自救[①]。党的十一届三中全会以后,佛道教都迎来了恢复和发展的新时期。佛道教界的冤假错案得到平反,修复并开放了一批重点寺观;被占房产和散落在外的财产陆续得到退还;中国佛道教组织重新恢复活动,流散的僧尼、道士陆续回到寺观内;各地正常的佛道教生活得到恢复。如道教宫观经济中,为推动道教徒为四化建设多做贡献,逐步实现宫观"自养",著名的四川都江堰市青城山道协办了道家酒厂和茶厂,湖北武当山道协办了制药厂,江西茅山道院办了泥塑厂,北京白云观办了服务社。还有许多地方的宫观也大都根据各自的条件,从事农业、手工业、育林护林、种植果木、采药等,取得显著成绩。佛教寺院更是香火袅袅,呈现出发展的景象。

改革开放后,随着不断深入和国际交往的日益扩大,佛道教界还利用广泛的对外联系这一优势,主动为引进资金、技术和人

[①] 郭文亮、陈金龙:《建国初期的中国宗教界》,载《中国宗教》,2002年第5期。

才牵线搭桥，充分利用佛道教多名山大川，宗教活动场所多为文物古迹的优势，因教制宜，开发佛道教旅游资源，促进旅游业，积极带动当地经济的发展。

新型寺院经济从性质上讲属于集体经济，是公有制经济的有益补充，并以僧人从事生产经营、逐步实现自给自养（以寺养寺）为目的。目前，佛道教的主体是广大宗教徒和宗教界人士。我国的信教群众本来就是社会主义现代化建设的一支重要力量，他们拥护党和政府制定的实现我国现代化建设的大政方针，积极协助政府贯彻落实宗教政策；他们积极参加生产和建设，为社会创造着物质财富和精神财富。在社会主义市场经济条件下，宗教界人士以自办自养为目的经济活动在一定程度上减轻了信教群众的负担，有利于克服宗教界以往单纯依靠施舍及政府救济的弊端，有助于经济发展和社会进步。

当代佛教界大多数继承了近代以来的"人间佛教"的积极思想，并在思想内涵的深度和广度方面进行了根本性的变革。已故中国佛教协会会长赵朴初居士，就这一理论进一步提出"人间佛教"的观点。他认为，佛教从思想到组织上都要适应人间社会的需要，并与人间社会紧密相连，决不能把自己束之高阁，以世外桃源而自居。赵朴老认为"人间佛教"就是佛教与社会主义相适应、相协调。协调有两方面工作，一方面要贯彻宗教信仰自由政策，一方面佛教徒要参加社会主义建设，这其实也是佛教世俗化的表现。佛教经典上有"随缘不变、不变随缘"的理论，即规定一名出家人，独身、素食、僧裳，这三条原则，在任何时候都不能改变和取消，但在遵守这三条原则的基础上，也允许出家人跟随社会形势的变化，结合时代的特征，实现自己思想上的自我更新与自我完善。赵朴老的观点得到广大佛教界的热烈响应，寺院经济在社会主义社会的发展也随之找到合理的依据。正如云南省圆通寺主持淳法法师认为"真正的佛教是入世而不是出世，是面对现实而不是脱离现实，佛教只有参与到祖国的经济建设中来，为此作出贡献的同时也才能让自己得到存在和发展。"① 为此，全国汉传佛教各寺院的主要活动基本上遵循贯彻了"人间佛教"的基本思想，积极开展多种经济活动和其他宗教活动。而在这一点上，道教与佛教是十分类似。因而当代社会中寺观经济都具有世俗化特征，并且从其内容上看，已不局限于传统的农业种植，农业种植活动已只占非常有限的地位，更多直接相关的经济活动是商业、旅游业等公益服务业。同时，在寺院经济活动内容的方式的选择又必须符合"禅"的要求。一般不能超出五戒、十善、四摄、六度的佛教伦理规约。道教宫观经济也大致如此。

第二节 我国宗教"自养"政策规定

新中国成立后，我国宗教信仰自由政策基本内容之一就是"中国的宗教事务由中国人自己来办，不受外国势力的干涉和支配。"这已成为中国各宗教共同遵循的一个原则。中国的宗教团体在坚持独立自主自办的方针下，实行"自治、自养、自传"的"三自"方针，为此国家专门制定了有关寺庙"自养"政策法规。

一、关于宗教问题的基本观点和基本政策

中国共产党早在成立之初，就重视宗教问题。在新民主主义革命时期，中国共产党就对宗教信仰自由的原则给予了全面完整地解释。新中国建立后，"宗教信仰自由政策"进一步被确定为党在宗教问题上长期而坚定的政策。我国从《宪法大纲》、《共同纲领》到历届《中华人民共和国宪法》，从1982年19号文件、

---

① 姚顺增：《宗教与市场经济》，载《经济问题探索》，1996年第9期。

1991年的6号文件和2001年的3号文件,都强调尊重和保护宗教信仰自由,并使人民享受到更加广泛的宗教信仰自由。中共十一届三中全会以后,中共中央按照解放思想、实事求是的思想路线,认真总结了在宗教工作中正反两个方面的经验教训,制定了《关于我国社会主义时期宗教问题的基本观点和基本政策》(即中发〔1982〕19号文件)。文件指出:"尊重和保护宗教信仰自由,是党对宗教问题的基本政策。这是一项长期的政策,是一直要贯彻执行到将来宗教自然消亡的时候为止的政策"[1]。文件还指出,宗教信仰政策的实质,就是要使宗教信仰问题成为公民个人自由选择的问题,成为公民个人的私事。其目的是"使全体信教和不信教的群众联合起来,把他们的意志和力量集中到建设现代化的社会主义强国这个共同目标上来,这是我们贯彻执行宗教信仰自由政策,处理一切宗教问题的根本出发点和落脚点"[2]。《关于我国社会主义时期宗教问题的基本观点和基本政策》已成为我国新时期处理宗教问题的纲领性文献。

新中国宗教政策与西方一些国家的宗教政策是不尽相同的。这些国家的宗教政策一般强调的都是"宗教自由"、"信教的自由"等等。无神论者在这些国家没有地位,甚至受到歧视,这表明它们的信仰自由是不全面、不彻底的。《关于我国社会主义时期宗教问题的基本观点与基本政策》指出:"我国实行的宗教信仰自由,则既包括信教自由,也包括不信教的自由;包括信仰这种宗教的自由,也有信仰那种宗教的自由;在同一宗教里面,有信仰这个教派的自由,也有信仰那个教派的自由;有过去不信教而现在信教的自由,也有过去信教现在不信教的自由。"[3] 新中

---

[1] 《新时期宗教工作文献选编》第59页,宗教文化出版社,1995年版。
[2] 《新时期宗教工作文献选编》第60页,宗教文化出版社,1995年版。
[3] 《新时期宗教工作文献选编》第59页,宗教文化出版社,1995年版。

国对"宗教信仰自由"的理解充分体现了中国具体的国情与教情，即全国绝大部分群众是不信仰宗教的，真正实现了宗教信仰自由的全面彻底性。

中共中央对于贯彻落实宗教信仰自由政策的实质性内容还作了明确规定，这些规定是寺庙及寺庙经济得以发展的前提条件。

其一，"争取、团结和教育宗教界人士首先是各种宗教职业人员，是党对宗教工作的重要内容，也是贯彻执行党的宗教政策的极其重要的前提条件"。因此，"必须妥善地安置宗教职业人员的生活，认真落实有关政策，特别是对于其中的知名人士和知识分子，更应当尽快落实政策，给以适应的待遇"。"还必须根据宗教界人士的不同情况和特长，分别组织他们参加力所能及的生产劳动、社会服务、宗教学术研究、爱国的社会政治活动和国际友好往来，以调动他们的积极因素为现代化建设事业服务"[1]。这些政策规定，对于保证我国宗教活动的正常化，调动宗教界人士的积极性，无疑都起到了较好的作用。

其二，"合理安排宗教活动场所，是落实党的宗教政策，使宗教活动正常化的重要物质条件"。"当前的问题是，必须根据不同情况，采取有效措施，进一步合理安排宗教活动场所。在部分大中城市，在历史上有名的宗教圣地，在教徒聚居的地方，特别是在少数民族地区，应当有计划有步骤地恢复一些寺观教堂。国内外有重大影响的和有重大文物价值的著名寺观教堂，应当根据条件，尽可能逐步恢复"[2]。"充分发挥爱国宗教组织的作用，是落实宗教政策，使宗教活动正常化的重要组织保证。"[3] 在我国社会主义初级阶段，实行社会主义市场经济体制，佛、道教界根

---

[1]《新时期宗教工作文献选编》第 61～62 页，宗教文化出版社，1995 年版。
[2]《新时期宗教工作文献选编》第 62～63 页，宗教文化出版社，1995 年版。
[3]《新时期宗教工作文献选编》第 64 页，宗教文化出版社，1995 年版。

据国家关于"自治、自养、自传"的"三自"方针,就必须落实寺院的所有权和使用权的产权政策,以维护其合法权益。对这一政策规定,政府主管部门在有关权威性的文件中,已经把寺院"社会公有"解释为佛道教团体集体所有。寺院、道观不论当前是否进行宗教活动,其房屋大都是由群众捐献而建造,因此除个别确系私人出资修建或购置的小庙,仍可归私人所有外,其他房屋的性质均应属公共财产,其产权归宗教团体和佛教协会与道教协会所有。僧、尼、道士一般有使用权,但均无权出卖、抵押或互相赠送。任何使用、占有单位或其他机关团体都不能任意改变其所有权,应按中共中央、国务院1980年有关文件精神落实政策,产权归还各宗教团体。[①]文件还明确规定:"解放后已停止宗教活动的市区及城镇寺庙、道观和土改后才停止宗教活动的农村寺庙、道观,僧尼已转业的,其原住的寺庙、道观房屋可继续使用,如转业僧、尼、道士已死亡,其共同生活的家属仍可给予照顾,继续居住,但不得产权。"[②]这些文件为寺庙及寺庙经济的活动提供了使宗教活动正常化的物质条件。

其三,确立了寺庙产权的法律地位,使宗教界具有赖以实行"三自"的基础资源,对于提高宗教界的自养能力和生存能力,具有十分重要意义。在中共中央〔1982〕19号文件,国务院〔1981〕178号文件,中央办公厅〔1985〕59号文件和中共中央〔1991〕6号文件以及国务院1994年1月31日发布的《宗教活动场所管理条例》中,都相应规定寺院的财产由宗教团体或宗教组织管理使用,同《民法通则》第77条关于"社会团体包括宗教团体的合法财产受法律保护"的规定相配套、相衔接,表明国家在法律上对"寺庙为社会公有"的政策进行了一定程度的调整,

---

[①] 《新时期宗教工作文献选编》第28~29页,宗教文化出版社,1995年版。
[②] 《新时期宗教工作文献选编》第29页,宗教文化出版社,1995年版。

承认了佛、道教团体和组织对寺院财产拥有使用权或所有权。从而确立了寺庙产权的法律地位。

党的宗教政策，是根据马克思主义关于宗教理论和我国宗教实际情况制定出来的，有着深刻的理论依据和丰富的历史经验。几十年来，新中国关于宗教问题的基本政策规定没有发生根本变化，新中国的宗教政策是一个开放的、发展的、而不是僵化的停滞的理论体系，它包括基本政策和各项具体政策在内。全国第九次宗教工作会议对我国宗教的基本政策又作了更加详细的阐述，具体包括：（1）宗教有其发生、发展和消亡的过程，在社会主义社会将长期存在，不能用行政力量去消灭宗教，也不能用行政力量去发展宗教。（2）宗教信仰自由受国家宪法保护，公民有信仰宗教的自由，也有不信仰宗教的自由。（3）要宣传无神论，但不能把有神论和无神论的区别等同于政治上的对立。要坚持政治上团结合作、信仰上互相尊重。（4）国家依法对宗教事务进行管理，保护正常的宗教活动和宗教界的合法权益，制止和打击利用宗教进行违法犯罪活动。（5）我国宗教方面的矛盾主要是人民内部矛盾，但在一定条件下也可能出现对抗性的矛盾。要严格区别、妥善处理两类不同性质的矛盾。（6）坚持独立自主、自办教会的原则，在平等的基础上开展对外友好交往，抵制境外敌对势力利用宗教进行渗透，不允许任何境外宗教团体和个人干预我国宗教事务。（7）爱国宗教团体是党和政府联系群众的桥梁，要支持他们加强自身建设，自主开展活动，充分发挥作用。（8）爱国宗教界人士是团结信教群众、维护社会稳定的重要力量，宗教界要有计划、有组织地培养爱国宗教教职人员队伍。（9）积极引导宗教与社会主义社会相适应。宗教界要把爱教与爱国结合起来，在国家法律和政策范围进行活动。（10）所有宗教团体和宗教界人士都必须维护法律尊严，维护人民利益，维护民族团结，维护祖国统一。

总体来说，就中国当代宗教的发展要求而言，国家制度安排包含有宗教组织实行自养的政策，这使得宗教团体和寺观教堂可以兴办生产、服务、福利等其他第三产业。国家也在具体措施上给予了优惠，如对宗教土地房产免征土地使用税和房产税，对宗教活动场所的门票收入免征营业税，并要求城市建设中处理宗教房地产问题要照顾宗教界利益，等等。2004年7月7日国务院第57次常务会议通过《宗教事务条例》，并于2005年3月1日起施行。为此，正确对待和处理宗教问题，已成为我国有中国特色社会主义建设的一个重要课题和内容。而新时期我国宗教的基本政策和基本观点，无疑为我国的宗教工作指明了方向，也为寺庙经济的健康发展提供了政策依据。

二、佛道教"自养"政策规定

十一届三中全会后，我国重新贯彻落实了党的宗教信仰自由政策，寺庙"自养"活动也被重新提出。1982年，中央对新时期的宗教工作进行了认真研究，形成了《关于我国社会主义时期宗教问题的基本观点和基本政策》的文件，其中提出一个重要的原则即"宗教组织要自己解决自己的问题"，实行"自办自养"[①]。国家通过行政管理和经济管理的办法，在同等条件下，优先为寺院实行减免税收政策，以及在管理制度、经营形式等方面，给寺院以宽松的经济政策。

（一）关于宗教教产的规定

从新中国建立初期开始，国家就极为重视解决宗教"自养"的问题，1951年3月5日，中央政府就提出："切实帮助教会的

[①] 《关于我国社会主义时期宗教问题的基本观点和基本政策》，见周锡银、冉光荣主编：《四川藏传佛教调查研究丛书之二：宗教政策文件及研究论文报告选编》，四川省民族事务委员会1993年印。

各个单位实行自养","替他们想些办法(由公家占用的房子给以房租,帮助他们卖掉一些产业以取得资金,甚至部分减轻某种捐税等)"。在农村,僧、尼、道士,有劳动能力的,愿意从事农业生产的,由政府分给土地和其他生产资料,自食其力。1956年以后,在我国实行社会主义改造的总形势下,许多城市宗教团体出租的房屋逐渐由当地房地产管理部门实行包租或经租,按月付给宗教团体一定的租金。

国家对宗教教产作了明确规定:宗教教产指按照宗教房地产政策,经政府有关部门认可,由宗教团体或宗教组织占有、使用和管理的寺院、教堂、宫观、清真寺以及所附属的房屋、土地、园林、碑、塔、墓等,或者宗教团体以自养为目的所经营出租的房地产。《中华人民共和国民法通则》第七十七条关于"社会团体包括宗教团体的合法财产受法律保护"的规定,从国家法律的角度进一步确立了宗教教产的合法地位。

关于"宗教活动场所的财产",国务院宗教事务局的立法解释是指:宗教活动场所管理和使用的房屋、设备、牧场、墓地以及该场所举办的个人事业等。[①] 国务院〔1981〕178号文件规定:"寺观的宗教收入、生产收入和其他收入,均归寺观集体所有,主要用于解决僧道生活、寺观维修和寺观内日常开支。任何单位不得抽调寺观资金。"[②]

十一届三中全会后,国务院发〔1980〕188号文件规定:"将宗教团体房屋的产权全部退还给宗教团体,无法退还的应折价付款"。"文化大革命以来停付的包(经)租费,应按国家有关规

[①] 徐玉成编著:《宗教政策法律知识答问》,第186页,中国社会科学出版社,1997年版。

[②] 徐玉成编著:《宗教政策法律知识答问》,第238页,中国社会科学出版社,1997年版。

定，实事求是地结算，所收房租，除去维修费、房产税和管理费外，多退少不补"。"文化大革命时期被占用的教堂、寺庙、道观及其附属房屋属于对内对外工作需要继续开放者，应退还各教使用，如不需要收回自用者，由占用单位或个人自占用之日起付给租金，房屋被改建或拆建者，应折价付款"。① 该文件还指出："落实宗教团体的房产政策……也是解决宗教团体自养和宗教职业者经济生活问题的妥善办法。因此，对这项工作，要从政治上着眼，作为特殊问题来处理。"②

对于佛道教的教产，中共中央办公厅 [1985] 59 号文件指出："对于落实佛道教房产政策的具体意见是：（1）凡经各级政府批准作为宗教活动场所恢复、开放的寺观，以及现有僧道人员居住并有宗教活动的寺观，应将它及其所附属的房屋交给佛道教组织和僧道人员管理使用。（2）虽不属前述寺观管理使用的房产，但建国以后经人民政府正式承认，"文化大革命"前由佛道教组织和僧道人员经营，或由政府房管部门经租的，以及近年来已经正式交由佛道教组织和僧道人员管理使用的，一律不再变动……"

宗教界的房地产，无论是历史继承下来的，国家拨的还是宗教团体自己购建的，其产权属于宗教界，是宗教界赖以实行"三自"的基础资源，在建立社会主义市场经济的过程中，保护、使用和管理好宗教房地产，制止和防止宗教房地产的流失，反对有关部门和单位利用职权强行占用宗教房地产，对于提高宗教界的自养能力和生存能力，具有十分重要意义。

（二）关于各寺观"自养"活动的免税政策

早在 1951 年，中共中央就曾经提出：为了帮助宗教团体实

---

① 《新时期宗教工作文献选编》第 25~26 页，宗教文化出版社，1995 年版。
② 《新时期宗教工作文献选编》第 23~26 页，宗教文化出版社，1995 年版。

现自养,"甚至部分减轻某项捐税"。①《中国的人权状况》白皮书指出:"国家对一切宗教活动房屋及占用土地免税"。这一免税的规定,从新中国成立初期就提出并实行了。

中共十一届三中全会以后,我国各宗教寺观教堂重新恢复了宗教活动,为适应国家对外开放、对内搞活的需要,遵照国家法律和有关政策的规定,政府提出了"在政府宗教事务部门的行政领导下,坚决贯彻僧道管庙,以庙养庙,积极为四化服务的方针"。并鼓励寺观教堂从本地实际情况出发,积极兴办一些生产、服务和社会公益事业。政府在设备、物资和技术上给予帮助,在税收上给以适当的照顾。在有条件的地方,可给寺观划分一定的自留山、责任山,鼓励他们植树造林,护林养山,以寺养寺。②《关于我国社会主义时期宗教问题的基本观点和基本政策》指出:"合理安排宗教活动场所,是落实党的宗教政策,使宗教活动正常化的重要物质条件。全国各种宗教的活动场所,解放初总共约有十万多所,现在连同寺观教堂、简易活动点和教徒自行建立的活动场所合计在内,约有三万多所。当前的问题是,必须根据不同的情况,采取有力措施,进一步合理地安排宗教活动的场所。在部分大、中城市,在历史上有名的宗教活动胜地,在教徒聚居的地方,特别是在少数民族地区,应当有计划有步骤地恢复一些寺观教堂。国内外有重大影响的和有重大文物价值的著名寺观教堂,应当根据条件,尽可能地逐步恢复。"③

遵照以上政策规定,为了帮助各宗教团体实现自养并扶持宗教教职人员的生活,人民政府除允许教会、庙观出租房屋、免征

---

① 徐玉成编著:《宗教政策法律知识答问》,第200页,中国社会科学出版社,1997年版。
② 《新时期宗教工作文献选编》第139页,宗教文化出版社,1995年版。
③ 徐玉成编著:《宗教政策法律知识答问》,第295页,中国社会科学出版社,1997年版。

门票和一切宗教收入①税外，还有如下免税规定：

国务院［1980］年国发 188 号文件指出："为了帮助各宗教团体实现自养并维持宗教职业者的生活，人民政府除允许教会、庙观出租房屋外，还免收教堂、庙观等宗教活动职业者自住房屋的房地产税。"②

国家税务局 1986 年发布的《中华人民共和国房产税暂行条例》第五条规定："宗教寺院、公园、名胜古迹自用的房产免交房产税"。③ 国家税务局 1987 年发布的《城镇土地使用税暂行条例》第六条第三款规定："宗教寺庙、公园、名胜古迹自用的土地，免缴土地使用税"。

国家税务局的立法解释是："宗教寺庙自用的房产，是指举行宗教仪式等的房屋和宗教人员使用的生活用房屋。""宗教寺庙自用的土地，是指举行宗教仪式等的用地和寺庙内的宗教人员生活用地。"④

根据上述政策规定，经政府批准，各寺观教堂在各地政府划分给寺庙自己使用的山林或土地上，以自养为目的，种植或生产的农副产品，无论是自用、内销或外销，应当不予纳税。如果当地政府税务部门要求征税的，还可以遵照上述规定申请免税。如果寺庙为了增加收入，以盈利为目的，承包了国营或集体的房屋、土地从事生产经营活动的，应当按照当地政府税务部门的规定和要求办理。

（三）关于寺观"自养"范围的规定

---

① "宗教活动收入"根据国务院宗教事务局的立法解释，指该场所的门票收入、宗教收入以及从事生产、经营、服务等活动的收入。
② 《新时期宗教工作文献选编》第 24 页，宗教文化出版社，1995 年版。
③ 徐玉成编著：《宗教政策法律知识答问》，第 200 页，中国社会科学出版社，1997 年版。
④ 《中华人民共和国行政法规选编》上卷，第 948～949，第 957～958 页。

为了扩大宗教寺庙自养经营的范围，中共中央［1982］19号文件规定："经政府主管部门批准，寺观教堂可以出售一定数量的宗教书刊、宗教用品和宗教艺术品。"①《宗教活动场所管理条例》第七条规定："在宗教活动场所内，宗教活动场所管理组织可以按照国家有关规定经营销售宗教用品、宗教艺术品和宗教书刊"。第八条规定："宗教活动场所的财产和收入由该场所管理组织管理和使用，其他任何单位和个人不得占有或者无偿调用。"②

中国佛教协会于1993年通过了《全国汉传佛教寺院管理办法》，规定："根据农禅并重的传统，因寺制宜，举办符合寺院特点的农业、林业、手工业等事业和法物流通、素斋、客舍等自养事业，逐步做到以寺养寺。生产、自养事业，可以吸收必要数量的职工，也可单独核算，但人事、财务、业务，必须由寺院统一管理。""寺办生产自养事业单位的负责人可参加和列席寺务会议"。③ "重点寺院，须按十方丛林制度建立和健全僧团组织"。④从而确定了寺院的管理制度和组织形式仍然是丛林制度。道教宫观的"自养"经营范围实际上是参照佛教寺院进行的。

我国同时还规定，宗教活动场所的职能和属性是在宗教教职人员主持下，供信教群众举行宗教仪式、从事宗教活动、表达宗教感情的场所，不是经营性、盈利性的工商业设施。因此，中共中央办公厅字［1996］38号文件明确指出："教育僧道人员遵纪守法，……不得以任何方式参与'股份制'、'外商投资'、'租赁承包'寺观的活动。"同样，僧道人员管理的寺观，教外人士也

---

① 《新时期宗教工作文献选编》第65页，宗教文化出版社，1995年版。
② 《新时期宗教工作文献选编》第276页，宗教文化出版社，1995年版。
③ 徐玉成编著：《宗教政策法律知识答问》，第343页，中国社会科学出版社，1997年版。
④ 徐玉成编著：《宗教政策法律知识答问》，第210页，中国社会科学出版社，1997年版。

不得"以任何方式参与'股份制'、'外商投资'、'租赁承包'寺观的活动"。①

以上的政策法规,无疑为我国社会主义制度条件下各宗教寺庙进行"自养"活动奠定了基础和创造了条件,规定了范围,保障了其合法地位,也充分说明我国宗教信仰自由政策的合理性。

（四）藏传佛教寺院经济"自养"政策规定

根据国家对各宗教的有关政策规定,藏传佛教寺院在对外交往中,也要坚持独立自主、自办教务的原则,实行"三自"的方针,不受境外宗教势力支配,这些方针政策,较好地把握了藏传佛教寺院"自养"的方向。关于藏传佛教寺庙"自养"问题,第十世班禅大师表示了极大的关注。1987年班禅大师发表《关于扎什伦布寺进行社会主义条件下寺庙管理试点的总结》。在"试点工作的主要成绩"中指出,"坚持以寺养寺的原则,继续抓了寺庙的农林牧副生产,初步实行了联产承包超产奖励的生产责任制,停止了不适合寺庙特点的一些生产项目,整顿并继续办好原有的一些社会公益和服务事业,现在寺庙所属的以自养为目的的生产经营项目共有18个,寺庙生产收入有所增加"。在"试点工作的基本经验"中指出,"要有一套既适合寺庙特点,又基本上符合按劳付酬原则的分配制度"。在"需要明确的几个认识问题和政策问题"中,再次强调实行以寺养寺,"减轻国家和群众负担,并对社会有所贡献",是一个"重要的原则"。班禅大师认为,"在社会主义条件下寺庙自养的基本途径,一是从事农林牧副业生产,一是举办适合寺庙特点的社会公益和服务业"。"寺庙自养的特殊途径是办力所能及的企业……。从西藏的特殊情况出发,寺办企业应该属于中央对西藏的特殊政策和灵活政策措施的

---

① 徐玉成编著：《宗教政策法律知识答问》,第238~239页,中国社会科学出版社,1997年版。

组成部分。寺办企业可以视条件由一个寺庙独自经营，也可以由几个寺庙联合经营，或由一个寺庙独资经营，其他寺庙投资入股，按合同规定分红。"①为办好寺庙企业，班禅大师强调，"寺庙僧民人数应当从自养能力出发实行定员"。"寺办企业在其业务活动中，还必须正确处理同国有企业、集体企业，以及个体企业之间的关系。""国家对寺庙的农林副业生产和公益服务事业的收入，应实行免税或低税政策，享受社会集体企业的同等待遇"。为鼓励、指导和管理寺庙经济活动，"建议各地宗教部门设立主管寺庙经济活动的机构"。②班禅大师对寺院"自养"问题的重要观点，成为改革开放后，我国藏区寺院经济"自养"发展的重要依据。由于中央、省、州乃至县均有关于寺庙自养的系列文件出台和政策、措施的不断推行，藏传佛教寺院"自养"这项活动便逐步地开展起来，并且寺院"自养"活动形式多样。

对藏传佛教寺院经济如何进行"自养"，各地政府也分别作了明确规定，如《西藏自治宗教事务管理暂行办法》第11条规定：宗教活动场所要逐步走以寺养寺的道路，要因地制宜，从事一些力所能及的农副牧业、工商业以及旅游接待等服务性行业，增加收入、改善生活，逐步实现自养。各级政府对属于以自养为目的的各种生产服务事业，应给予优惠政策加以扶持，帮助他们搞好自养。③在政府的大力扶持下，西藏自治区各寺院都力所能及地开展了各种生产经营活动，探索出新时期自力更生的路子。

《青海省宗教活动场所管理规定》中，对发展寺院经济的相

---

① 班禅·额尔德尼·确吉坚赞：《关于扎什伦布寺进行社会主义条件下寺庙管理试点的总结》。

② 班禅·额尔德尼·确吉坚赞：《关于扎什伦布寺进行社会主义条件下寺庙管理试点的总结》。

③ 梅进才主编：《中国当代藏族寺院经济发展战略研究》，第83页，甘肃人民出版社，2000年版。

关条款也作了明确规定，第五款：组织宗教教职人员积极开展各项生产服务活动和社会公益事业，增加经济收入，逐步实现生活自给自养；第六款：保护宗教活动场所的财产和文物古迹不受损害。第十五条：宗教活动场所经有关部门批准登记后可以经销宗教书刊、宗教用品和宗教艺术品。第十九条：宗教活动场所在对外交往中，必须坚持独立自主、自办教务的原则，实行自治、自传、自养的方针，不接受境外宗教势力的支配……，从而明确了僧侣作为公民，必须有组织地积极参加生产服务和社会公益事业[①]。

四川藏区甘孜州颁布了《关于佛教寺庙民主管理暂行办法》，其中，第三章第14条规定："坚持以寺养寺，从本寺的实际出发，采取切实可行的措施，逐步做到自养。"第四章第19条规定："寺庙经济收入的分配，实行既适合寺庙特点又符合按劳（包括脑力劳动）付酬的原则。"第六章寺庙实行自养中专门列了4条具体规定[②]。阿坝州在《阿坝州宗教事务管理办法》的第9条第5款规定："因地制宜，广开门路，在国家有关政策允许的范围内，领导僧众搞好各项劳动生产、社会服务和公益事业，坚持农禅并重，走以寺养寺的道路。"第11章第7款规定："寺庙要逐步实行住寺定员，减轻寺庙负担，提高自养能力。"第16款规定："寺庙开办营业性的生产劳动、社会服务、公益事业劳务项目，必须在国家政策允许的范围内，报经有关部门批准才能经营，并接受有关部门的监督检查。"[③] 针对各寺的不同环境和条

[①] 梅进才主编：《中国当代藏族寺院经济发展战略研究》，第18页，甘肃人民出版社，2000年版。

[②] 周锡银、冉光荣主编：《四川藏传佛教调查研究丛书之二：宗教政策文件及研究论文报告选编》，四川省民族事务委员会1993年印。

[③] 欧泽高、冉光荣主编：《四川藏区开发之路》，第392页，四川人民出版社，2000年版。

件,四川民族事务委员会提出了要因地制宜,广开门路。"鉴于各地寺庙和僧人的条件差异很大,不能强求一律,一定要坚持因地制宜,广开门路,形式多样,发挥各自的优势。既可以发展种植业、养殖业、加工业,又可以发展商业、服务业,或从事医药文化、雕刻、艺术等。在经营形式上,可以由寺庙自办,或集资、合资、个人承包代购代销等。总之,要在国家政策法令允许的范围内,在工商行政部门的统一领导下,有利于发展商品生产,搞活经济,繁荣市场,促进四化建设。"① 云南、甘肃省的藏族地区对寺院的"自养"问题,也都作了相应的规定。

第三节 "内循环,外环寺"的寺观经济模式

新中国成立后,我国佛道教界在国家法律、法规和政策范围内开展宗教活动。各佛道教团体坚持爱国爱教和"三自"方针,"以寺(观)养寺(观)",走自我发展的道路。这样一方面有助于减少群众和社会负担,增加社会财富;另一方面作为一种特殊的经济力量,成为了我国社会主义建设事业中的一个有益补充。佛道教团体在国家以经济建设为中心的根本方针感召下,发挥自身优势,发展寺观经济。据了解,有不少相对独立的寺、观办起了经济实体,并以此来参与经济活动,达到获取经济效益的目的。一些寺观甚至把公司作为经济活动的龙头,以此下设若干个小单位:商店、餐馆、旅馆等等,来进行买卖和经营活动。经营的商品从日用百货到钢筋水泥数百个品种,经营的方式从批发零售到代购直销等多种形式。其形式或者是商业,或者是企业,或

---

① 四川省民族事务委员会:《四川省藏传佛教工作的主要情况和今后意见》。

者是福利事业,有一些甚至具备了相当规模,拥有相当实力。佛道教团体兴办经济实体无疑对国家,对宗教自身,对信教群众都是有益的,它不仅增加了社会财富,促进了经济繁荣,而且解决了宗教团体部分活动经费,减轻了群众负担。特别是在市场经济的大潮下,一些佛道教团体的经济活动表现得十分活跃,如我国南方的佛道教寺观,尽力地发挥着自己的优势,扩展着经营的社会涵盖面。

一、南普陀寺收支情况分析

按佛教教义,寺院财产属于"三宝"。但在实际生活中,寺院经济又是以寺院为单位独立运行的,也就是说不同寺院的财产的实际支配者是具体的寺院僧人,统一的佛教协会对各寺院没有经济支配权利,也没有对属下的财力援助义务。各寺院的经济是独立存在的,寺院经济属于僧众群体的集体经济。寺院经济的经营管理程序,体现着寺院集体所有制经济的经营管理特征。寺院的经济管理活动分为事务管理和财务管理,每一具体经营部门都有僧人具体负责领导。财务管理则完全采用现代的企业财务管理制度,设会计、出纳,收支两条线。

据厦门南普陀寺慈善事业基金会 2001 年度财务报告:厦门南普陀寺慈善事业基金会 2001 年度财务总结由慈善事业基金会及所辖南普陀寺佛经赠送处、流通处和义诊院共四个部分组成。2001 年度资产总额为人民币 583.26 万元(其中固定资产 91.51 万元),所有者权益 409.13 万元,负债 174.13 万元。[①]

2001 年度收支规模:

总收入:478.75 万元,比 2000 年增加 34.77 万元,增长 7.83%;总支出:467.92 万元,比 2000 年增支 5.76 万元,增长

---

① 厦门南普陀寺慈善事业基金会编:《慈善》2001 年刊,第 97—98 页。

1.25%；本年结余：10.83 万元，比 2000 年增加 29.01 万元。2001 年度收支结余总额：年初结余：440.20 万元；本年结余：10.83 万元；年末结余：541.03 万元。参见下面收支明细表。

南普陀寺收支明细表　　　　单位：人民币元

收入项目	本期数	本期累计数	支出项目	本期数	本期累计数
一、捐赠收入	36283.90	951168.27	一、捐赠支出	162550.00	1454930.50
慈善捐款	36283.90	951168.27	慈善救济	152550.00	1444930.50
专项捐款			慈善捐赠	10000.00	10000.00
捐赠义诊			二、教育支出	103050.00	1641362.60
资助教育			佛教希望工程	103050.00	1641362.60
二、会费收入	46320.00	1523580.00	社会教育		
三、法会收入		356740.00	三、会员费用	29120.00	116856.00
四、下级上缴	18400.00	288400.00	四、管理费用	30520.64	346540.68
五、其他收入	183.20	28058.59	工薪	12595.00	180705.00
外币收入	183.20	28058.59	邮电费	1083.02	27597.85
其他			差旅费		37196.70
			办公费	231.20	12086.50
			交通费	1273.00	15430.00
			宣传费	772.10	8091.50
			接待费	250.00	1895.80
			维修保养	14322.44	31941.85
			财务费用	-1262.12	-7223.02
			其他	1256.00	38818.50
			五、固定资产购置		
合计	101187.10	3147946.86	合计	325240.64	3559689.78

财务收支情况如下：

收入状况：主要由会费收入（占 31.82%）、捐赠收入（占 16.84%）、流通处收入（占 11.89%）等部分组成。捐赠收入、会费收入在时间分布趋势上集中在第一季度（占全年 60.5%），并呈现逐季下降的势态；印购经收入在时间分布趋势呈现逐季上升势态；流通处商品销售收入在时间分布趋势上集中在第四季度（占全年 30.68%）。

参见：南普陀寺 2001 年度基金会收入情况表：

南普陀寺 2001 年度基金会收入情况　　　　　单位：元

收入项目	第一季度	第二季度	第三季度	第四季度	全 年
一、基金会收入	1902474.33	40933.00	439790.60	396351.93	3147946.86
1.捐赠收入	442370.37	176977.70	172540.80	159279.40	951168.27
2.会费收入	1054910.00	178890.00	154540.00	135240.00	1523580.00
3.法会收入	356740.00				356740.00
4.下级上缴收入	40000.00	50000.00	90000.00	108400.00	288400.00
5.其他收入	8453.96	3462.30	22709.80	-6567.47	28058.59
二、赠送处收入	245731.02	170553.50	262559.83	270653.61	949497.96
1.印购经书	196368.61	144974.00	226822.60	238078.90	806244.11
2.放生护生	47170.00	24465.60	33559.20	38037.00	143231.80
3.其他收入	2192.41	1113.90	2178.03	-5462.29	22.05
4.录音录像					
三、流通处收入	134266.60	126416.80	133885.90	174635.90	569205.20
1.销售收入	134266.60	126416.80	133885.90	147635.90	569205.20
2.营业外收入					
四、义诊院收入	21173.60	32517.50	32740.80	34473.00	120904.90
1.销售收入	21173.60	32517.50	32740.80	34473.00	120904.90
五、上年结余					4402005.26
总计	2303645.55	738817.80	868977.13	876114.44	9189560.18

（注：编制单位：南普陀寺慈善基金会　2001 年 12 月 31 日）

支出状况：主要由希望工程支出（占 35.08%）、资助孤寡病残特困户支出（占 31.09%）、印购经书支出（占 13.2%）三大部分组成。资助孤寡病残特困户支出在时间分布趋势上集中在第四季度（占全年的 32.25%）；希望工程在时间分布趋势上集中在第二、四季度（占全年的 65.22%）、印购经书支出在时间分布趋势上集中在第三季度（占全年的 31.1%）。

参见：南普陀寺 2001 年度基金会支出情况表：

南普陀寺 2001 年度基金会支出情况表　　单位：元

支出项目	第一季度	第二季度	第三季度	第四季度	全　年
一、基金会支出	776648.66	884862.01	728854.12	1169324.99	3559689.78
1. 捐赠支出	335696.80	321075.60	328945.30	469212.80	1454930.50
2. 教育支出	256452.60	492660.00	314400.00	577850.00	1641362.60
3. 会员费用	75000.00			41856.00	116856.00
4. 管理费用	109499.26	71126.41	85508.82	80406.19	346540.68
5. 固定资产购置					
二、赠送处支出	161365.84	151703.51	204276.26	133461.07	650606.68
1. 印购经书	150000.00	147300.48	192104.27	128400.00	617804.75
2. 放生护生	11407.00	4984.00	12327.70	6284.50	35003.20
3. 管理费用	-41.16	-580.97	-355.70	-1223.43	-2201.27
4. 录音录像					
三、流通处支出	69335.47	61363.61	71651.50	114672.60	317023.18
1. 销售成本	47660.77	45021.64	57225.00	86722.95	236630.36
2. 经营费用	21824.50	14487.10	14734.50	13899.40	64945.50
3. 营业外支出					

第八章 社会主义条件下的寺观经济形态　213

续表

支出项目	第一季度	第二季度	第三季度	第四季度	全　年
4. 管理费用	-149.80	1854.87	-308.00	14050.25	15447.32
四、义诊院支出	34857.85	38213.79	39024.60	39779.76	151876.00
1. 销售成本	15677.40	25189.63	23793.72	26407.55	91068.30
2. 经营费用	18184.20	12925.77	15057.50	13373.80	5541.28
3. 营业外支出	997.82				997.82
4. 管理费用	-1.57	98.39	173.30	-1.60	268.60
五．本年结余					4510364.54
总计	1042207.82	1136142.92	1043606.48	1457238.42	9189560.18

（注：编制单位：南普陀寺慈善基金会　2001年12月31日）

　　基金会本年度总体收支状况是支大于收，全年总收入314.79万元，总支出355.97万元。总收入比2000年度增加20.03万元，增长6.8%，其中捐赠收入比2000年度增加8.93万元，增长10.37%；法会收入比2000年度增加6.86万元，增长23.82%；流通处上缴款比2000年度增加3.84万元，增长15.36%。总支出比2000年度增加35.76万元，增长11.17%，其中资助孤寡病残特困户支出比2000年度增加51.01万元，增长53.99%；希望工程支出比2000年度减少20.48万元，下降11.09%；会员费用比2000年度增加3.58万元，增长44.26%。本年度慈善救济款比上年度有较大幅度的提高，增加了51.01万元，增长53.99%。[1]

　　参见南普陀寺2001年度基金会对照表

---

[1]　厦门南普陀寺慈善事业基金会编：《慈善》2001年刊，第97—98页。

表一　南普陀寺2001年度收支对照表　　单位：元

收入项目	2000年	2001年	(+)、(-)	%
一、基金会收入	2947650.70	3147946.86	200296.16	6.8%
1.捐赠收入	861837.60	951168.27	89330.67	10.37%
2.会费收入	1487690.00	1523580.00	35890.00	2.41%
3.法会收入	288119.00	356740.00	68621.00	23.82%
4.下级上缴收入	25000.00	288400.00	38400.00	15.36%
5.其他收入	60004.10	28058.59	-31945.51	-53.24%
二、赠送处收入	891924.79	949497.96	57573.17	6.45%
1.印购收入	754550.60	806244.11	51693.51	6.85%
2.放生收入	130322.00	143231.80	12909.80	9.90%
3.其他收入	7027.19	22.05	-7005.14	-99.68%
4.录像收入	25.00		-25.00	-100.00%
总计	3839575.49	4097444.82	257869.33	6.72%

表二

支出项目	2000年	2001年	(+)、(-)	%
一、基金会支出	3202104.09	3559689.78	357585.69	11.17%
1.捐赠支出	944785.83	1454930.50	510144.67	53.99%
2.教育支出	1846161.00	1641362.60	-204798.40	-11.09%
3.会员费用	81004.00	116856.00	35852.00	44.26%
4.管理费用	317328.26	346540.68	29212.42	9.20%
5.固定资产购置	12825.00		-12825.00	-100.00%
二、赠送处之处	683170.23	650606.68	-32563.55	-4.76%
1.印购经书	622141.10	617804.75	-4336.35	-0.70%

续表

支出项目	2000年	2001年	(+)、(-)	%
2. 放生护生	59184.90	35003.20	-24181.70	-40.86%
3. 管理费用	1844.23	-2201.27	-4045.50	-219.36%
4. 录音录像				
总计	3885274.32	4210296.46	325022.14	8.37%

（注：编制单位：南普陀寺慈善基金会　2001年12月31日）

南普陀寺的寺院经济收支情况非常详细具体，在寺观经济中具有典型作用，也说明我国当代寺观经济在逐步走向规范化、市场化、社会化，充分说明通过寺观经济的各种活动，不仅能够获得"自养"，同时还可以把富余的财富用于社会公益事业，从而真正实现佛道教所倡导的"取之于民，用之于民"的宗旨。同时还表明当前寺观经济在支出方面的价值取向仍倾向于传统，即弘扬佛法，普度众生，而参与人间"净土"的必要物质基础建设投资方面甚少。

南普陀寺收支情况显示：佛寺自身消费是有限的，佛寺往往受宗教教义"利乐有情"、"普度众生"的影响，通过一些慈善活动，把财富反馈于社会，这样就对寺院所获得的财富进行了再分配，因而可以说，寺院起到了社会财富"蓄水池"的作用。很显然，寺院经济的这个独特功能，是世俗经济所不可能具有的，这也正好体现了寺院经济的特色。另一方面，寺院经济在具体经营形式上，主要仿效社会世俗经济的现有形式，因而，从生产经营形式上，也与世俗经济有着一致性。特别是现代宗教，由于受到现代化与世俗化的强烈冲击，正逐渐在改变寺院经济这种自我封闭循环的经济运行模式，寺院经济也越来越多地主动参与到世俗经济的领域之中，如商业、旅游业等其他服务业，甚至与世俗经济相伴而行。

二、"内循环,外环寺"的寺观经济特征

新中国成立后,我国宗教界推行了"三自"方针,佛道教寺观经济由于普遍都展开的"自养"活动,由此体现的经济模式,本书称之为"内循环,外环寺"的寺观经济模式。

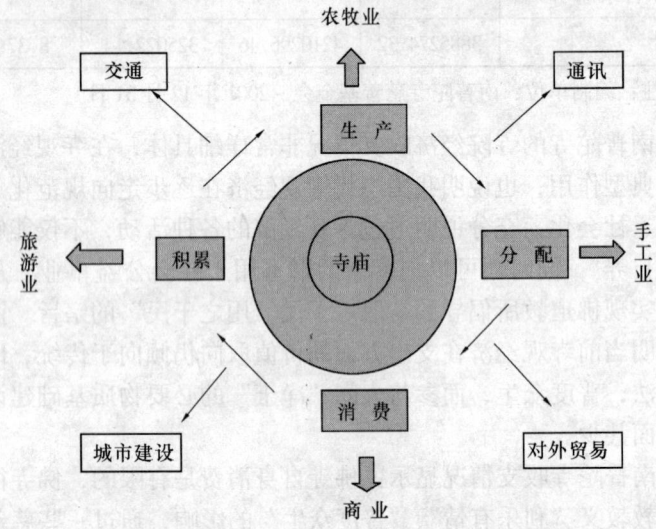

以寺庙为中心"内循环、外环寺"示意图①

里圈:以寺庙为核心。
中圈:内循环相对封闭,相互关联,对内依存度高。
外圈:外辐射绝对开放,相互独立,对外依存度高。

"内循环"体现了佛道教寺观的"自养"。新中国建立后,在党的宗教信仰自由政策的保护下,我国各个宗教的寺庙经济都在国家许可的范围下得到正常发展。佛道教寺观经济的存在是为了实现宗教的自治、自传,各寺观普遍都从事经济活动,并且形成

---

① 拉灿专为"内循环、外环寺"寺观经济模式设计的示意图。

了具有宗教色彩的各种产业，它们是佛道教寺观实现"自养"的最佳途径。许多佛寺、道观都有很好的经济基础和经济资源，不仅完全实现"自养"，其产业涉及农业、牧业、手工业、商业、旅游业等，产业形式丰富，经营方式独特。

"外环寺"主要是指由于佛道教寺观本身的名气加影响，对寺观所在地、市、省的经济影响。如佛教四大名山，道教著名五岳，皆因佛道教寺观的影响，闻名于海内外。由此形成"环寺效应"。如五台山，目前寺庙周围的经济类型主要以旅游服务业为主，经营类型有出租房屋、销售旅游纪念品、食品、生活用品，商业摊点共有 800 余家，主要是寺庙周围农村群众进行经营。近几年，五台山的各级政府深深认识到借助佛教文化，大力发展佛教文化经济的重要性，一个五台山的佛教寺庙，带来的是寺庙周围及辐射更远的地区的经济增长。五台山县政府已认识到，虽然五台山的自然风光旖旎秀丽，但因为受自然条件的影响，自然风景旅游不可能作为五台山旅游的主要支柱。五台山的旅游景区还是要靠佛教文化的影响来带动。我国佛教的许多寺院在自身实现"自养"后，也常常向社会开展一些社会公益活动。其结果也是使佛道教及其寺观的影响更大。

佛道教寺观经济有着强烈的宗教性、地域性和产业性特征。在"以寺养寺、自给自养"方针的指导下，不同寺院受各自传统习惯的影响，以及接受和理解国家的方针、政策的差异，寺院经济发展的起步或迟或早，发展的速度快慢不等，是有很大的差别的。不同的地区不同寺院之间也很不平衡。如我国东部沿海地区与西部内陆地区佛道教寺观经济差别是很大的，基本上形成了都市佛道教寺观经济与山林佛道教寺观经济的差别。就是在同一地区寺院经济都还有区别。如五台山的寺庙经济，据调查资料显示：在五台山，经行政管理部门正式登记发证的寺庙和活动场所共 43 座（处），从总体情况看，门票收入约占寺庙收入的 1/3。但根据寺院所处的位置、寺院宗派的不同等具体情况，各座寺院的门票收藏占寺院收入的比重不尽相同，主要有以下几种情况：一是有的寺院的收入全部来自于游客的香火钱和布施，不卖门票，门票收入占寺院收入的比重为零，如五爷庙、普化寺等就属于这种情况；二是有的寺庙由于宗派不同，参观的游客较少，游客捐赠的布施也较少，因此寺庙的收入80%来源于门票，如菩萨顶就属于这种情况；三是有的寺庙因为所处的位置和知名度的原因，寺庙收入很少，门票收入更是微不足道，基本没有，僧人的日常生活都依赖于其他寺庙的供给，如海会庵、三泉寺、寿宁寺等就属于这种情况。

但总的来看，多数佛道教寺观经济呈现出完全能够"自养"的良好态势。本着"农禅并举"、"商禅并举"、"工禅并举"的佛教经济观，处于不同地区的寺院在产业选择上坚持因地制宜，发扬优势的原则，宜农则农，宜牧则牧，宜商则商，以一业为主，多种经营。

宗教是一个相当可观的社会资源。在当前中国巨大的社会福利慈善需要，以及有限的政府资源的情况下，社会资源无疑应当被吸纳和鼓励参与到这个社会工程中来。正是在这个意义上，宗教作为一种社会资源被需要，而且随着社会的成熟发展以及政策的进一步完善，寺观"自养"能力的增强，其更大范围地参与社会慈善公益事业的可能也会将随之增加。

三、"内循环"的寺观经济体制

所谓"内循环"是指寺观僧侣打破守旧的思想观念，通过自身兴办经济实体而获取经济收入，形成内部"经营与消费"的自我循环的经济形式。经营范围包括：门票收入、宗教收入（如开光、念经）、产业收入等，消费支出包括：寺观日常维修、修桥补路、抗灾救灾、捐资助教等公益事业。

寺观经济与世俗经济有许多不同的特征，但又与世俗经济有着一定的联系。寺观经济与世俗经济最大的不同在于寺观经济具有明显的宗教性,在历史上往往受到统治阶级的利用和扶持,一般在国家和社会的保护与支持下发展。因为宗教没有向社会提供服务的义务,主要是满足自身的需要,而社会也没有向寺观索取的权利。因此,寺观经济实际上是一种相对封闭,不主动参与世俗经济的"生产、经营、分配、消费"环节的自我封闭循环的经济运行机制。归纳起来,这种"内循环"模式具体体现在以下方面:

(一)生产型的寺观经济模式

即其经济结构是以生产活动为主,兼营其他经济实体的经济活动模式。这类寺院一般离城较远,处在适宜生产条件的地理环境,生产方式因生产条件不同而有较大差异。主要包括种植业、畜牧业、采集业、加工业等。目前,这种类型的寺院经济在我国边远地区中的寺观是比较典型的,但其生产产品主要是维持自养,盈利性不明显,规模也不是太大,寺院的产业型经营,与世俗的产业型经营还是有很大的区别,其产业与产品大都与佛道教有关,带有明显的宗教性。

1987年甘南藏区部分寺院经济生产型模式与收入　　(单位:元)

项目 寺名	生产型				
	农牧业	林业	采集业	加工业	藏药生产
拉卜楞				87334	69370
格尔登	500		25000	4000	15000
查理	1500	6000	12400	3500	500
郎依	2320		12000		
多旦	1000		6400		
上安		7920			
古雷	34000				

资料来源:东噶仓·才让加:《我国现阶段的社会主义环境与藏族寺院经济》,载《西北民族学院学报》(哲学社会科学版),1992年第4期。

（二）流通型寺院经济的模式

即在其经济结构中以流通领域的营销活动为主，兼营其他经济实体的经济活动模式。这类寺院一般处在公路沿线、城镇附近，适宜流通领域内进行营销活动的地理环境。经营方式因营销条件不同而略有差异，主要包括商业、运输业、旅游业等。特别是地理位置优越，信息较为灵通的大中型寺院，往往借寺院是宗教活动的场所，民间信仰的中心，能吸引众多游客和无数信众的特殊优势，一些寺观甚至从事着集客运、商店、旅店、服务业为一体的多类型的营销活动。如上海的玉佛寺、龙华寺，宁波的七塔寺，北京的雍和宫，上海的城隍庙、北京的白云观等。

1987 年甘南藏区寺院经济流通型模式与收入　　（单位：元）

项目 寺 名	流 通 型			
	商 业	运输业	旅游业	印刷及经营
拉卜楞寺	132413	3877	57628	305752
格尔登	25000	40000		
查 理	12000	10000		
郎 依		8000		
多 旦		10000		
上 安				
古 雷				

资料来源：东噶仓·才让加：《我国现阶段的社会主义环境与藏族寺院经济》，载《西北民族学院学报》（哲学社会科学版），1992 年第 4 期。

（三）消费型的寺观经济模式

即经济结构中以收取广大信教群众的布施为主，设有或兼营小型经济实体的经济活动模式。这类寺院一般处在交通闭塞、地处偏僻、文化落后的地理环境，主要以收取布施来维持寺僧的经济生活和宗教性消费。现阶段的寺院布施和化缘虽然不以直接的政治和经济剥削为目的，但布施和化缘仍然是某些寺观经济的主要来源，而且交通越闭塞，文化越落后，僧侣人口就越增长。而僧侣人口的增多，又要求寺院规模的扩大和生活性、宗教性消费的增长，从而寺观收取布施和化缘的现象越来越多，甚至成为信教大众的一种经济负担，影响着广大群众的经济生活和社会再生产过程的顺利进行。

据笔者亲自调查，改革开放以来，随着宗教信仰自由政策的逐步落实，四川省范围内的重点寺观积极贯彻"自养"方针，在当地政府和有关部门的支持、帮助下，绝大多数寺观都根据各自的传统和特长，因教因地制宜、因陋就简地兴办了一些与当地经济建设和人民群众生活密切相关的生产、服务和社会公益事业，特别是地处旅游风景区的佛道教寺观，都利用天然地理优势，围绕旅游业开展一些服务性工作，在经济上普遍都实现了"自养"。这些寺观大多保持了"农禅并重、以庙养庙、以庙供僧"的自养活动，收到了较好的效果。目前四川成都市佛道教开放的活动场所"自养"面达到50—80％。

据调查，目前四川省佛道教寺观开展"自养"主要有以下几种类型：

（1）宗教团体直接经营的企事业。这类自养企事业由于受到资金、设备、技术等方面的条件限制，一般规模较小，主要集中在服务性行业，也有开办小型企业的，经济收益不太高。

（2）以佛道教宗教活动场所经营管理，宗教团体提留形式开展的自养企事业。比较典型的是成都市青羊宫。

（3）佛道教寺观民主管理委员会独立自办的自养企事业。比较典型的是成都文殊院、宝光寺。

（4）以承包或合营的方式举办的自养企事业。如青城山洞天乳酒厂除生产洞天乳酒外，还根据酿酒原材料的季节特点，又开发矿泉水生产项目，不仅有个小规模的生产线，还与一家运输公司联合成立了青城山道家益寿矿泉水饮料公司，联办的矿泉水厂每年给道协 10 万元基数分红。

三、"外环寺"的寺院经济模式

所谓"外环寺"主要是指寺院及其僧侣的经济思想和行为产生的影响作用，目前正成为刺激和影响寺院所在地及广大信仰佛道教的群众改变其保守封闭思想和行为的动力，从而影响和带动了区域经济和民族经济的发展。

历史上，寺观就有使其所在地经济繁华、社会稳定的作用。这是因为，寺观本身就有这种辐射功能。新中国建立以后，佛道教作为一种社会现象，和其他任何事物一样，为了适应社会制度的深刻变化，随着时间、条件的变化也起了变化。在爱国宗教界人士和信教群众的推动下，佛道教都走上了独立自主自办的各自道路，形成了具有佛道教特色的寺观经济实体，并且在一定程度和范围内对于促进寺观所在地区的经济发展具有一定的作用。特别是改革开放以后，党和政府加快了落实宗教政策的进程，恢复了许多寺观庙宇等宗教场所，客观上以传统文化吸引旅游者，振兴了当地的经济，活跃了当地的市场。如位于南京市北京东路北极阁附近的鸡鸣山上的鸡鸣寺建于晋代，距今已有 1400 年以上的历史。鸡鸣寺供奉观世音菩萨，每年二月十九、六月十九、九月十九是观音菩萨的生日、出家日、成道日，统称观音节，历史上每到这时候，鸡鸣山总是人山人海、水泄不通。鸡鸣寺所在地的南京市政府，积极抓住这个有利资源，与市佛教协会出资共同修缮鸡鸣寺，使鸡鸣寺每月两次的庙会，又兴盛起来，每当庙会期间，沿途总是热闹非凡，店铺林立，提供和创造了很多的就业机会，并且繁荣了社区经济。这种因寺庙的存在，从而带动和影响寺庙所在地区经济的发展，是我国寺庙经济的一种特殊作用，也是一种普遍现象。

这种"外环寺"影响在藏区更大,如西藏著名的八廓街,最初它只是一条环绕大昭寺的普通街道,后来成为朝圣者的转经路,如今这里已是西藏最著名的转经道和拉萨的旅行商业中心。它集宗教街、观光街、民俗街、文化街、商业街和购物街于一身。这里店铺林立,流动的货摊超过千家,临街的房子几乎都是商店,经营大小各异的转经筒、藏袍、藏刀、生动拙朴的宗教器具等各式日用品,还有从印度和尼泊尔远道而来的各种商品,以及传统的唐卡绘画和手绢藏毯的精品,是拉萨每天客流量最大的地方,这都是因为环绕大昭寺的结果。而类似的还有塔尔寺、拉卡楞寺等,因寺院影响而带来经济的发展,已是一种客观的现实。下面拉卜楞寺的例子可以做更好地说明。

拉卜楞寺是我国藏传佛教格鲁派六大寺院之一,坐落在夏河县城的西端。寺院占地1000多亩,于清康熙四十八年(1709年)由第一世嘉木样俄项宗哲创建,全名为"尕旦夏知布达尔吉扎西伊苏旗委琅",简称"拉章扎西旗",康藏地区又称"安多扎西郭莽"。历经二百七十余年的兴建、翻修、扩建,研究显密教义学院均已次第完成,重要的佛殿也先后建成,成为一个具有六大学院,通称四大赛赤,八大堪布,十八囊欠(实际不止此数)和号称3600个僧众,108个寺属(不止此数)的大寺院。十八世纪后半叶,随着藏传佛教在拉卜楞地区的迅速发展,依附于寺院的塔哇(差役)住户日渐增多,在其附近形成村落,同时出现了作为商品交易市场的"丛拉"(意为集市贸易),从此,万民趋向,商贾辐辏,成为安多藏区政治、经济、文化中心和物资交流的集散之地。拉卜楞寺院前的丛拉上,每天都进行贸易活动。如遇宗教法会,更是香客云集。由于内地商品到此地能获得厚利,所以在旧时代,商业一度比较发达。民国时期,夏河县城据说有800商户。资本在10万元以上的占40%,多为青海、临夏之官绅经营;

资本在10万元之下者甚多，约有130余户。上述商人经营有粮食、茶叶、瓷器、杂货等20余个行业。资本最大的是皮毛商，其次是杂货商。藏族商人多经营佛教用品和妇女装饰品。拉卜楞丛拉上的商业经营品种单调而集中。1939年商品购进出口商品如大米、面粉、小米等占总购进的47.6%；茶、烟、酒等占32%；布匹、绸缎占11.5%；纸张、玩具、药品、果类及日用杂品占8.7%。由于拉卜楞寺是甘、川边界羊毛收购的主要市场，所以羊毛输出量较大，1936年输出量为60多万公斤。[①]

像在藏区这样的地方，地广人稀、交通不便、商品经济极不发达的外界条件下，寺院作为一个宗教、文化和经济的地域中心，所从事生产、商贸、运输及其他服务业，对于推动藏区商品生产、流通，活跃城乡市场产生了特殊的效果。

事实证明，宗教是能够与社会主义相适应的，但这种适应并不是自然而然、一蹴而蹴的事，需要团结广大宗教界人士和信教群众为实现我国经济建设和社会发展做出共同努力：首先，要最大限度地把各种宗教活动引到社会主义现代化建设的轨道上来。其次，也要尊重和引导各种爱国宗教团体的经济活动，使其朝着有利于社会主义经济建设的方向发展。第三，要鼓励和支持各级爱国宗教团体和寺观教堂兴办生产和服务事业，主要是发展第三产业，逐步实现自养，减轻国家负担，同时为社会创造财富；利用各宗教的国际联系，积极为引进资金、技术和人才牵线搭桥；大力开发寺庙旅游资源，发展旅游事业，举办社会公益慈善事业等等，使宗教工作更好地为社会主义现代化建设服务。

从总体上说，佛道教团体兴办经济实体，是我国佛道教界适应社会主义市场经济的需要，也是紧随社会进步的明智举措，受

[①] 甘肃省夏河县志编纂委员会编：《夏河县志》，第523页，甘肃文化出版社，1999年版。

到了党和政府以及广大信教群众的鼓励和支持。佛道教团体所兴办的经济实体,一方面有利于宗教界增强自己的经济实力,另一方面也扩大了就业渠道,缓解了社会矛盾,有利于社会安定和政治稳定,甚至还可以抵制敌对分子利用经济支援进行的渗透活动。

总之,当代中国寺观经济现象的存在,说明了我国贯彻落实宗教信仰自由政策的合理性和正确性,寺观经济的发展,不仅实现了我国各宗教的"自养",使宗教成为人们单纯的精神信仰的场所,同时寺观经济还发挥其他经济功能的作用。首先,振兴了寺观所在地的旅游业的发展,而任何旅游业都有"一业兴百业"之功效,由于开展寺观旅游业,往往促进寺观所在地的商品生产和销售以及各种服务业的发展。随着我国经济建设的飞速发展,劳动生产力得到进一步解放的同时,剩余劳动力也会出现。由寺观开办的各类公司,正好可以解决一部分人就业,因此也可以说,各寺观在实现其"自养"的同时,也为国家的经济建设投入了一份力量。宗教界在经济建设中发挥积极作用表现方式也是多种多样的;它可以通过讲道,弘扬宗教教义、宗教教规、宗教道德的积极因素,为经济建设创造相对稳定的社会环境,最充分地调动广大信教群众建设社会主义的积极性;它可以以宗教为纽带,从海外引进资金、技术、项目、人才,从而有利于我国的经济建设;它可以通过对宗教文化资源的搜集、整理、开发、利用,促进我国旅游业及其他相关产业的发展,进而带动地方经济的发展。因此,积极参加我国社会主义经济建设,是宗教为构建社会主义和谐社会服务的一个重要途径。

第九章　当代汉传佛教寺院"自养"经济

新中国成立后，佛教逐渐获得了新生，在政治上废除了封建特权和剥削压迫制度，在经济上有了自己的空间。在20世纪50年代进行社会主义改造运动中，农禅并重、自立自传自养成为各寺院的主要潮流，但"文革"的冲击中断了寺院经济这一历史转型。十一届三中全会以后，拨乱反正，宗教信仰自由政策得以恢复，佛教寺院经济有了新的发展，从发展趋势来看，普遍都有从传统意义的"农禅并重"向市场商业化的转变。但佛教寺院经济的发展，从总体上都是以"自养"为目的，并且是在政府有关"自养"政策的保护和监督下进行的，这也是佛教寺院经济与其他经济形态的重要区别。

第一节　多种形式的"自养"经济

当代汉传佛教寺院经济的经营形式与历史上相比，不再是以农业种植为主要形式，在社会主义市场经济体制下，伴随着社会经济的发展，寺院经济的形式也是多样的，呈现出农、工、商、贸、旅游并举的局面，公益服务业已成为各寺院经济的主要形式，物质资料生产的经营项目较少，只有少量的农牧业和手工业。1997年11月15日，中国"五方五佛"之一的无锡太湖灵山大佛落成开光，来自世界各地的近10万名信众和游客专程前来参加仪式，车流绵延达20余公里。普陀山风景名胜区近年来年接待游客超过150万余人次，创造了连续15年接待游客超100

万人次的好成绩。杭州灵隐寺 3 年里扩大 15 倍,除夕夜灵隐寺门票高达 200 元。

一、寺院农业及加工业

在南北朝以至隋唐时期,寺院经济的核心仍是农业。新中国成立后,我国广泛地开展了土地改革运动,彻底地消灭了汉传佛教寺院的封建剥削制度。就占有田产而言,土地改革后,田租不复存在。但寺院农业经营形式仍然存在,在一些城郊地区还是主要形式。通过土地改革,农村佛教徒分得一部分土地,开展生产自养。许多寺院普遍开展多种经营,扩植果树,广种蔬菜,开荒种茶。如 1963 年,湖南南岳道教徒同佛教徒在南岳广济寺附近,开拓荒山 100 余亩,栽上茶秧,建立了"广济寺茶场",为生活"自养"打了基础。20 世纪 60 年代之后,南岳佛道教徒均由国家供应粮食。他们的收入除仍有一部分园林劳动收入外,主要依靠旅游接待服务收入和功德奉献。

汉传佛教寺院普遍实行"农禅并重"制度,进行生产劳动,特别是山区的一些寺院,经济收入的主要来源为农林业。如福建的山区寺院大多拥有山林土地,僧尼日常以农业、林业生产为主,通过劳动生产达到经济上的自养。有些寺院还兼办一些小型的、专门生产宗教用品或香烛的工厂。福安县有一个万寿寺,他们办了制香厂,产品不仅满足了本地佛教信徒的需要,而且还出口海外,解决了自给自足的问题。但是城市中的汉传佛教寺院,由于没有田地,农业的经营基本消失,主要以发展商业、旅游业为主。

二、寺院商业

汉传佛教寺院的商业历史悠久,魏晋南北朝时,正是汉传佛教寺院地主经济兴起与成熟的时期,也是寺院商业兴起并逐渐发达时期,在这种商贸发达的背景下,寺院凭借强大的经济基础,势所必然参与其中。早期的寺院庙宇,常常坐落在市场附近或城乡商业最繁华的街道上,而且这些寺院的建筑规模宏大,可容万人者比比皆是。当时不少寺院的所在地就是热闹的市场,如"东京相国寺,僧房散处,中庭两院,可容万人,凡商旅交易,皆萃其中,四方有趣京师,以货物求市者,必由于此。"[①]《洛阳伽蓝记》载永宁寺:"僧房楼观,一千余间",永明寺也是"房庑连亘,一千余间"。这种情况就自然使寺院成为当时南来北往和中西交通的商旅要冲,因而大大便利了寺院经营的商铺、邸店、质库开展的经营活动。寺院本身也经营商业,许多僧尼,名为沙门,实为商贾。僧人往往和行商居贾,"或商旅博易,与众人争利"。[②] 寺院本身积极参与商业经营。隋时汉传佛教寺院商业已十分兴盛,富商大贾,遍于天下。唐时,长安外廓城共有109坊,其中77坊设有寺观,约占全部里坊60%。寺观分布,主要就是在外廓城的北而面,即当时长安城人口最集中、经济最繁华的地方。寺院建在集市附近,其有关的宗教活动如庙会等,以及寺院本身也参与商贸活动,更进一步促进集市繁荣,商贸发达。从元、明、清至民国,寺院经商是汉传佛教寺院经济的一种重要形式,也是其寺院收入的重要途径,只是汉传佛教在这几个朝代受到朝廷的重视程度已远远不及以前的朝代,其经商内容和范围受到很大的局限。

新中国建立后,特别是在改革开放以后,各地汉传佛教寺院逐步转移到了以旅游、接待和香资收入为主要经济来源"自养"途径上来。在名胜风景区,各寺院均设有招待所,从事各种公益服务,如工艺品店、经书流通部、书画销售部、素食餐厅、小卖

---

① 《燕翼贻谋录》卷2。
② 《弘明集》载晋释道恒:《释驳论》。

部、茶社等多个铺子和摊点,寺院门口还出售自己生产的香烛,从而把游客、香客的消费吸引到寺观内来,力图通过自己出售的东西,就能满足他们的需要。如长沙市著名古刹麓山寺,自1985年元月1日起,交由佛教僧人管理。由僧人发起组织的"长沙市麓山寺服务部"经营副食品、茶水、旅游纪念品,供给游客的需要,同时出售门票,为旅行游览事业服务,经济效益较好,这一年共收入人民币约7万元,同时也为出家佛教徒实现"以寺养寺"、"自食其力"开辟了新途径。1987年7月1日,开福寺基本修复以后,出售门票,正式成立了"长沙开福寺服务部",流通佛教书籍、经营旅游纪念品,每年收入约3万元。[1]再如成都昭觉寺和宝光寺均为国内外知名的旅游名胜,也都适时宜地地办起了冷饮店、停车场等服务项目,受到游客的欢迎,使之成了寺院的较稳定的收入渠道。事实上,像这样的服务部,在全国各大寺院均有设置,成为各寺院经济收入的稳定来源之一,既实现了以寺养寺,自食其力的要求,又使寺观生活水平日益提高。

有些著名的汉传佛教寺院所在地或附近往往还形成与佛教有关的商业街,如九华街就是九华山山间盆地中的一个小市镇,是安徽青阳县九华山上佛寺集中之处,附近有近二十座寺庵和七座佛塔,这些佛寺外观上与皖南民宅风格一致,浑为一体。这是九华山佛教建筑的一大特色。九华街上热闹非凡,街市十分繁荣。寺院、民宅、商店、旅馆交错为邻,沿街成排的小摊出售各式佛珠、佛像、香烛等物。这里的快餐小店和餐馆中的"素食"尤为出名。此处是上山的香客、游人云集之所。

从各汉传佛教寺院"自养"经营的活动可看出它们大都体现

---

[1] 湖南省地方志编纂委员会编:《湖南省志》第27卷,第239页,湖南人民出版社,1999年版。

了"农禅并重"、"商禅并重"的传统。

一是经营活动范围一般不超出寺院范围。

二是经营项目符合佛教传统规诫和习惯。如不能在寺院经营电影、录像、舞会等娱乐服务项目，餐饮服务不沾荤腥等。

三是经营区的建筑、设施等与寺院风貌协调一致。

这样，对当前汉传佛教寺院经济的服务对象的界限就比较明确了。即寺院经济活动的服务对象几乎是以到寺院朝拜或参观的群体为唯一对象。如素餐厅、茶园、香蜡、书刊等都主要是面向信徒和参观者。招待所一般也不对俗界开放。香蜡是信徒朝拜佛寺的必需品。书刊则以佛道教经籍为主。小卖部也主要经营与佛道教相关的工艺品或一些游客喜欢的素食糕点、糖果等。

寺院向社会提供的非宗教经济服务，方便了信教群众和喜欢文化旅游的群众在精神消费过程中所必须的物质需求，因此，有一定的积极意义。这样，一方面赢得了汉传佛教寺院"自养"和继续发展经济的资金，同时也增加了当地政府和有关部门的收入，用之于文化教育和社会福利事业。

三、寺院旅游业

中国佛教的佛寺殿堂、石窟艺术、佛塔建筑、佛教绘画、佛教音乐以及佛教名山、名刹，都是我国传统文化旅游资源的瑰宝。山和寺似乎特别有缘，著名的大寺院大多建在风景秀丽的名山之中，正所谓"天下名山僧占多"。而由此使这些地方有着重要的旅游价值。改革开放以来，汉传佛教寺院大多数均以其寺院景观和文物优势开发了旅游业。有的寺院开设了宾馆、饭庄、茶室、冷饮部，成为综合性小社会。还恢复了传统的庙会市场。它们共同构成了我国特有的旅游景观和资源，吸引着四方游客纷至沓来。

（一）园林风光

在我国园林文化中，佛寺园林有其特殊的地位和特色，其中佛教寺院的园林风景更为僧侣、文人所赞许。佛寺殿阁僧舍及环境的建筑与布局在佛教中是十分考究的，佛寺往往被建成一个既可供信众烧香拜佛，又可供游人游览观光的园林。在世俗人看来佛寺园林即为现世之"净土世界"。尤其是对在城市中无山无水的佛寺来讲，僧侣们则在寺院中，叠石为山，凿池引水，营造人工山水，加上寺院建筑和广植名贵花木，造些园林小景，在城市中呈现出一片园林风光。佛寺园林追求的是空静境界，这是佛教教义的需要。我国大批城镇佛寺在建筑时，十分注意营造一个具有城市山林特点的幽静环境。如当代上海佛教寺院的建造，仍然有着园林特色，成为香客和游人的好去处，像建造在上海淀山湖边的报国寺，可谓"借得淀山一湖水，潮音梵音胜普陀"。市区的龙华寺、玉佛寺、静安寺、沉香阁和真如寺均以其悠久的历史、古老的建筑风貌而成为"城市园林"。

(二) 石窟艺术

佛教自传入我国，经过与中国传统思想的相互冲击、融合，逐渐发展成为一种中国化的宗教，深刻地影响了中国社会的政治、经济、文化、艺术。中国佛教在传播和发展过程中创造出了辉煌灿烂的佛教文化艺术，留下了许多的佛教文化艺术遗产。这些文化遗产已成为我国发展旅游业的重要资源，作为一种典型的人文旅游资源，佛教文化景观正在以其鲜明的特色、较高的文化品位和独特的意境吸引着越来越多的游人。以石窟艺术来说，中国是世界上佛教石窟艺术最为繁荣和发达的国家，石窟开凿时间之长、分布之广、数量之众，规模之大为世人所瞩目，任何国家都不能比拟，甚至包括佛教及佛教艺术的故乡印度在内。近年来著名的石窟都成为众多游人参观、朝拜的对象，成为推动中国旅游业发展的重要旅游资源。如敦煌莫高窟，这座世界上最大的佛教艺术宝库，为人类保存了具有高度价值的文化艺术遗产，它对很多游客都具有强烈的震撼力,古往今来不知有多少人怀着热切、虔敬的心情去朝拜这座神圣殿堂。今天,它已成为敦煌市发展旅游业、建设旅游大市的重要资源。

(三)名山名庙

"有山便有庙",我国佛教四大名山中的五台山佛教寺庙众多,最多时达300多座,现存58座,在四大佛教名山中保存最多,也最完整。这些寺庙,建筑设计壮观古朴,殿宇雕刻精巧优美,是我国佛教古建筑艺术的宝库。每年的5—8月份正是游五台山的最佳季节。峨眉山则以"天下秀"而著称于世。作为普贤菩萨道场,近2000年的佛教发展历程,给峨眉山留下了丰富的佛教文化遗产,造就了许多高僧大德,使峨眉山成为中国乃至世界有影响的佛教圣地。1996年,峨眉山——乐山大佛以"世界自然文化双重遗产"的身份列入《世界遗产名录》。而有"海天佛国"的普陀山则是一处著名的国家级风景名胜区。由于观音信仰在我国流传最为广泛,所以普陀山上寺院庵堂的香火一直都很鼎盛,一年四季朝香拜佛的人络绎不绝。而被誉为"莲花佛国"的九华山也是一处以灿烂的佛教文化和奇丽的自然景观为特色的、著名的国家级风景名胜区,吸引着四方的信徒和游人。

九华山位于安徽省南部青阳县境内,主峰海拔1342米,面积120平方公里。九华山是国家级山岳型风景区。据古书记载,唐朝开元七年(公元719年),新罗国(今韩国)高僧金乔觉渡海来华,慕九华山秀色,在此苦行修炼,99岁圆寂后,被僧徒尊为地藏王菩萨,九华山即成为地藏王道场,从此香火兴盛,渐成佛教圣地。九华山现在有寺庙94座。其中全国重点寺庙就有9座,佛像6800多尊,700多名僧尼散居山林。秀美的自然景观与千所佛教道场融于一山,被称为"莲花佛国"。九华山保存完好的2000余件文物中,唐代贝叶经、明万历版大藏经、明代血经等百件文物为稀世珍宝。

从总体上看，汉传佛教寺院，不仅可以是宗教活动的场所，还有许多名胜古迹，它们集古建筑、园林、雕塑、碑碣、文艺、书画、楹联、题咏、中医、武术、气功和佛事活动于一体。它们又大多又坐落在风景名胜区，闹中有静，静中有景，参观游览、烧香拜佛的人络绎不绝，它们都有着很高的文化价值和游览价值。汉传佛教寺院之所以能发挥其积极而独特的作用，主要原因是：

其一，寺院是传统文化的载体和见证。汉传佛教有着2000多年左右的发展历史。过去，以寺院为中心、以宗教为蕴涵的各种庙会如期举行，成为社会安宁、经济富庶的真实写照。游寺院、逛庙会，更成为中国民众文化娱乐的重要内容。如今，庄严的禅院，既是传统文化的载体，也是历史发展的见证。

其二，汉传佛教寺院是中国建筑艺术的活化石。在上千年的历史发展中，来自异域的佛教形成了自己独特的寺院建筑风格，亭台楼阁，飞檐斗角，雕梁画栋，古树奇木，极具鲜明的宗教和民族特色。所以风格各异的汉传佛教寺院建筑本身也是吸引游人的重要因素，一座座雄伟壮观的汉传佛教寺院就是中国建筑艺术的活化石，向世人充分展示了中国的建筑艺术和建筑文化。

其三，汉传佛教寺院是各种宗教要素的集合地。旅游使人们增进知识，了解各种文化。中国民众并不缺少宗教意识和宗教观念，但宗教信仰者只占人群中的少数。对于广大的非宗教信仰者来说，了解汉传佛教寺院及寺院里的一切，如宗教造像、宗教服饰、宗教音乐、宗教法器、宗教仪式等，也都是他们学习和了解中国文化的一个良好的机会。古朴的建筑，优美的音乐，庄严的神像，神秘的仪式，常常引得无数游人流连忘返。寺院旅游，满足了广大世人对于宗教的好奇心和求知欲。

其四，汉传佛教寺院还是现代人精神的休憩处。宗教场所是神圣庄严、不可轻慢之地。步入宗教场所，总给人以严肃身心之感。特别是对于那些久居尘世、颇感身心疲惫的世俗之人来说，宁静的、安详的、新奇的寺观，为他们提供了清静休闲、修身养性的绝佳空间，同时，在大多数情形下，人们往往也会祈求冥冥之中的神灵保佑他们取得人世间的功名利禄、平安幸福。

正因为如此，汉传佛教寺院旅游业成为当代寺院经济的重要形式。近年来随着人民生活水平的不断提高，文化生活需求上升，寺院旅游热逐年高涨。旅游业的发展带来了大量的经济收入，有的寺院仅门票一项收入就很丰厚，此外，旅游还促进了寺院内服务项目的发展，茶水、点心、素食部、纪念品乃至不同水平的招待住宿等，经济收益也颇为可观。由此可见，汉传佛教寺院旅游业是各寺院实现"自养"的重要途径，不仅带动本寺院第三产业的发展，也是寺院所在地区经济发展的重要推动力量。

四、各种宗教活动收入

随着汉传佛教寺院经济的发展，寺院和僧人具有一定的经济实力。而经济实力雄厚的汉传佛教寺院往往更可以凭借其自身的影响，通过各种宗教活动获得收入。最为明显的就是香火、经忏等宗教活动的收入。如在沿海、闽南地区的一些佛教寺院，每年都能获得丰厚的宗教活动收入。佛教在沿海地区的民间流传极广，有着广泛的群众基础，因此众多的寺院香火都很旺盛，经忏佛事活动较多，在闽南地区尤其如此。一些重要的寺院每月都有固定的香期，每逢香期，便有大量的佛教信众前来烧香礼拜，进行宗教活动。平时来寺院烧香礼佛的信众很多，因而香火和佛事活动的收入也不少。如闽南名刹南普陀寺，每年回收的香灰就可卖数万元，可见香火之盛。

布施收入本来就是汉传佛教寺院经济和僧侣生活的重要来源之一，在长沙自在庵，每年举行"佛七法会"两次，选择佛菩萨诞辰期间进行，遍请经常往来于寺院做客的男女居士和上层佛教僧侣赴寺吃斋。奉斋以后，就请其布施，每年可收 600 元左右。功德和佛事收入普遍为寺观所共有。各寺观功德收入数量和功德收入在寺观总收入中的比例很不一样。如川西广元市的佛光寺的收入主要是功德收入，年均约 60 万元，主要靠净天法师在国内外讲经而得。因此，功德收入于佛光寺的存在有特别的意义。绵阳罗汉寺的情况与此基本相同，寺院建设费用、僧人所用粮油、燃料均靠信徒布施。广元皇泽寺月功德现金收入约 1000 元，各种粮油蔬菜布施收入折合人民币约 1000 元。数量不大，但在皇泽寺的总收入中所占比例达 40%。[1]

寺院的非宗教产业活动往往带有浓厚的寺院特征，这就是"禅"味。如南京栖霞寺出售该寺的钟声成为寺观经济的一种新的商业形式。从 2002 年开始，南京市民可以购买栖霞寺元旦的钟声。作为首次尝试，2003 年的栖霞寺新年的撞钟活动采取了市场化手段运营，每个钟声售出 666—1008 元等不同的价格。据悉，栖霞寺新年的撞钟活动已经成为南京冬季的旅游品牌。以往的撞钟，都是由政府指定的部门、单位的代表人选担任，而今，愿意掏钱的市民和单位都可以成为敲钟人，108 下钟声将完全放开。钟声因为各自的位序和含义不同而售价不一。据介绍，逢数字重叠的钟声，如第 11 下、第 22 下、第 66 下等，为 888 元；逢 8 的钟声，其价码则最高，为 1008 元，这个价码的钟声还有第 1 下和最后 1 下。其余的加减普遍的位序则一概为 666 元[2]。寺院借此也获得较丰厚的收入。

自落实宗教政策以来，许多汉传佛教寺院得到重新修建。大量的修建资金来源于信徒们的捐赠，其中来自海外的捐款数量尤

---

[1] 王光龙：《川西九座汉传佛教寺院经济现状分析》（上），载《当代宗教研究》，1996 年第 2 期。

[2] 见《南京栖霞寺钟声可出售》，载《北京晨报》，2002 年 12 月 3 日。

多。据估计，福建由海外华侨和侨僧捐用于寺院修建的款项，已达人民币一亿多元。一些寺院如福州的西禅寺、莆田的广化寺、泉州的承天寺等，都是在遭到严重破坏以后重新修复起来的，所费巨大，主要来自海外的捐赠。日益壮大开拓的寺院经济，保证和促进了佛教的稳固发展。[1]

总之，功德收入是符合佛教教义的。佛道教均认为善有善报、恶有恶报。向沙门布施则是最重要的善行之一。功德收入是佛教教义的重要主张，为各派所共许，也是汉传佛教寺院自古及今的固定收入。通过寺院经济各种途径的发展，各寺院往往都可获得各种收入，实现其"自养"，这是新中国成立后，我国宗教改革取得的巨大成功，也说明国家实施宗教信仰自由政策的正确性。

第二节 寺院"自养"经济的意义与问题及调整

汉传佛教寺院"自养"经济现象的存在，说明了我国贯彻落实宗教信仰自由政策的合理性和正确性，寺院经济的发展，不仅实现了我国各宗教的"自养"，使宗教成为人们单纯的精神信仰的场所，同时寺院经济还发挥其经济功能的作用，解决了自身的经济基础。

一、寺院"自养"经济的积极意义

佛教寺院以自办自养为目的的经济活动在一定程度上减轻了信教群众的负担，克服了宗教单纯依靠施舍及政府救济的缺陷，同时，在一定程度上还促进了寺院所在地及县、市和省的经济发

---

[1] 业露华：《开放浪潮中的中国佛教》，载《当代宗教研究》，1993年第1期。

展。同时，对于优秀文化的弘扬，对文物的保护以及维护社会秩序和良好的社会风气等都起到了很好的作用。

一是振兴了寺院所在地的旅游业的发展，任何旅游业都有"一业兴百业"之功效，由于开展寺院旅游业，往往促寺院所在地的商品生产和销售以及各种服务业的发展。这一点在各大佛教名山及著名寺院都有很好地体现，并且成为当地经济发展的一支重要力量。

二是积累了资金，通过各种慈善事业增强了扶贫济难的能力，自从宗教组织参与市场经济活动之后，都普遍增强了自己的经济实力。近年来，佛教寺院慈善事业机构不断增多，筹集的社会资金量也在不断增长，从事慈善领域也在不断扩大，获得救助的社会弱势群体的涵盖面日益扩大。体现了佛教所倡导的"以善为本"，"善有善报"等宗教观念，更有助于人们提高自身修养，改善人们所有的不道德观念，这也是宗教所具有的独特的教化功能。特别是佛教的社会公益事业，体现了佛教教义"利乐有情"的宗旨。这对于整合利益结构，化解社会矛盾，协调社会关系，稳定社会秩序起到了重要作用。

三是涌现了一批懂管理，擅长发展经济的知识僧人。随着寺院经济规模的不断扩大，许多寺院都有自己的各种实业，不少僧人成为懂经济的能人，这不仅利于寺院解决自养，许多寺院甚至已积蓄了相当强的经济实力。

四是解决了一些待业人员的就业问题。随着我国经济建设的飞速发展，劳动生产力得到进一步解放的同时，剩余劳动力也会出现。由寺院开办的各类公司，正好可以解决一部分人就业，因此也可以说，各寺院在实现其"自养"的同时，也为国家的经济建设投入了一份力量。

四是促进寺院之间的竞争。佛教教义认为多施功德多得福报，而功德大小在很大程度上取决于物质财富的多寡。对于汉传佛教寺院来说，各寺院独立经营、独立核算、自负盈亏，就意味着各寺院功德的大小主要取决于各寺院独立支配的财富量的大小。因此，各寺院为了多做功德，为了佛法的济世利人，必须扩大自身实力。从经济学的角度看，寺院之间由此必然展开竞争，并独善其身。

二、寺院"自养"中存在的问题

当然，在市场经济体制下，尤其是在新旧体制转轨交替中所出现的某种消极现象，也必然会反映在寺院经济中，宗教思想也有与社会主义经济建设不适应的地方，如佛教的传统避利性，不利于社会主义市场经济的发展，佛教传统追求的是超现世，不以追求现世利益为主要目的，这些都能影响人们进行正当的经济活动；长期形成的宗教保守性在社会主义市场经济发展中起到一定的消极影响，有些寺院内部经济管理比较混乱，等等。这些问题的解决，关键还在于加强引导和管理。

另外，改革开放以后，在市场经济条件下，政府各部门受利益驱动，阻碍了政府文物部门、园林部门与宗教部门和佛教协会之间沟通、协调工作，众多应当交给佛教界管理并开放为佛教活动场所的寺院，现在仍然由非宗教部门管理、使用，使这些寺院无法发挥其本身所具有的宗教教化和宗教服务功能，如目前普遍存在对于佛教四大名山的管理体制不顺、佛教名山功能错位、门票价格奇高、商业游戏在佛教清净道场称王称霸的问题。在当今经济大潮的时代，这些宝贵资源变成了少数人、少数部门追逐经济利益的场所，这是目前存在的比较明显的问题，有待于进一步理顺和完善。

某些地方的寺庙发展失控，滥建寺院、乱收僧尼现象突出。一些寺院游离于佛协之外自行其是。寺院新建项目多，规模大，投资大不一定都是好事情。宗教旅游项目开发风险小、回报高，在旅游界和宗教界的共同推动下，近年来在全国范围内兴起了修寺庙建佛像的热潮。已有的宗教建筑被修复、扩建，新的宗教项目纷纷涌现，大打宗教牌。宗教旅游项目开发建设热潮不断升级，出现了追求大规模、大投入、追求轰动效应的新趋势。自然资源的大量开发使用，环境遭到严重破坏，必然会遭到大自然对人类的惩罚。

寺院经济的管理过程基本上是仿效世俗经济的管理决策模式，使其表现为一种特殊的行业经济形式。当然它们也有自身的宗教特征，如支出方式，分配形式，劳动力来源等方面都受到了宗教教义的强烈制约。在此方面，寺院经济将如何变化还很难预料。但目前，一些寺院随着经济实力的逐渐增强，贪污腐化现象也时有发生，个人供养制与僧人多劳与传统教义不准多得的矛盾，僧人之间也存在的心理不平衡的矛盾，不利于寺院经济的稳步扩大。

近几年随着人们生活水平的提高，佛教活动给老百姓带来的经济负担又出现了增加的苗头，这主要是由于富裕起来的人们在佛教活动中出现了攀比的现象，而且佛教活动也有愈加频繁的势头，这给普通的民众带来了不必要的经济负担，影响了当地的经济增长。

三、新世纪寺院"自养"的调整

新世纪新阶段，具有悠久历史和优良传统的中国佛教，既面临新的机遇，也面临新的挑战。

各级部门应高度重视管理和完善宗教工作，尽快建立和完善相应的规章制度，处理好与宗教界的关系。积极帮助寺院发挥优势，克服劣势，开创在社会主义市场经济条件下的新局面。为此，国务院宗教事务局多次提出，宗教可以从四个方面，去实现与体现为经济工作服务。第一，通过思想工作使信教群众在本职岗位上做好工作；第二，帮助信教群众脱贫致富；第三，推动宗教团体和寺观教堂搞好自养；第四，力所能及地利用宗教界的优势，为"三引进"（引进资金，引进技术，引进人才）牵线搭桥。在此机制的设计下，当代中国宗教界参与经济活动已经在全国不少地方经济生活中占据了一席之地。[①]

中国佛教界应当善于抓住机遇，锐意进取，开创中国佛教的新局面。

第一，认清中国佛教存在和发展的环境、空间，把握时代的潮流和脉搏，推动佛教与时俱进。当今的世界，虽然和平和发展仍是占据主流的两大课题，然而在不少地方还存在着局部战争、灾荒，弥漫全球的环境污染、自然生态失衡等也严重影响人类的正常发展。在国内，全国各族人民正在同心协力全面建设小康社会。佛教要适应时代和社会，应当对国内外环境和形势、党和国家的宗教政策、法规，加以了解和认识，推动佛教与时俱进。

第二，贯彻以人为本的精神，大力弘扬与社会主义社会相适应的人间佛教。人间佛教的思想是上世纪高僧大德为适应近代中国社会转型的形势提出来的，后来不断得到发展。在中国实行改革开放的新形势下，中国佛教协会前会长赵朴初居士发出继承中国佛教农禅并重、学术研究和开展国际学术交流三大优良传统，倡导人间佛教思想，引导佛教与社会主义社会相适应的号召，得到全体中国佛教徒的热烈响应。对中国佛教在新时期的全面恢复和迅速发展起到了重大推进作用。当然，人间佛教的理论必须随着社会实践的深入而进一步加以充实和丰富，从而为"庄严国土，利乐有情"作出更大贡献。

第三，进一步加强佛教自身建设，提高四众素质。1993年

[①] 赵匡为、李革：《关于宗教界参与经济活动问题的一些思考》，载《当代宗教研究》，1993年第4期。

赵朴初前会长在中国佛教协会第六届全国代表会议上所作的《中国佛教协会四十年》报告中郑重指出:"加强佛教自身建设,就是加强信仰建设、道风建设、教制建设、人才建设、组织建设。这五个方面,信仰建设是核心,道风建设是根本,人才建设是关键,教制建设是基础,组织建设是保证。"必须坚持不懈抓好这五个建设,使佛教永远拥有健康的肌体和活力,以适应时代不断向前发展。在当前和今后一个时期内,尤其应当重点抓好道风建设和人才建设这两项工作。

第四,加强寺院管理,保持清净庄严,纯正道风学风。寺院管理是提高佛教整体素质的基础。在寺院管理工作中,应当认真抓好寺院的财产管理和人事管理。寺院财产来自十方檀越的信施,是发展佛教事业、弘法利生的物质基础,必须遵循佛教戒律和丛林清规,借鉴现代管理方法,理顺体制,健全制度,规范管理,合理使用。寺院财产除保证寺院日常生活外,应主要用于发展佛教事业和弘法利生,必须防止和制止教内外少数人利用职权,滥用、占用或挥霍寺院资财的现象,保持寺院清净庄严、廉洁节俭的本色。汉传佛教寺院丛林制度是在民主改革后建立起来的管理体制,符合时代要求,必须继续执行。

第十章　当代藏传佛教寺院"自养"经济

新中国建立以后，我国各主要信仰藏传佛教的地区（主要是青藏高原藏族地区）纷纷都经历了民主改革和社会主义改造，建立了社会主义制度，在党的宗教信仰自由政策的指引下，各寺院在"自养"政策的规定下，展开了在社会主义制度条件下的寺院经济活动，寺院经济的性质发生了巨大的变化，走上了与社会主义社会相适应的新型寺院经济的道路。

第一节　"自养"经济的必然性

新中国建立后，藏传佛教寺院经济的经营方式发生了质的变化，在社会主义条件下的广大宗教界人士已是劳动人民的组成部分，寺院僧侣遵循"以寺养寺，农禅并重"的原则，从事宗教和经济活动。在生产和经营上发挥寺院经济小型多样、简便易行、灵活分散的特点，参与社会经济的各个方面，彻底改变了过去那种靠剥削或是供养为生的传统观念，使其成为自食其力的劳动者，通过自己的劳动使寺院经济向有利于其发展的方向发展。但是，这种寺院经济的发展并非是盲目的、任意自行的发展，而是在国家政策和法令法规许可的范围内发展。即国家通过行政管理和经济管理的办法，对其提供良好的市场机会和减免税政策，调整寺院经济的结构，引导和帮助寺院经济沿着社会主义市场经济的正确方向发展,更好地发挥它的作用①。

因此,社会主义市场经济条件下的寺院经济是公有制经济的一种补充形式,如何使寺院经济与藏区市场经济相统一,是新时期藏区经济发展研究的新课题,它关系到能否改变其靠布施养寺的传统观念和特权思想。它的发展关系到深入贯彻党的民族宗教政策,关系到藏区是否能脱贫致富,藏传佛教与社会主义社会相适应等重要问题。

一、寺院经济存在的各种根源

在新的社会主义制度下,藏区寺院经济产生的历史必然性就是我国实行宗教信仰自由政策,它是寺院经济存在和发展的依据和保障。同时藏区寺院经济还存在着各种根源,这就说明,当代寺院经济的产生和发展在藏区都是不可避免的。

首先,新型寺院经济是国家宗教信仰自由政策下的必然产物。藏传佛教在藏族地区具有广泛深刻的群众性和鲜明的民族性,所以对藏传佛教,中国共产党一贯采取十分慎重的态度。1956年10月中国佛教协会西藏分会成立,这是西藏宗教界人士自己组织学习和贯彻执行党的宗教信仰自由政策的重要团体。群众的宗教节日和寺庙的宗教活动也都得到保护。

在民主改革后,藏区全面贯彻执行宗教信仰自由政策,保障公民享有信教自由,并且开放寺院,允许僧侣开展正常的宗教活动。20世纪60年代初中期,藏区陆续开放一批重点寺院,被批准入寺的僧侣分到了土地、牲畜、农具等生产资料,在民主管理的基础上,寺院实行集体生产劳动,僧侣主要靠自食其力和少量的布施维持生活。出现了新型寺院经济的雏形和僧侣的生产劳动

---

① 东噶仓·才让加:《我国现阶段的社会主义环境与藏族寺院经济》,载《西北民族学院学报》(哲学社会科学版),1992年第4期。

制度。新型寺院经济的物质基础,首先来自于落实党的宗教政策而进行的财政赔偿,即国家对原寺院所有的除土地、草山以外的不动产,诸如寺院建筑、宗教器物、僧侣个人住宅和被没收的公私财物而付给的退赔补偿。其次是农村牧区原人民公社、生产大队、生产队无偿占用寺院公私财产的退赔,包括寺院的房产、牲畜、寺院周围原寺院所属的小块草场、经济林、菜园等,一律归还给寺院经营。第三是信教群众给寺院的布施,包括现金、牲畜、谷物、建筑材料及其他宗教设施物等。以上三种经济来源奠定了新型寺院经济的基础。①

十一届三中全会以后,随着国家宗教政策的全面落实,信仰藏传佛教群众又充分享受有开展正常的宗教活动的自由,可按照宗教仪规在宗教活动场所或教徒自己家里进行一切正常的宗教活动:拜佛、诵经、烧香、祈祷、讲经、过节日等,一切正常的宗教活动完全由宗教组织、寺院和信教群众自理,受法律保护。1980年开始逐步恢复已中断多年的藏传佛教活佛转世制度,规定了活佛转世的范围。随着寺院的开放,寺院本身存在生存和发展的问题,为了不给国家和信教群众增加物质上的负担,宗教界提出了"以寺养寺"、"以劳养寺"的倡议,藏传佛教寺院也纷纷响应,新型寺院经济逐步形成。

其次,新型藏传佛教寺院经济存在着各种根源②。其一,经济根源。党的十一届三中全会以后,我国的经济形式产生了深刻的变化。与占主体地位的公有制经济同时并存的,还有城镇个体所有制经济、农村集体经济包产到户采取的个体经营、以雇工经

---

① 梅进才主编:《中国当代藏族寺院经济发展战略研究》,第18页,甘肃人民出版社,2000年版。
② 东噶仓·才让加:《我国现阶段的社会主义环境与藏族寺院经济》,载《西北民族学院学报》(哲学社科版),1992年第4期。

营为特征的少量私营经济等等。这种公有制占主导地位的前提下存在的一些劳动异化现象，为藏族寺院经济的产生提供了从事经济活动的机会。寺院以承包土地的方式经营农业、畜牧业和林业等，从事具有个体经济性质的商业、交通运输业以及其他公共服务业活动，甚至以雇工形式经营少量的农业和畜牧业等，从而获取寺院经济收入。如果没有这种劳动异化现象，即全社会内实行公有制经济，寺院也就没有这种从事经济活动的条件，寺院经济当然也无从谈起。所以我国现阶段实行的多种经济成分的格局，既为寺院创造了从事经济活动的机会，也为寺院创造了从事经济活动的条件，这是寺院经济产生的经济根源。其二，社会根源。恩格斯说："一切宗教不过是支配着人们的外部力量在人们头脑中幻想的反映，在这种反映中，人间的力量采取了超人间的力量形式。"[①] 这就是说，要完全消除支配人们生活的外部力量在人们头脑中的幻想，必然要有强大的社会生产力，建立相应的物质技术基础，去解释这种外部力量在人们头脑中的反映。然而，新中国建立以后藏区由于科学技术不够发达，生产力水平受到限制，人们利用自然力量和抗拒自然灾害的能力都比较差。农牧业生产在很大程度上还得靠天吃饭，依赖于大自然的"恩赐"。因而，人们往往对自然现象缺乏正确的认识，甚至把某些自然现象看作是一种神秘的支配人们生产和生活的异己力量。于是为了避免经济财产受到损失，或摆脱自身的危机，或求得"来世"的幸福，人们耗费一定的人力、物力和财力，对寺院大加投资，希望在宗教活动中寻求答案。这是寺院经济产生的社会根源。其三，心理根源。藏传佛教是有着悠久历史传统的意识形态，早在吐蕃王朝时期颇受统治阶级的宠信。以后历代统治阶级的大力提倡和支持，不断强化其对人民群众的影响，使藏传佛教这种意识形态

---

① 《马克思恩格斯全集》，第 3 卷，第 354 页。

渗透到藏区社会生产、生活等各个方面，支配着藏族人民的精神生活和社会生活，成为藏族人民独特的意识形态，一种意识形态不会随着旧制度的灭亡而立即消失。相反，随着宗教信仰自由政策的贯彻执行，人们按着旧有的传统意识，自觉或不自觉地与寺院发生经济关系，承担着宗教上的经济义务。这是寺院经济产生的心理根源。

这些根源的存在说明，新中国建立以后，虽然通过民主改革和社会主义改造，使藏区进入了社会主义社会，使藏传佛教具有了在社会主义条件下传播的社会主义性质，但这种社会性质并不说明，藏传佛教从此可以不在存在，恰恰相反，我国实行的宗教信仰自由政策正好反映了藏传佛教存在的必然性。经过民主改革，我国藏区普遍废除了"政教合一"的封建农奴制度，废除了宗教中的封建特权和压迫剥削制度，实行了政教分离的原则，建立了社会主义制度，为全面贯彻执行以宗教信仰自由为核心的各项宗教政策，也为藏传佛教逐步走上与社会主义社会相适应的道路，创造了条件，打下了坚实的基础。

二、是寺院自身开放和发展的需要

党的十一届三中全会后，党以马克思主义宗教理论为指导，全面落实了宗教信仰自由政策。然而随着寺院的不断开放，俗民子弟掀起了入寺热潮，一方面僧职人员和宗教活动日益增多，如西藏目前共计开放的寺院和其他宗教活动点达 1700 多处，住寺僧尼共约三万四千多人。在四川阿坝州偏僻的壤塘县夏炎村，1989 年入寺僧人 49 人，占全村总人口的 22%，占男性总数的 41%。[①] 较发达的阿坝州松潘县山巴村，1989 年在 98 户藏民中，

---

① 石硕、张建世：《藏传佛教寺庙与所在社区关系的个案分析》，载《西南民族学院学报》，1990 年第 4 期。

33户有子弟入寺（其中8户有2子入寺），寺僧41人，占男性总数的13.6%。① 据1988年初统计，四川阿坝州198座开放寺庙中，宗教职业人员11817名（年18岁以上且户口在本州者）。在20世纪80年代末，四川藏区，僧人约有45000名，占藏族总人口的5%，现在的人数还略有增加，他们中的除极少数外，其余均靠家庭及宗教活动供养，对藏区生产活动与经济生活形成新的冲击，因此，僧众的生存及寺院宗教活动所需的资金问题已迫在眉睫，信教群众的经济负担也相应增加，甚至影响到人民群众的物质生活。另一方面，经过数百、数千年的自然磨损，特别是文化大革命期间的破坏，藏传佛教寺院大都需要维修，就西藏来说，近十多年来，国家虽然先后拨出巨款维修寺庙。修复了甘丹寺、大昭寺、小昭寺、哲蚌寺、色拉寺、扎什伦布寺、萨迦南寺、白居寺、桑耶寺、夏鲁寺等著名的寺庙和举世闻名的布达拉宫。但若维修费用完全靠国家资助，无疑给国家和人民增加负担。为了减少国家和信教群众的经济负担，寺院开展"以寺养寺、自食其力"的"自养"活动已显得非常重要。

三、是与社会主义市场经济相适应的需要

发扬传统的"农禅并举"、"农商并举"的佛教经济思想，在社会主义条件下建立"以寺养寺"、"以劳养寺"的藏传佛教新型寺院经济是藏传佛教寺院经济本身与时俱进的一种体现。"自养"作用的一个简单事实即是寺院经济形成了新的源头，收入能够增加（较之"自养"前），如果寺院能够补贴僧人的部分生活费用，对于绝大多数藏民而言，便是一种直接的经济支持，寺僧家庭负担及藏民布施支出都将有所缓解，甚至国家财政拨款也可能予以

---

① 张建世、石硕：《藏传佛教寺庙与所在社区关系的个案调查》，载《西藏研究》，1992年第2期。

降低。

　　随着"养寺"的开展，藏区各寺院在"自养"活动中都取得了良好的效果，有些甚至成为当地经济发展的典型。如四川阿坝州利用其旅游资源较为发达的优势，以此作为突破口，特别是对坐落在交通要冲、风景名胜区的著名寺庙重点进行整理，改变寺容，开办一些为旅游服务的项目，使之成为具有民族文化和宗教特色的旅游点，同时又可作为供国内外宗教徒过宗教生活的场所。① 该州大部分寺庙根据自身条件和本地资源优势，开办了运输、商店、食堂、茶旅社、缝纫、藏医院、印刷、修理、伐木、挖药、烧砖瓦以及植树造林、护林放火、养畜等生产劳动项目。据阿坝、若尔盖、马尔康、红原、壤塘县的统计，1988年寺庙收入150多万元。阿坝县寺庙1981年为98万元（纯收入35万元），1987年140多万元，1988年112万余元。② 甘孜州随着自养活动的开展，先后有13个县的寺庙兴办了生产服务和社会公益事业。甘孜县在1986年有23个寺庙进行经营，占全县开放寺庙总数的65.7%。全州大约有寺庙开办的商店17家，汽车26辆，承包土地2513亩，养牛10343头、羊113只、马20匹。1986年寺庙自养总收入达300万元左右。③ 1990年，四川甘孜寺"自养"较为突出，年收入20多万元，农牧业占38.1%，商业运输占45.3%，宗教收入只占16.6%。④ 就四川藏区而言，至1990年，寺庙自养已初具规模，少数寺庙利润较丰，成为重要财源。

---

① 四川省民族事务委员会：《四川省藏传佛教工作的主要情况和今后意见》。
② 阿坝藏族羌族自治州宗教事务局：《积极、慎重地做好宗教工作》。
③ 甘孜藏族自治州宗教事务局：《作好藏传佛教的管理，为社会主义两个文明建设作贡献》。
④ 四川省民族事务委员会：《四川省藏传佛教工作的主要情况和今后意见》。

第二节 寺院"自养"经济的类型

新中国成立后,我国各宗教都废除了一切宗教特权,国家在宗教领域提出了"自治、自养、自传"的"三自"方针,藏传佛教寺院也不例外。因此,藏传佛教寺院的以寺养寺的"自养"活动实际上始于新中国成立之初。民主改革后,由于废除了封建压迫剥削制度,广大僧尼积极拥护"自养"原则,在坚持开展正常宗教活动的同时,积极从事农、牧、林、商等各种形式的生产活动,不少寺庙获得了可喜的成果。"文革"期间,寺院"自养"活动也受到巨大冲击。改革开放后,藏传佛教"以寺养寺"的"自养"活动又普遍展开。

新中国成立以后,藏传佛教寺院的"自养"活动,在我国青藏高原地区形成了独特的经济结构与模式。在新的时代,藏传佛教的宗教特权和剥削行为虽然被剥夺,但就其经济发展本身来说,仍具有某些方面的相对优势:其一,各个寺院都有自己传统的产业,已经形成较为雄厚的基础;其二,在人才方面,僧侣大都接受过基本的或更高层次的教育,容易接受新生事物;其三,寺院经济经过建国初期和改革开放后的积累,具有一定的经济实力……等等。这些使藏传佛教寺院的"自养"具备了很好的优势和条件。

作为藏区社会的一种特殊的经济实体,其经济结构基本上没有超越我国现阶段的社会经济结构,并且与社会各界发生着密切的经济联系。它与社会经济相区别的地方是寺院经济具有宗教活动的收入,而社会经济不可能具备这种收入。由于藏传佛教寺院在青藏高原地区既是宗教中心,又是商业中心,还是藏族文化中心,三者兼而有之的有利条件,由此形成了寺院农牧业、商业、加工业、旅游业、公益服务业的经济结构和寺院布施收入的构成，其收入来源大致可分为：旅游门票、停车场、旅馆、商店、摄影、游乐场、交通运输等收入；传统的手工工艺品特别是法器制作出售、经文的印刷出售、缝纫及僧鞋、僧帽制作出售收入；集体劳动土地耕作的收入；牲畜代牧取得的收入和宗教活动所获得的收入。以西藏三大寺之一——色拉寺为例，在现有条件下其开展了各种生产经营活动，不断探索出新时期寺院自养的路子，取得了良好的经济效益。色拉寺内有各种果树700余棵，牛180头，羊360只，还有菜地6亩，温室一处，猪181头，汽车3辆。还办有缝纫组、羊毛加工组，建立了文化室和医务室，办了疗养院。1992年该寺总收入86万元，其中布施40万元左右，印刷收入8万元左右，汽车收入52211.8元，果园收入12188元，商品收入25000元，饭馆收入34000元，牧业收入9911元，门票和拍照收入54445元，缝纫收入6000元，其他收入45700元。本年支出277768.60元，留公积金356000元，公益金8370元。[1] 在这一经济基础上，色拉寺不仅能维持诸如正常的佛事活动、维修旧房、增添一点新的法器和佛像，改善和提高僧人生活，而且每年的寺院经营范围进一步扩大，收入也不断增加。

四川阿坝州藏族羌族自治州的大部分寺院，根据自身条件和本地资源优势，开办了运输、商店、食堂、茶旅社、缝纫、藏医院、印刷、修理、伐木、挖药、烧砖瓦以及植树造林、护林防火、养畜等生产劳动项目。1987年，据四川阿坝州格尔登寺等32寺统计，在其经营项目总收入中，运输64000元，藏医15500元，[2]阿坝州格尔登寺1985年收入191000元。1986年开办有：汽

---

[1] 嘎·达哇才仁：《色拉寺的变迁》，载《中国西藏》，1995年第5期。

[2] 欧泽高、冉光荣主编：《四川藏区开发之路》，第396页，四川人民出版社，2000年版。

车运输，收入64000元；商店，收入65000远；挖药材，收入63000元；藏医院，收入12000元；砖瓦厂，收入1500元；金融利息，收入10000元；旅店，收入2020元；育林32亩，收入700元；修公路，收入4200元；木材加工，收入6000元；印刷佛经，收入5100元；饭店、理发店、缝纫店，收入33500元；总计267000元。1987年收入：牧业5000元，运输40000元，药材25000元，商业25000元，藏医院15000元，木材加工4000元，其他非经营收入（不计布施）30500元，共计144500元。① 阿坝县寺庙收入仅1981年为98万元（纯收35万元），1987年为140万元，1988年为112万余元。②

四川甘孜藏族自治州，随着"自养"活动的开展，先后有13个县的寺庙兴办了生产服务和社会公益事业。甘孜县在1986年有23个寺庙进行经营，占全县开放寺庙总数的65.7%。全州大约有寺庙开办的商店17家，汽车26辆，承包土地2513亩，养牛10343头、羊113只、马20匹。1986年寺庙自养总收入达300万元左右③。

随着各地藏传佛教寺院"自养"活动的展开，寺院经济结构日趋完善，形成以下几种形式：

一、寺院农牧业

这种经济结构是以生产活动为主，兼营其他经济实体的经济活动模式。这类寺院一般离城较远，处在适宜生产条件的地理环境，生产方式因生产条件不同而有较大差异。主要包括种植业、

---

① 《四川藏区寺院经济的特色及其功能》，载《民族论丛》，第10辑。
② 阿坝藏族羌族自治州宗教事务局：《积极、慎重地做好宗教工作》。
③ 甘孜藏族自治州宗教事务局：《做好藏传佛教的管理，为社会主义两个文明建设作贡献》。

畜牧业、采集业、加工业、藏医药生产等。目前，此类型的寺院经济在我国藏区中是比较典型的，但其生产产品主要是维持自养，盈利性不明显，规模也不是太大，即便是现在越来越引人注目的藏药生产，其产量与销量都是十分有限的。因而寺院的产业型经营与世俗的产业型经营还是有很大的区别，其产业与产品大都与藏传佛教有关，带有明显的宗教性。

农牧业仍是当代藏传佛教寺院经济的主体产业，目前我国牧区寺院都有草山、牲畜、耕地等开展农牧业生产的基本生产条件，主要包括耕地、牧场、林园等土地为媒介的经济业。改革开放后，寺院和其他农户一样实行农业生产承包责任制。实行承包后，对所承包的土地的经营，寺院有权自行决定生产方式、分配方式、管理方式和各种增产措施。藏区寺院充分利用现有条件，组织僧尼开展农牧业生产作为"以寺养寺、以劳养寺"的一项重要措施。在开展农牧业生产中，学习和运用先进科学技术和管理方法，积极开展科学种田，科学养殖，以市场为导向，努力发展高产、优质、高效农牧业生产，既增加了寺院收入，又对信教群众起到了引导和示范作用，并且大力开展了植树造林活动。

以四川藏区为例，甘孜县部分寺庙农业经营开展较好，下列1986年大金寺等10寺土地面积及产量数字：大金寺1500亩，190160斤；甘孜寺585亩，60000斤；严绕寺30亩，2000斤；尼莫觉姆30亩，2000斤；日绕寺18亩，2700斤；白利寺17亩，3000斤；白格寺15亩，2000斤；弄拉寺6亩，1200斤；桑珠寺6亩，300斤；亚格寺3亩，400斤。1990年甘孜寺种地1600亩，收青稞125000斤，纯收入10万余元。[①]

---

① 欧泽高、冉光荣主编：《四川藏区开发之路》，第398、394页，四川人民出版社，2000年版。

但是藏区寺院的土地经营方式单一，原则上是自营，收获全归寺院。从总体上说，藏区寺院所占农业耕地是非常有限的，由于寺庙所占土地较少，甚至没有土地，寺院农业生产开展受到限制。如四川藏区德格县57座寺院、点、堂基本无土地。四川甘孜县50%的寺院也无土地。

因藏传佛教处于青藏高原地区，所以许多寺院"自养"都具有发展畜牧业的较好条件。如1987年阿坝县32座寺院共有牲畜1729头，收入24909元，平均每寺778元。格尔登寺收入较多，为5000元。甘孜县1986年有畜牧业的8座寺院，收入为：桑珠寺7850元，托拉寺7000元，东谷寺2250元，则色寺2700元，大金寺1585元，之书寺800元，白利寺900元，总计24536元。[①] 1990年，格尔底寺有牦牛200头，年收酥油2100斤（1990年价每斤5.5元）、奶渣640斤（每斤0.8元），共计12000元。[②] 由于畜产品为寺院生活及宗教仪式所必需，故均尽力发展牧业。但是也不是所有的寺院都拥有大量的牲畜。据四川德格县1987年6月统计，只有27个寺庙有牲畜，共计2200头。多者如本尼寺318头，竹庆寺、然姑寺各200头，少者如柯洛寺10头、巴觉寺6头。1986年甘孜县仅8寺有少量牧业收入。[③]

藏区寺院牲畜来源大致是：第一，群众布施；第二，寺庙贷款购买（僧人自食及佛事活动、点酥油灯之需）；第三，利润、布施或其他收入购买。经营方式大致有：第一，寺院自牧。如大金寺有牲畜118头，又有一定草场，由寺内5僧放

[①] 杨建吾：《藏传佛教寺庙经济的变化》，载《中国藏学》，1988年第4期。

[②] 欧泽高、冉光荣主编：《四川藏区开发之路》，第395页，四川人民出版社，2000年版。

[③] 欧泽高、冉光荣主编：《四川藏区开发之路》，第399页，四川人民出版社，2000年版。

牧。大多寺庙因无草场难以自牧。第二，交本寺僧家属代牧，自愿交酥油，一年10—30斤，仔畜归牧者，如母畜死亡，交一头角为凭冲销。有的寺则定有标准，如格尔底寺交10斤，尕米寺交12斤，甘孜寺交14斤。第三，请人代牧，年大约交酥油20斤，仔畜归代牧者，但母畜死亡要赔偿。第四，寺院与一家或几家牧民签订经营合同，一般为一年，少数为三年。合同期内，保证交纳寺院大型宗教活动所需的酥油等畜产品，期满后所有牲畜（包括新产仔畜）转交继任的合同户。第五，寺院雇人放牧。如德格县竹庆寺雇一牧民，每天供给伙食及工钱，畜产品全归寺院。[1] 必须说明的是，寺院雇人放牧、代牧等形式的牧业经营，与新中国建立前的寺院的剥削性质有着本质的区别，他们的关系是平等互利的。

二、寺院加工业

寺院也还有一些手工业、加工业、小型工业，它们在寺院经济中不占主导地位。藏传佛教是藏族文化的主体，因而寺院的许多手工业产品，既有很浓厚的宗教色彩，也无不渗透着藏族文化韵味。如塔尔寺的酥油花制作，闻名海内外的"热贡艺术"，还有各种佛像雕塑、唐卡，都具有很高的收藏价值、观赏价值，是室内外装饰的珍品，既可满足信教群众的宗教要求，又可以保障寺院经济相对稳定的市场。有的产品不仅在藏区畅销，还打入了国内甚至国际市场。所以寺院部分产业有一定的市场优势。寺院加工业是指寺院从事缝纫店、印刷店、压面店、榨油店、粉碎店、藏香店、雕刻店等具有加工业务的服务活动，多是寺院以自身条件为民服务、方便群众，以自身服

---

[1] 欧泽高、冉光荣主编：《四川藏区开发之路》，第399页，四川人民出版社，2000年版。

务求经济收入的一种经济活动①。所以其生产资料一般归寺院集体所有，并由寺院委派寺院僧侣从事经营活动和经营管理，经营成果归寺院集体所有，因而属于集体所有制性质。著名寺院一般也有能力兴办小型工业项目。如大金寺1984年承包本县仁科乡打火沟水电站，在有关部门技术人员指导下，运转正常，至1985年底，纯收入4000元。1987年底用44000元购买不锈钢水管，在格沙村抽地下水，除供应本寺用水之外，灌溉仁科等四村土地1200多亩，500多户的人畜饮水问题亦得解决。格尔底寺1991年国家拨款10万元，又低息贷款16万元，兴建75千瓦水电站一座。查理寺1986年便直接购买了原乡政府经营的小水电站。

三、寺院商业

经商仍是当代藏传佛教寺院经济发展的重点，也是寺院获取经济收入的主要来源。这种商业劳动收入是寺院通过正常的流通渠道，按照国家的物价政策，提供良好的服务而获得的。它对繁荣藏区市场，提高寺院经济收入起着重要的作用。如四川甘孜县35座开放寺院中，27座经商；德格县57座开放寺庙中，近一半经商。其原因：一是寺院有经商传统。如大金寺民主改革前贩运英印货物，康定、玉树、昌都、拉萨、重庆、上海乃至国外都设有商业网点。甘孜寺也在印度加尔各答设有商号。二是寺院缺乏土地、草场，难以发展农、牧业。三是客观上藏区地广人稀，兼之原有民族贸易的供销社系统由于种种因素而遭到严重削弱，有的地区商业网点已经消失，为群众生产生活带来极大不便，基于此，寺院自养多从经商开始，并为主

---

① 东噶仓·才让加：《我国现阶段的社会主义环境与藏族寺院经济》，载《西北民族学院学报》（哲学社会科学版），1992年第4期。

要经营业务。①

寺院发展商贸的主要手段是利用传统民族节日,进行多边贸易,开展物资交流,如每年一次的康定转山会、阿坝扎崇节等,寺院便成为无可替代的场所。值得一提的是寺院经济发展的产业是藏文化在原来的基础上的演进,其他行业、部门在这一方面缺乏竞争力,从而有效地占有了市场。如格尔登寺将本地工业用原材料、药材和土特产品销往内地的成都、广州、上海等城市,又将该地的棉布、丝绸及其他日用品转销西藏、甘、青和川西北地区,使其成为沟通城市与乡村、本地与外地的纽带,在整个藏区社会中起着特殊的作用。

下面是20世纪80年代末90年代以来四川藏区寺院经商的情况:

甘孜州甘孜寺有商店4家,一在甘孜县城,有流动资金35000元,4人经营;大金寺店,流动资金1500元,3人经营;西藏昌都店,流动资金12000元,2人经营;康定店,流动资金8000元,2人经营。②

甘孜寺现有甘孜县农贸市场铺面4套(9万多元),用以出租,三套月租金900元。在县城有房三栋,或出租或开店,年收入7000多元。在全寺中挑选6名僧人专门经商,年交回25000元。缝纫店一家,6人经营,平均月收入250元。运输,将寺汽车、翻斗车各一辆出租,年收入15000元。印刷,两印刷厂(一机械、一手工)年收入约30000元。商业、运输业年共可收入9万多元。③

---

① 杨建吾:《藏传佛教寺庙经济的变化》,载《中国藏学》,1988年第4期。
② 杨建吾:《藏传佛教寺庙经济的变化》,载《中国藏学》,1988年第4期。
③ 袁晓文:《甘孜县甘孜寺现状调查》,见四川藏学研究所:《四川藏区典型寺院及学校现状调查》,1992年。

阿坝州格尔底寺现有两个小卖部，经营食品（无烟、酒）、小百货及宗教用品，固定资产约1200元，流动资金1万元，由寺指定6僧经营，年利润2万余元。[①]

寺院商业经营表现了一定特色。如大金寺经商僧人年龄均在30岁—50岁，有较丰富的经商知识和处世经验。自备口粮，工资按赢利的1/10分配，约200元—800元。此外僧人对商店供给茶叶、食盐及少量酥油。每年年初、年中、年底总结三次，评选先进5人—6人，每人发给奖金80元。11个专门商僧基本上脱离宗教活动。大金寺商业经营还自定三不准：不准经营文物，不准经营金、银，不准经营枪支弹药。服务态度好，营业时间长，严格执行政府物价政策，在群众中有较好信誉，因此在与国营、集体所有制的商业竞争中，尚能处于不败之地。近几年该寺商业收入达33000元，上缴税利7000元—8000元。通过商业积累资金，其他活动也得以开展。[②]

农牧区寺院大都坐落信教群众比较聚集地区，在一定范围内处于中心地带，有条件开展集市贸易，形成寺院市场，发展民族贸易。

四、寺院旅游业

随着改革开放的发展，我国藏区寺院，已成为著名旅游圣地。藏区众多寺院拥有世界自然遗产和文化遗产，还有众多的世界级品牌，有较高的观赏和研究价值。寺院除风景普遍优美外，还拥有许多独具特色的文物及反映民俗风情的物品，有独特的人文景观可供游览，有珍奇的动植物资源，可供观赏。西

[①] 欧泽高、冉光荣主编：《四川藏区开发之路》，第395页，四川人民出版社，2000年版。

[②] 杨建吾：《藏传佛教寺庙经济的变化》，载《中国藏学》，1988年第4期。

藏布达拉宫文物馆的建成足以证明它的社会效益和经济效益的高度统一。而青海省塔尔寺既是信教群众朝拜的圣地，又是青海省重要的旅游景点，它带动了餐饮、旅店、商店等行业的大发展，而这些部门为国家提供的税收，也成了地方财政收入的重要组成部分。宗教用品、工艺品制造等行业解决了一定的社会就业问题。藏区六大寺院之一的甘肃拉卜楞寺，使夏河整个县城的各行各业都以寺院的朝圣拜佛旅游参观为依托而发展起来招来了客商，繁荣了经济。因此，寺院经济除其本身直接的社会作用，还辐射了一个地区，带动了寺院所在地区经济的发展。

寺院旅游经济的发展既减轻了信教群众的经济负担，克服了寺院依赖信教群众供养的弊端，又保存了文物古迹，增加了旅游的人文景观。以青海省乐都县瞿坛寺为例，该寺处于汉、藏、蒙古、土等民族杂居区，周围群众因文化教育事业相对发展较早、较快，因而宗教观念淡漠，很少有人给寺院布施，只是在习俗上偶然请僧人去念经时才给以微薄的布施。寺院也没有向群众摊派钱物的能力。但瞿坛寺的建筑特点，里面的文物，特别是壁画又极具观赏价值、文物价值，从而招来大批国内外游客。像这种寺院为国家保护文物，拨专款修缮外，僧人的生资来源主要依靠门票收入。该门票由寺院僧人和政府的文物管理所6：4分成，寺院年均可得1万元；出租房23间，年房租收入1万元；有林地8亩，在庙会期间，摊位费年均收入3000余元；游客给寺院的香火钱年收入3000余元；有牛48头，实行定额增殖承包制，由群众代牧，主要解决寺院僧人的食用问题，不出售。全寺年均稳定收入近3万元，全寺僧人13人，每人年均达2000余元，而寺院实际给每人500元~800元不等，其余部分用于宗教道场活动和寺院小型维修和必要的更新[①]。寺院依靠自身的能力，在保护文物方面发挥着重要的作用。

　　社会主义市场经济要求社会经济按照市场的供求关系配置社会资源，通过按市场机制配置社会资源的原则布局企（事）业经济实体，从而达到需求满足和企（事）业盈利的目的。现阶段，整个藏区的寺院经济无论是寺院经济结构形式，还是其发展速度上，都表现出量的增长趋势。随着藏区寺院经济"自养"活动的不断展开，寺院经济也探索出具有自身特色的经营模式。著名藏学家东噶仓·才让加撰文《藏族寺院经济的发展模式及对策建议》一文，以1987年拉卜楞寺经济状况为例，对藏区寺院经济的发展模式进行了有意义的探讨，一时给理论界展示了一个新的视角。

　　下面以甘肃省拉卜楞寺为例进行分析。拉卜楞寺是藏区寺院经济的一个典型案例。改革开放以后，拉卜楞寺办起了制香厂、印刷厂、制药厂、缝纫厂四个实体，200多工人均为僧侣，寺内开设五个小商店，拉卜楞镇市场上还有两个商店，包括租赁房子、旅游门票年收入共计人民币达200万元，不但实现了"以寺养寺"，而且还支援了地区经济建设，使财富取之于社会又服务于社会。[②] 拉卜楞寺的经营项目一般都保持在12个项目以内。（参见下表）

[①] 梅进才主编：《中国当代藏族寺院经济发展战略研究》，第144页，甘肃人民出版社，2000年版。

[②] 梅进才主编：《中国当代藏族寺院经济发展战略研究》，第129页，甘肃人民出版社，2000年版。

1987 年－1993 年拉卜楞寺院经济结构及收入对比表①

管理层次	经济实体	1987年收入	1993年收支 收入	1993年收支 支出	收入增减额
寺管会	机械印刷	154383.26	469292.40	258902.41	+314909.1
	木板印刷	151369.24	126443.46	55493.46	-24925.78
	藏医院	69370.33	123611.00	51628.87	+542440.67
	商店	93524.81	108260.21	35038.06	+14735.40
	藏戏队	1688.33	免费演出		
	藏香生产	72622.75	35166.73	14381.06	-37456.02
	饭馆	11683.32	15000.00		+3316.68
	服装加工	14771.65	9551.78	3859.97	-5219.87
	锯木厂	未办	2500.00		+2500.00
	旅店	27204.91	36338.19	4386.99	+9133.28
	运输业	3877.63	缺资料		
文管所	旅游门票	57628.75	166267.12	85942.14	+108638
	合计	658124.98	1092430.89	509632.96	+434305.91

1993年拉卜楞寺各类经济实体的收入总计为1,092,430.89元，其寺院民主管理委员会管理的各类经济实体的收入为926,163.77元，寺院文物管理所管理的门票收入为166,127.12元。从以上的列表中，我们可以从拉卜楞寺院所经营的典型产业项目中可以看出，寺院的经济结构呈现出多元化的趋势，正在从生产型、流通型、消费型向综合型转变，不仅如此，藏区许多寺院也

---

① 东噶仓·才让加：《藏族寺院经济的发展模式及对策建议》，载《西北民族学院学报》，1997年第2期，

都有相同的发展趋势，可以说明藏区寺院经济发展具有相同的趋势。

现在藏区寺院除对一些宗教文物和寺院建筑、国家和集体林园进行保护和维修外，还越来越多地兴办了大量的社会公益事业，随着国家对藏传佛教寺院各项政策的落实，寺院积极为社会主义物质文明和精神文明建设服务，为当地群众谋福利，在社会主义物质文明建设方面起到了积极作用。西藏南木林县达那寺活佛美晋曲英利用当地水利资源自筹资金24万元，当地政府支援7万元，修建了一水电站，该电站无偿地为200多户群众供电，解决了照明问题。该寺还利用自养收入购买东风汽车、北京吉普车、手扶拖拉机各一辆，农忙时寺院出动车辆替群众搞运输、打场，还经常免费送群众看病办事，以优惠的价格、方便的服务给群众加工清油、糌粑等①。卓凡寺为解决群众挑水困难，开山修路800米，坚持植树造林140多亩，修渠500多米灌溉树木，并修建公路5公里，为群众做好事，深得群众的称赞。再如青海塔尔寺仅1990至1997年间为我国南方发生水灾和支援当地牧区救灾、助学、办学，共计捐助引资达人民币1,562,330元。② 青海玉树州下赛巴寺多年来把佛教的"慈悲喜舍"、"普度众生"同为人民服务的宗旨协调起来，僧众自筹药材、自建房屋，创立了藏医诊疗所，免费为群众治病达数万余人次。捐助学资金2,100元。该寺活佛仁青才仁1998年从有关部门争取2万元乡村建设补助款后组织寺院和下赛巴村208名劳动投入修路工程，经过数月努力，修通了直达下赛巴村3公里的乡村公路，1997年争取

---

① 梅进才主编：《中国当代藏族寺院经济发展战略研究》，第122页，甘肃人民出版社，2000年版。

② 梅进才主编：《中国当代藏族寺院经济发展战略研究》，第123页，甘肃人民出版社，2000年版。

到加拿大基金会援助项目资金 13 万元，新建了一座村级小水电站并与歇武乡水电站并网，解决了用电问题，此外还购买了水管，铺设了 2,127 米管道，将山上的泉水引到农民家中，全村家家户户都用上了自来水。路、水、电三通，使该村彻底结束运物靠驮，吃水靠背，点灯靠油的历史。1991 年，该寺还出资在村里安装了一套电视卫星地面接受设备，修建电视室。在寺院的带动指导下，全村近年先后有 7 家农牧户购置了电视卫星地面接受器，40 多户购买了电视机，打开了一扇了解外部世界的窗口。

总之，藏区各地寺院经济因地制宜，因寺制宜，在社会主义市场经济体制下，正发挥其独特的作用，不仅通过兴办产业，大部分寺院已经实现了"自养"，而且不忘"利乐有情"，在藏区物质文明和精神文明的建设上面起到了一定的作用。如果去其糟粕，扬其精华，寺院经济是能够在藏区的现代化建设中发挥作用的。

第三节　寺院"自养"在藏区经济中的意义与示范作用

藏传佛教的一个优良传统，就是促进社会公益带来的发展。新中国建立后，藏传佛教更是提倡在实现"自养"的前提下，服务于社会，并且许多寺院都付诸于实际行动，受到藏族群众的好评。藏传佛教寺庙"自养"的社会影响在于，对缺乏商品生产观念的群众，寺庙经济活动对促进其观念更新、传播商品知识，具有重要的示范作用。

一、寺院"自养"的意义

由于寺庙与每个藏民家庭均有密切的联系，又拥有崇高威望,寺庙公开进行商贸,对广大信徒是个直接的号召和带动,让藏民通过一定的宗教动员与说教来接受商品观念,步入商品生产经营之路。以青海玉树州治多县岗察寺为例,寺有牲畜13,310头只,僧均13头只,招待所客房东5间,公用僧房17间,牧工房18间,商店用房8间,饭馆2处,僧舍121间,小磨房2处,耕地63亩;1997年创建"加吉博洛总公司",大力兴办以服务业、运输业、饲养业、种植业为主的一条龙经济体系。到1998年底,寺院自养收入达108万元,基本实现了以寺养寺的目标。在青海玉树地区10%的寺院,自养收入达总收入的94%,40%的寺院自养收入达到总收入的36%以上。[①] 因此,在社会主义条件下,寺院经济的发展开创了寺院自给自养的基本途径,打破了1000多年来藏传佛教寺院靠剥削积累财富的传统模式,转而使寺院具有减轻农牧民群众的经济负担,为社会创造物质财富和精神财富的社会功能。

随着"自养"活动的展开,僧侣的思想观念也在发生变化。各地寺院因地制宜,发挥着各自的优势,使寺院的经济地位更加稳固。很多寺院已经实现了以寺养寺,达到或略高于当地农牧民中等生活水平。目前各个寺院都有自己传统的产业,如藏医药、商业、手工业等,在市场经济条件下得到进一步的巩固发展和提高,已经形成较为雄厚的基础。另外在人才方面,僧侣都接受过基本的或更高层次的教育,其文化素质高于周围大部分处于文盲或半文盲状态的牧民,通过电视、广播等新闻媒体、书报等科普宣传读物,有更多了解新技术、新知识的机会,为接受和学习掌握新知识、新技术具备了较为有利的条件,这就自然而然地起到了示范带头作用。

[①] 梅进才主编:《中国当代藏族寺院经济发展战略研究》,第136页,甘肃人民出版社,2000年版。

由于宗教感情的原因，寺院和信教群众是紧密联系的，寺院的做法收到明显成效后，很容易被群众接受和仿效，这在客观上起到了示范带头的作用。如寺院在传统产业如缝纫、藏药加工、工艺品设计制造方面采用现代工艺技术；在财产管理、文物保护方面建立规章制度；在种植业、养殖业等方面选用优良品种等，已得到显著效益。这些成功的做法，在当地农牧民信教群众中引起了强烈反响。所以在转变观念、学习科学技术、发展生产力等重大问题上，寺院、活佛的态度、行为直接影响着广大农牧民群众，对自律于藏传佛教思想的农牧民群众更新其固有的经济观念，自觉认识经济规律，起到了一定的示范作用。

从总体上看，开展"自养"后，搞得好的寺庙能够解决部分费用。"实践证明，寺院增加了收入，除了扩大再生产和适当改善个人生活以外，主要用于维修寺庙和其他社会公益。这样既减轻了国家和信教群众的负担，也为社会办了好事。通过参加劳动实践，增长了知识，增加了社会财富，实现自食其力，是一举数得的好事。"寺院通过兴办经济实体、开展经济活动，部分或大部分解决了寺院的自养问题。

其一是增加了社会财富。如扎什伦布寺的"刚坚发展总公司"在国内外兴办有分公司、分店、地毯厂、家具厂等，1993年一年营业额达到5000多万元，纯利润1300多万元。本年上交扎寺180万元，为以寺养寺提供了主要资金来源。日喀则地区有条件的寺院开展自养活动，1993年创利润873539元。山南洛扎县1993年开展以寺养寺活动，总收入为123526.50元，平均每个僧侣创收2025.20元。[①]

其二是改善了僧侣生活和宗教活动条件。洛扎县边巴乡卓瓦

---

① 吴云岑、梁炳新：《浅析我区寺院经济现状及对策建议》，载《西藏研究》，1994年。

寺是一个有住寺僧侣13人的小寺，凭僧众的双手，先后新建大小经堂和僧舍26间，佛塔9座，塑造佛像73尊，购置供水碗30个，垦荒地20亩，解决了僧侣的吃粮问题。

其三是方便了群众生产、生活。南木林县达那寺活佛美晋曲英利用当地水利资源，自筹资金24万元，当地政府支援7万元，修建了一座水电站，该电站无偿地为200多户群众供电，解决了照明问题。该寺还利用自养收入购买东风、北京吉普、手扶拖拉机各一辆，农忙时寺庙出动车辆替群众搞运输、打场，还经常免费送群众看病办事。给群众加工清油、糌粑，费用也比其他地方低。卓瓦寺为解决群众挑水困难，开山修路800多米，坚持植树造林40多亩，修渠500多米灌溉树木，并修建公路5公里，为群众做好事，深得群众的称赞。寺院自养活动是宗教人士直接参与建设有中国特色社会主义的伟大事业，履行公民的一份义务，是爱国主义的一种基本实践，通过这种实践，也使宗教的生存、发展得到了物质保证。

其四是寺院通过兴办经济实体，开展经济活动，促进了宗教职业者与不信教社会成员之间的相互交往、了解，取得多方面的社会共识。一方面，使部分僧侣直接参与经济活动，可使他们更多了解党和政府的有关政策、法规，增加了与社会交流接触的机会。另一方面，其他社会成员也从寺院兴办的经济实体及其经济活动中，更多地、直接地了解宗教职业者。这对宗教职业者与不信教社会成员之间相互取得多方面的共识，维护祖国统一，加强民族团结也是大有促进作用的。

其五是寺院通过兴办经济实体，开展经济活动，可以锻炼、培育出一支既有宗教信仰，又有一技之长和经济管理经验的人才队伍。洛扎县卓瓦寺通过开展以寺养寺活动，在13名住寺僧侣中，会木工活的2人，会石匠活的3人，会缝纫的2人，懂得电工技术和修手表、收收音机的1人，会画画和塑像的3人[①]。他们既是以劳养寺的骨干，也是以劳养寺进一步发展的基础。在日喀则地区开展以寺养寺的寺院中，寺院自己培养了一批金匠、银匠、木匠、石匠、画匠、电工、驾驶员、炊事员等实用人才。在扎什伦布寺和其他寺院中，一些活佛、喇嘛亲自参加商品经济活动的实践。他们在实践中获得的关于商品社会化生产的经营思想和管理办法，不仅对直接办好经济实体有用，而且对于寺院逐步实现科学管理，也有重要的借鉴和启发作用。

其六是寺院通过兴办经济实体，开展经济活动，有利于改善政府与宗教职业人员和一般信教群众之间的关系。寺院在开展经济活动的过程中，总是力求得到当地各级政府的鼓励和支持。在南木林县达那寺修建水电站时，当地政府即支援7万元。洛扎县边巴乡政府为增加僧侣收入，将一座20千瓦的小型水电站让旧瓦寺承包管理，解决五亩荒地给寺院开垦、种植经济作物。拉隆乡政府为寺院办商店提供了1亩土地，9间房屋。这样做密切了政府与宗教职业者和一般信教群众之间的关系。

其七是充分挖掘自身资源，扩大对外交流。如青海省塔尔寺加大对外交流，不仅提高了自身的声誉，同时促进了当地经济的发展。塔尔寺作为全省重点寺院和全国重点文物保护单位，近年来通过举办"三绝"艺术展、法会、互访、观光等多种渠道和方式，与日本、韩国、蒙古、缅甸等国家和港台等地区的佛教界、学术界的团体和个人建立了广泛的联系，开展了学术研究、典籍保护等方面的交流，提高了塔尔寺在国内外的知名度，从一个侧面宣传了青海。如日本大正大学，经过相互交流，在互利的基础上，为塔尔寺提供20万元人民币和一套现代缩影设备，用于经

[①] 吴云岑、梁炳新：《浅析我区寺院经济现状及对策建议》，载《西藏研究》，1994年。

典保存；香港知名人士邵逸夫先生捐资 300 万港币，用于寺院围墙的修建；国内文化和学术交流更为频繁。1991 年，塔尔寺遵循已故十世班禅大师生前遗愿，在北京第一次举办了"文成公主进藏"为题材的酥油花展览。在河南开封、深圳、厦门成功地举办了"三绝"艺术展。来塔尔寺参观、朝拜的信徒以及进行研究和学术交流的学者逐年增加。在广泛交流增进友谊的基础上，通过寺院和活佛个人牵线搭桥，为当地建设引进资金 680 万元，救灾助学 78 万元（物资折合款）。①

综上所述，发展藏区寺院经济（兴办经济实体，开展自养活动）是符合时代精神的"利国利民、利教利寺"一举数得的造福事业。

二、寺院"自养"经济的示范作用

（一）产业行为的示范作用

寺院僧侣作为藏区社会的知识分子，不仅具有广泛的社会交往和较强的知识接受能力，而且其行为举止也受到科学文化知识的影响。因此，寺院的产业经济行为也不会停留在"靠天吃饭，靠天养畜"的行为模式上，他们开始研究科学的管理方法，采用现代化的技术设备来提高产业经济效益。寺院自走上了"以寺养寺"的道路，所有寺院无论其规模大小，都有自己开办的商业和运输业，这在当地不仅方便了群众的生产、生活，扩大了商品交流，也在一定程度上满足了寺院的利益，对群众观念的转变起到了潜移默化的作用。例如，四川甘孜、德格两县的寺院种植业，"随着农业机械化的逐步普及，两县寺庙的耕作方式有了改变，有条件的地方均已使用拖拉机耕地、收割机收割、脱粒机脱粒"，

---

① 梅进才主编：《中国当代藏族寺院经济发展战略研究》，第 128 页，甘肃人民出版社，2000 年版。

"大金寺花4000元购买了直径为50厘米的不锈钢水管设备,从当地格沙村抽地下水,灌溉仁科、卡公、格沙、勘西4个村,受益近500户,1200多亩地,并可解决寺庙用水问题。"此外,该寺13名僧人组成一个生产小组,在宗教活动之余,学会了修理、使用拖拉机、收割机的技术。[①]再如拉卜楞寺在继承传统的木板印刷的基础上,积极引进现代化的机械印刷设备,每年创利几十万元,把建立在传统经验、直接经验、手工工具基础上的产业行为转变为以现代化的科学技术、生产资料和管理方法为基础的产业行为模式。面对寺院产业行为模式的变化,广大农牧民群众再也不会守信于长期盛兴在藏区的天旱祈雨、虫害念经的做法,因为看得见摸得着的现实的科学示范作用要远远大于看不见、摸不着的封建的迷信作用。对经济极为落后的藏族地区来说,无论从事畜牧业或农业,自给自足的封建自然经济长期以来占主导地位,与其相适应的以农牧为本的封建保守的经济观念根深蒂固,禁锢着人们的思想;缺乏商品意识,鄙视经商行为,严重制约着藏区商品经济的发展。而现在,这一切开始变化了。

(二)商业行为的示范作用

寺院商业是寺院经济中的主要组成部分,很多寺院一开始就把商业作为经济活动的突破口,至今商业已成为流通型寺院经济的支柱产业。寺院在商业上的成功,颇得益于僧商的文化知识。首先,"僧商"凭借自己的文化素养,集"商流"、"信息流"于一身,对外凭借资源优势,以合理的价格专门进行民族工艺品、中药材和土特产品的收购活动,与各地商人广泛交流,有效地推动了他们的销售业务,把农牧民群众的商品资本转化为货币资本,促进农牧民群众的扩大再生产能力、对内根据农牧民群众的生产生活需要,积极组织货源,满足农牧民群众的消费需求,甚

[①] 杨建吾:《藏传佛教寺庙经济的变化》,载《中国藏学》,1988年第4期。

至还长途贩运太阳能发电机、风力发电机等现代化的商品，使农牧民群众感受现代化的新鲜气息。其次，僧商在经商活动中，启迪了他们的聪明才智，不满足于小商小贩性的营销活动，进而走商业集团化的道路，使其成为连接城乡、沟通域内外的纽带，打破了传统的"耻于经商，自给自足"的产品经济观念，取而代之于"参与市场，追逐利润"的市场经济观念。在这种市场经济观念下，僧商的商业行为，成为藏区市场的一个亮点。

（三）资源开发行为的示范作用

藏传佛教有很多清规戒律，诸如"神山"有矿不能采，"神水"有用不能动，"神地"有财不能挖等。然而，近年来随着寺院经济的发展，人们逐渐消除了这些清规戒律对自己的束缚，采集业已成为某些寺院经济发展的主要经济实体，育林——开采——加工——销售活动也使某些寺院获得了一定的经济收入；即便是神圣的寺院和宗教活动也成为开发旅游资源的主要内容。可见，商品经济的发展必然带来人们思想观念的改变，商品经济的价值观念、竞争观念、协作观念等，将对佛教的洁身自好、与世无争、重义轻利等观念产生巨大的冲击。而植树造林是寺院僧众参加社会公益劳动的重要传统，近年来，寺院更是积极响应政府号召，把绿化寺院作为一项重要活动，在寺院周围、道路两旁、山坡荒地、河滩等处栽种树木花草，使之绿树成荫。栽植树木花果，是佛经中所倡导的一种善行。中国佛寺多在山林，历来有植树护林的传统，而且活佛僧众植树造林并取得明显的经济效益，必然带动群众植树造林的积极性。除此之外，藏区是资源富有之地，开发和保护资源，不仅关系到整个藏区的经济发展，还影响到整个国家甚至世界经济的发展。

（四）价值行为趋向的示范作用

寺院僧侣自幼所受的佛学教育，使他们具有了严格的道德自律。勤俭、节约、诚实、不欺、不盗、不诈，这不仅是藏传佛教寺院的道德规范，也是寺院经济行为的职业道德，被视为寺院致富的"不二法门"和寺院经济发展中不可缺少的伦理观念。在这种伦理道德观念下，不少僧侣从事经济活动，重在"以善为本，薄利多销"，济世为主，利己为次，在加强社会主义精神文化建设的今天，寺院僧侣的这种经济行为以其独特的道德观促使着人们经济行为的深刻变化。

当然藏族寺院经济的发展也同样会对藏区经济产生消极的影响和作用。最为典型的是：其一、藏区"宗教热潮"的兴盛，使宗教消费增加。据夏河县甘加乡的调查，1985年信教群众的布施支出占全年收入的25-50%不等，占总支出的40-50%不等。[①] 在四川阿坝县，1983年群众给32座寺院布施的现金是34.4万元，1984年格尔登活佛在阿坝县、若尔盖县、迭部县从事佛事活动，群众布施29万元[②]。在青海玛多县，1985年牧民人均收入931元，为全国人均收入最高县，但有些牧民把收入的大部分用在宗教消费上。[③] 可见，这种宗教性消费实际上是农牧民群众扩大再生产的一种扣除，对农牧民群众的经济生活和生产条件起了一定的消极作用。其二、大量的青壮年涌向寺院，造成某些地区劳动力的不足。这些都将使藏区经济的发展必然受到阻碍，这些也是一种值得关注的现象。其三、是对少数信教群众精神上产生的负面影响。藏传佛教也滋生了少数群众的惰性，他们甘心现在贫穷，盼望着"来世"的幸福。有的信教群众沉溺于拜佛，放弃农牧业生产，甚至举家出动，沿途乞讨，一方面影响农牧业生产的发展，另一方面还扰乱了社会秩序。个别区乡信教群

---

① 东噶仓·才让加：《拉卡楞寺院经济模式初探》，载《西北民族学院学报》，1985年第1期。
② 徐铭：《四川藏区寺院经济的特色及其功能》，载《民族论丛》，第10辑。
③ 《民族理论研究》，1988年第1期。

众遇事首先找僧侣,如秋收时,他们不是看青稞是否熟了来决定收割,而是要请活佛、喇嘛来做法场,选收割时间,故农忙时常会误农事,影响生产。

总之,藏族是一个基本上全民信教的民族,在以僧侣为媒介传播藏传佛教的形式下,寺院僧侣的言行及思想直接影响着藏族农牧民的思想和行为。因此,寺院的经济行为,寺院僧侣的经济思想,都在促使着藏区社会经济思想和行为模式的变化。广大农牧民群众从单一的种植业和畜牧业中解脱了出来,开始从事各种工副业生产及第三产业的经营,从而增强广大农牧民群众的市场经济观念,显示出寺院外辐射型经济运行行为的强大作用。在新的社会条件下,其消极影响也是可以得到控制和改善的。

第四节 当代藏区寺院经济的管理

在社会主义制度下,寺院经济是由有一定的宗教知识和经济管理知识的僧侣组成的寺院民主管理委员会进行民主管理的。其主要职能是共同做出寺院经济发展的决策,寻求寺院从事经济活动的机会,共同管理寺院的生产活动和经营活动,合理分配寺院的经济收入,增强寺院经济的活力,使寺院的生产、交换、分配和消费之间的关系更加趋于合理,体现了社会主义的民主管理原则。

作为一个经济实体,藏传佛教寺院经济必须有自己独特、健全的管理体制,这样寺院经济才可能有计划、有目的的进行发展,同时受到内外的监督,不至于造成失控或者失去约束的局面。寺院经济在管理上的特征有其明显的独到之处。

首先,新型藏传佛教设立寺院民主管理委员会(简称寺管会)。藏传佛教寺院无论规模大小,基本上都成立了寺管会组织,只是较小的寺院组成成员较少而已。许多大寺院还专门设有寺院经济委员会。其主要组成成员为：寺管会主任及部分成员、一般喇嘛代表、信教群众代表、政府主管部门代表及工商、税务、银行部门代表等。其主要职能是：一是筹措维护和发展寺院经济的资金。一般资金来源为：寺有资金 40%，社会资金 30%，银行贷款 30%。二是决定发展寺院经济所需的技术、设备、人才的引进和聘用。三是负责市场预测和确定生产自养项目，形成如下生产经营系统：寺管会主任（大活佛）为寺院经济实体的法人代表，经委会办公室主任为大吉哇（大管家）——各企业经理——企业内部各部门：设计、生产、销售、财务等。其四是对财务的领导和审计。其财务管理系统是：经委会主任财务助理——大吉哇财务——企业财务[①]。随着经济的发展，收入增加，财力不断增强，各大寺院都必须建立完善的管理机构和管理制度，并确保收支公开，账目清楚，支出合理，便于监督。

寺院经济的决策机构是寺院民主管理委员会（以下简称寺管会）。如青海塔尔寺寺管会由 15 人组成，内有活佛 6 名，大僧官、各学院负责僧官 9 名。寺管会负责全寺管理工作，下设寺管会办公室和 5 个专门办公室，分管全寺各项事务。全寺僧人按居住区划划分为 12 个小组，每组有一名组长，负责居住区治安、环境等事务管理。在寺管会下分设有教务、治安、总务、公务、财务办公室，分别管理不同事务。这样一个管理机构，配以一套行之有效的规章制度，使塔尔寺的管理井然有序。

再如甘肃拉卜楞寺的寺管会由 21 人组成，设名誉主任一人；设特别顾问 1 人；设主任 1 人，副主任 6 人；设委员 14 人。两年一换届，进行适度调整（约调整 1/5 成员）。寺管会的换届工

[①] 梅进才主编：《中国当代藏族寺院经济发展战略研究》，第 167 页，甘肃人民出版社，2000 年版。

作严格按照《拉卜楞寺管理委员会换届工作规定》，坚持民主集中制的原则和民主协商的办法，不断把一些年轻、爱国爱教、有一定佛学知识和组织能力较强的僧人补进新一届寺管会领导班子，使寺管会的作用得到充分发挥。

西藏著名的三大寺之一色拉寺的寺管会成员由僧侣民主协商推选爱国、团结、守法、为人正派、办事公道、懂得经典知识的僧人组成，该会的成员一般5至10人，并设有正副主任各1人，根据需要，寺管会成员还可以兼任会计、出纳、保管员等职。被选为该会成员的僧人要经当地政府宗教局批准。

其次，新型藏传佛教寺院经济都普遍接受政府监督。政府对宗教活动的监督，是我国有关政府部门行使其职能范围之一，其目的是为了保证藏传佛教活动正常进行和寺院经济健康发展，因此，藏传佛教各寺院普遍都接受政府的监督。如塔尔寺所在地青海省湟中县政府有关部门制定的《湟中县藏传佛教寺院管理制度》规定了十八项条款，充分体现了当地政府对寺院的监督功能。其中第二条规定：寺院要自觉服从当地人民政府的领导，接受宗教主管部门的监督、检查及考核。第十五条规定：寺院印售宗教书刊和宗教用品，宗教艺术品，须经县民族宗教事务局同意，并报省民委和工商、出版部门允准。其出售限在寺院内进行等。《湟中县宗教寺院和宗教教职人员年检年报制度》也规定了十五条，其中详细规定了宗教活动场所，年检的主要内容及合格年检场所和合格宗教教职人员标准。对寺院经济管理职能的实施，主要通过工商、银行、卫生防疫、物价财税、宗教行政主管等部门来进行，以保证寺院经济遵守"合法经营，依法纳税"的市场通则，走上健康发展之路。这些规定说明，寺院经济的发展需要得到政府的监督。

政府同时也非常重视对寺院经济发展的指导，如《西藏自治区宗教事务管理办法》第十一条规定，宗教活动场所要逐渐走

"以寺养寺"的道路，要因地制宜，从事一些力所能及的农业、工商业及旅游接待等服务性活动，增加收入，改善生活，逐步实现自养。各级政府对以自养为目的的各种生产、服务等事业，应给予优惠政策加以扶持，帮助他们搞好自养。在此精神的指导下，色拉寺等西藏三大寺院在现有条件下开展了各种生产经营活动，不断探索出新时期寺院自养的路子，取得了良好的经济效益[1]。

第三，藏传佛教寺院普遍都设有内部监督。藏传佛教寺院作为宗教文化的实体，寺院规模有大有小，特别是一些规模较大的寺院普遍都设有内部监督，有健全的各项规章制度，实行财务公开，定期报告，自觉接受有关部门的审计，鼓励群众举报，这样的内部监督机制，是规范寺院管理的重要环节。在这方面有些寺院的做法值得推广。如：青海塔尔寺不仅重视规章制度的建立健全，而且在建立制度过程中，对全寺每个僧人建立了档案；对每户的房屋进行了登记，通过县房产部门发了房产证；为了加强寺院的安全，各重要殿堂装置了监控设施。寺院还办有一份《塔尔寺综合消息》，及时反映寺院管理和重要活动情况。在财务监督方面，较好的寺院一般采取民主管理方法，定期或不定期地公布寺院财务管理收支情况。接受民管会及僧尼监督。还有一些较好的具体方法也值得参考。如对寺院经营项目、方式、投资方向、分配方法等广泛征求群众意见，增加经营活动透明度的做法在各大寺院也比较普遍。大寺院对个人行为规范和收取布施的监督也是很严的，《塔尔寺僧人管理制度》第八条规定：出乡念经的僧人必须班级为"吾玛"（中观）以上，必须要有宗教人员合格证，必须经寺管会总务办统一安排后方可出乡，其所得酬金50%交

---

[1] 梅进才主编：《中国当代藏族寺院经济发展战略研究》，第168页，甘肃人民出版社，2000年版。

寺院，如果不交，寺院不发其当天的生活费。僧侣代表大会制是每个僧人行使权力的最好方式，也是寺院内部管理的有效监督机制。

第四，许多寺院还制定有简明易行的规章制度。为了搞好寺院管理的制度建设，制定出一套既符合藏传佛教寺院实际，又与国家的法律、法规、条例以及各级政府颁布的法规和管理章程的规章制度相符的规章制度。如塔尔寺加强寺院管理的方法就具有典型意义。自1988年开始，塔尔寺遵照党的宗教政策和有关的法令法规，以宗教与社会主义社会相适应为目标，结合自身特点，针对寺院管理上存在的问题，经过全寺僧众反复酝酿讨论，先后制定了《塔尔寺管理制度》、《寺院工作制度》、《塔尔寺管理办法细则》、《塔尔寺僧人管理制度》、《塔尔寺寺区管理办法》、《塔尔寺寺规僧约》、《塔尔寺财务管理制度》、《塔尔寺僧人户口管理办法》、《塔尔寺所属尕日哇设置商店旅馆的规定》、《湟中县塔尔寺接待宾客办法》、《塔尔寺僧人爱国守则》、《塔尔寺僧人入寺审批制度》、《塔尔寺民管会职责》、《塔尔寺治安管理办法》等十多项规章制度[①]。同时，各学院、寺属企业、寺属慈善机构及僧人居住区，根据实际需要，也制定了各自的管理制度。在严格管理，禁止僧人外出化缘的同时，从自身实际出发，扬长避短，积极发展旅游和生产服务事业，增加了收入。既减轻了信教群众的负担，也为搞好寺院提供了物质保证。寺院收入年保持在220多万元左右，保障了寺各项日常开支和小型维修的需要，改善了僧人的生活，基本实现了自养。并且在发展生产的过程中，使相当一部分僧人，特别是年轻僧人学有所长，成为能自食其力的新一代僧人。现在全寺有工艺医僧和寺属企业中的工作僧220人，

---

① 梅进才主编：《中国当代藏族寺院经济发展战略研究》，第169~170页，甘肃人民出版社，2000年版。

占全寺发证僧人的 55%。[①]随着寺院管理的日趋完善，寺院对外交流也有了长足的发展。

塔尔寺在健全制度过程中的一些做法在藏传佛教寺院中有着普遍的意义。许多寺院的管理经验也证明了寺院管理的重要性。如：拉卜楞寺 1998 年 10 月 19 日由僧人代表大会通过，制定修改了一个条例，十个制度。即《拉卜楞寺院管理条例》、《拉卜楞寺院管理委员会换届工作办法》、《拉卜楞寺院僧众代表会议工作办法》、《拉卜楞寺院新僧人寺院管理办法》、《拉卜楞寺政治学习制度》、《拉卜楞寺财产管理办法》、《拉卜楞寺文物保管办法》、《拉卜楞寺消防安全管理办法》、《拉卜楞寺治保组管理办法》、《拉卜楞寺佛殿、学院、经堂、管护人守则》、《拉卜楞寺生产自养管理办法》等。以上制度不仅制作镜框悬挂于寺院醒目的地方，并且已准备将各项制度以藏汉两种文字编印成册，僧人人手一册，成为寺院僧的行为准则[②]。

通过设立寺院民主管委会，实施有效的政府监督和内部监督，制定切实可行的规章制度，我国藏传佛教寺院经济的活动普遍都得到正常发展，并且在"自养"有余的同时，对藏族地区的公益事业有所推动，使寺院经济成为藏族地区经济的一个特殊的组成部分。

[①] 梅进才主编：《中国当代藏族寺院经济发展战略研究》，第 172 页，甘肃人民出版社，2000 年版。

[②] 梅进才主编：《中国当代藏族寺院经济发展战略研究》，第 175~176 页，甘肃人民出版社，2000 年版。

第十一章 南传佛教寺院"自养"经济

南传佛教是我国云南地区以傣族为主的一些少数民族的一种宗教信仰，在历史上和现今都有着深刻的影响。南传佛教寺院经济是一种特殊的经济现象，是我国寺庙经济和民族经济的重要组成部分，但历史上的与现今的寺院经济有着本质的不同。

第一节 南传佛教寺院经济的历史考察

南传佛教（又称南传上座部佛教，俗称小乘佛教），是中国佛教三大语系之一，信仰释迦牟尼，称其为"果答麻"，因其使用南印度巴利文字写成经书，因此又叫巴利语系佛教。傣语称小乘佛教为"沙瓦卡"。小乘佛教提倡"唯我独善"，即以佛祖释迦牟尼为榜样，实行个人修行，通过入寺为僧，递次升级，最后加入佛的行列。而对于不出家修行的信教群众来说，为了逃避现实的苦难，获得自我解脱，则应通过赕佛的行动，积个人善行，修来世，最终达到涅槃。在我国信仰小乘佛教的民族有傣、布朗、德昂、阿昌和部分佤族等。从明代建立景洪曼顺满佛寺以来，小乘佛教对当地民族社会生活和文化习俗产生了深刻的影响。

一、南传佛教的传入与封建领主制

南传佛教属于巴利语系，大约于12世纪左右从泰国、缅甸传入我国，经与当地流行的传统宗教几百年的冲突、融合，形成了独特的宗教形态。南传佛教何时传入云南傣族地区，确切年代尚无可考。以公元1569年（傣历931年），即从西双版纳最高封建主召片领在景洪建立第一座寺院算起，南传佛教进入傣族地区也已有几百年的历史。在封建统治阶级支持和倡导下，南传佛教经过长期的发展传播，逐渐成为傣族社会的统治意识形态，获得全民性的信仰，并对政治、经济、文化和风俗习惯等各方面有着深刻的影响，同时影响着云南的布朗、德昂、阿昌等少数民族的宗教信仰。南传佛教在傣族地区因僧侣遵守的戒律不同，以及信教群众日常生活方式的差别，具体可分为四大教派：摆庄派（这是被傣族信仰最多的一派）、润派、左抵派（这一派信仰的人数比较少）、朵利派。

云南信仰南传佛教的傣族都是聚族而居的当地主体民族。南传佛教在传入傣族之际，曾与傣族原始信仰发生过激烈的斗争，但南传佛教最终在傣族中扎下了根，并在短时期内成为全民性的宗教。这是由于宣扬"脱离现实、自我解脱"的南传佛教完全适合于傣族封建社会的自然农业经济的落后性和村社生活的闭塞性，适合于生活在村社制度下极其脆弱的个体农民的特点。因而，傣族封建剥削阶级大力扶持佛教，用佛教来巩固其统治地位，佛教也依靠封建制度维持其存在和得以不断发展。但是传入傣族地区的巴利语系佛教，是和傣族固有的宗教信仰相互渗透和相互补充，而成为具有傣族特色的佛教的。后来，佛教和封建政权紧密联系，互为利用。上至土司头人，下至农奴都一律信仰释迦牟尼佛。宗教节日活动是全民参加。各种宗教制度一致，祭祀礼仪一致。如云南西双版纳、德宏一带的傣、布朗、德昂、阿昌等民族地区，基本上是每寨一寺，佛节活动在多数情况下是以村寨为单位同时进行，人人都参加。在民主改革前，这些地区的社会经济形态还处于封建农奴制（领主制）阶段。在领主辖区内的上座部佛教又与领主的政治、经济制度密切结合，形成"政教合一"的或宗教依附于政治的体制。封建上层人物不但是政治的统治者,同时也是宗教的统治者。他们既管百姓,又管神鬼。各级封建主都有高级僧侣的尊称,如召片领的尊称是"松领帕丙召",意为"至尊佛主"。村寨头人"帕"的含义就是佛主命令的执行者("帕"字是"帕雅"的快读,"帕"是佛主,"雅"是命令)。另外在西双版纳,"祜巴"级以上各级僧侣的加封撤换,都必须经召片领批准;最高级僧侣只能由召片领和召勐的亲族充任。耿马、孟连各级僧侣升级时,首先要向土司表示效忠,经土司批准,并由土司亲自"做赕"予以承认;德宏则有所谓"御封佛爷",由土司加封并授权管理全区佛寺。此外,召片领、召勐等封建主在各种宗教节日里任免其下属的统治者和代理人,将其封建统治加以神化。而封建统治者则从政治上保护佛教,如在法律上规定:佛教寺院神圣不可侵犯,如有违反,"重者杀头,轻者罚为'寺奴',终生服侍'佛寺'"。①

从民主改革前云南西南部傣族地区的情况来看,表面上政教分离,教不参政,但实际上所有大小领主都是佛教信徒,他们尽可凭着权势,利用宗教为其统治服务;凡高僧的升迁必须获得领主的批准;最高的僧位"松领阿戛牟尼"必须是领主的近亲才能担任;寺院经济中的"佛寺田"和"波沾谷"已纳入封建领主经济的轨道。总之,领主制的统治充分地利用宗教,宗教则为了自身的发展又不得不依附于领主制。而与傣族封建社会森严的等级制相适应,佛寺僧侣内部也分为不同的等级。如西双版纳的僧侣共分为十个等级,德宏、耿马、孟连等地的僧侣有同样的划分,只不过是名称略有差别而已。总的说来,可分为"哈勇"和尚(按年龄分为大和尚、小和尚)、佛爷、大佛爷、"祜巴"等级别。僧侣的晋升就是按照这些阶梯式的等级进行的。僧侣内部的这些

---

① 覃光广等编著:《中国少数民族宗教概览》,第 226 页,中央民族学院出版社,1988 年版。

等级表现为统治的关系，等级高的僧侣在寺院中居于统治地位，可以任意处罚和殴打处于被统治地位的下级僧侣。

二、历史上的南传佛教寺院经济

南传佛教寺院，傣语称为"瓦"。"瓦"可能来源于巴利语（园林之意）。佛寺是供放释迦牟尼塑像、念经和举行各种宗教活动的场所，也是出家僧侣住宿和学习的地方。在西双版纳等地，几乎每个村寨都有一个寺院，佛寺的组织系统与政治上的行政划分相一致，分为若干等级，并有一定的管理制度。设在"景代"（宣慰街）的"洼龙"是统治景洪及全西双版纳的"总佛寺"，"洼专董"和"洼扎棒"是"副总佛寺"。各勐所在地也各有一座"洼龙"，各个"陇"、"播"、"火西"等行政单位则有中心佛寺，称作"洼拉甲贫"。勐以上的佛寺设有议事堂，作为会议和处理宗教事务的机构。

僧侣，傣语称为"都帕桑卡"或"帕桑卡"。按照南传佛教的主张，每个男子在一生中要出家过一段僧侣生活，这样才能成为新人或受教化的人，才有成家立业的权利，否则将会被社会所歧视。实际上，这反映了在农业为主的封建社会，男子只有在婚前进寺院当一段僧侣，才不至于影响每个成年男子对封建主所承担的各种封建义务。另外，过去傣族没有学校，只有高级僧侣才精通傣文，于是佛寺便成为唯一的教育场所，不当僧侣就没有学习和掌握知识的机会。所以傣族群众把自己的小孩，从六、七岁起便送进佛寺当小和尚，接受佛学教育，少则三、五年，多则二、三十年才还俗。也有终生做和尚的。僧侣还俗较为简单容易，小和尚只要在大佛爷面前默祷一会儿，跟大佛爷念几句经，由大佛爷解掉披裟，便算还俗。但作佛爷后，就要念三天经，并请全勐最高"祜巴"或土司允许，才能还俗。总之，宗教的僧侣根据其本身的等级而享受不同的称号。称号的不同表示其所享受的荣誉不同,在社会中所起的作用也就不同。①

　　历史上,南传佛教寺院的维持经费一般由领主直接向农奴摊派。西双版纳各寨均设有专门负责宗教事务的波赞,任务之一主要是向村民催收各项宗教费用。寺内僧众的衣食也都由其所在村寨供给。因此,寺院财产存在的意义相对弱于其他各教。然而,这些寺院也有自己的"佛寺田"与寺奴。在寺奴较多的情况下,有的地方还有专门的寺奴村寨。② 在经济上,封建统治者积极支持佛教寺院,如各级封建主纷纷充作僧侣的"干爹",从经济上不断赞助寺院。但僧侣的生活费用主要由世俗群众供给,僧侣的饮食一般由当地世俗百姓轮流供办,或每餐做好送至寺内,或分别供给柴、米、油、蔬菜。

　　佛寺的经济来源主要依靠"赕佛"。"赕佛"("赕"音胆,意为敬献)是傣族等信仰小乘佛教的少数民族把此视为一种赎罪或替自己的未来"储蓄"或替子孙后代"储蓄"的行为,即通过佛教的斋日和重大的宗教节日向寺院进行布施。每年照例有许多赕佛节日,如傣族过去逢年过节、婚丧、患病等都要赕,还有平时的三日一小赕、七日一大赕,但主要节日有毫袜沙(汉语意思关门节或进斋节,德宏地区又叫做"进袜",指佛主入寺)、奥袜沙(汉译作开门节,又叫"出袜",指佛主出寺)。对于佛寺来说这项收入是很大的,所赕的各种财产归寺院所有。做"赕"也是当地人民生活中的重要内容,甚至是一项必须履行的义务。因为"赕佛"后能得到许多好处:

　　(1) 死后能够升天,否则要受痛苦;
　　(2) 能使后代生得漂亮、活动得幸福;

----

① 覃光广等编著:《中国少数民族宗教概览》,第 226 - 227 页,中央民族学院出版社,1988 年版。

② 段玉明著:《中国寺庙文化》,第 322 页,上海人民出版社,1994 年版。

(3) 死之父母能够得吃得穿；

(4) 有病则愈，否则会生病、死亡；

(5) 不赕即是外人，傣语称作"卡么胡鲏措沙拉"，意为"奴隶，不知佛理的人"。

此外，经书《赕喃》上说，如果不赕，就会出现下列十种灾难：

(1) 各地发生战争，互相争杀，血流满地；

(2) 各勐各头人间发生争战，要死人；

(3) 发生灾荒，要饿死人；

(4) 宣慰、波朗要扣留、拷打群众，多收银钱；

(5) 发生有路无人走的现象；

(6) 父母分开，死不同处；

(7) 有房无人住；

(8) 患疾病而死；

(9) 不信宗教的人要死于战争，互相残杀；

(10) 坝子里充满各种鬼怪。

凡此种种，都使赕佛成为当地民众生活不可缺少的内容。[①]

赕佛的形式分为两种：常赕与节赕。常赕是一种每日均有的赕佛活动，其实是解决寺僧每日的吃饭问题。节赕即节日举行的赕佛活动，一般在一年内至少必须做赕7次：赕新年、赕关门、赕开门、赕星、赕坦、赕岗、赕帕。[②] 此外，婚丧娶嫁亦赕。三日一小赕，七日一大赕，已在社会上形成一种习惯。所赕之物有衣服、谷物、金银、生活用品等等。即使经济情况

[①] 《西双版纳傣族宗教情况初步调查》，载《傣族社会历史调查（西双版纳之三）》，云南民族出版社，1983年版。

[②] 《西双版纳傣族宗教情况初步调查》，载《傣族社会历史调查（西双版纳之三）》，云南民族出版社，1983年版。

不佳也要尽力赕佛，这就使佛寺保有经常不断的经济来源。各种赕佛的物资、收入统归寺院，由寺院僧侣和波占（祭祀主持人）分配。很明显，中国南传佛教寺庙的经济来源主要是靠赕佛。[①] 以德昂族为例，南传佛教一直获得德昂族的全民信仰。佛寺（德昂族称庄房）是举行宗教活动和出家僧侣学习、生活的地方。僧侣的日常生活费用由世俗群众供给，是小乘佛教的一个重要特点。与傣族佛寺相似，德昂各村寨佛寺里的僧侣的生活费用，均由当地群众负担。平时全寨人家轮流送饭、肉等食物给佛寺，并负责供给衣服。另外，通过每年宗教节日群众的布施，佛寺收入也相当可观。

南传佛教寺院原本没有独立的经济收入，一切有关的宗教设备和僧侣的日常生活所需，完全仰赖于广大信众经常的自愿布施，后来随着佛教的日益发展和僧侣的增多，若全靠布施已经不能满足需要了，于是各地领主就采取一些经济措施支持寺院。首先是用领主的权力硬性规定每年每户农民应向佛寺缴纳一定数量的谷物。例如西双版纳的勐阿土司规定，凡种田的农民每年每户缴纳"波占谷"（"波占"为经师）一挑（约50市斤），不种田者缴谷半挑。其次，领主还将其霸占的土地中的少部分赠给某些佛寺，这类土地即称为佛寺田，由寺院出租给农民耕种，收取一定数量的地租。如西双版纳勐遮的曼根寨有佛寺田20亩，占该寨土地总面积的2.7%；勐满有佛寺田10亩，由城子寺奴耕种。耿马城内的甘东寺有寺田20多亩；孟定城子佛寺有寺田30亩，均租给农民耕种，每年收取地租。[②] 此外，领主还将其占有的家奴寨（专为领主家庭服各种劳役）赐给寺院，替寺院服劳役。如勐仑有曼梭黑、曼锐两个寺奴寨（"卡袜"）共32户，耕种部分塔

[①] 段玉明著：《中国寺庙文化》，第383页，上海人民出版社，1994年版。
[②] 颜思久：《云南宗教概况》，第39页，云南大学出版社，2000年版。

田（"纳塔"），这两寨农奴专门负责守护和维修白塔。召片领出巡至勐很，进城内拜佛时遂许愿把曼支龙寨赠与勐很佛寺当寺奴，此后曼支龙寨即每年每户轮流去景佛寺服役五天，任务是割马草、烧开水、煮饭、代耕佛寺田等。又如耿马土司把弄抗、那棉、芒雨、芒费等寨划分为寺奴寨，免去其向土司署应缴纳的赋税，专门替佛寺服以下几项劳役：在佛寺节日期间清扫寺院环境；在朝拜佛塔前，为僧侣和司署官员搭好凉棚；大长老出行时当侍从。[1] 南传佛教寺院经济一般都由头人掌管，如景洪的曼勒佛寺的经济由头人纳贺经营，袜扎捧的经济由头人纳扁经营，袜龙（大佛寺）的经济由纳黄经营。这些佛寺经济的经营者都是当权大头人。

从总体上说，新中国建立前傣族等民族的封建农奴制一般从经济上逐渐渗入寺院并控制寺院，以利于其统治。另一方面，这种由村落各家共同负担寺院开支和僧侣生活的义务，成为广大农民的沉重负担。许多宗教费用往往占农民全部收入的 10% 以上[2]，使劳动群众除了受世俗封建主的残酷剥削以外，还要遭受寺院的各种盘剥，生活更为困苦。

第二节 南传佛教寺院经济的现实分析

新中国成立后，我国滇西南信仰南传佛教的少数民族地区的社会性质发生了根本性的变化，进行了土地改革运动，南传佛教寺院的宗教活动和经济活动是在社会主义制度下进行和发展的，

---

[1] 颜思久：《云南宗教概况》，第40页，云南大学出版社，2000年版。
[2] 覃光广等编著：《中国少数民族宗教概览》，第228页，中央民族学院出版社，1988年版。

具有明显的时代特征。

一、当代南传佛教的性质转变

新中国建立以后，在 20 世纪 50 年代中期，我国边疆民族地区进行了"和平协商土地改革"运动，随着"和平协商土地改革"的结束，与封建土司统治政权制度相适应的南传佛教寺院组织制度已告结束，寺院上下等级、隶属关系所产生的封建特权及封建领主制被逐步废除，滇西南地区南传佛教也随之脱离了领主土司、山官贵族的控制、操纵和利用，还其纯粹宗教、精神信仰的本来面目，开始走上革新、健康发展之路。随着"宗教信仰自由"、"尊重少数民族宗教信仰"等宗教政策的正确贯彻执行，南传佛教不仅仍然是傣、布朗、德昂等少数民族同胞宗教信仰、精神生活的重要组成部分，而且其所表现出的社会生活内涵，还成为了民族传统、民族艺术、民族文化的重要载体。

在傣、布朗、德昂等少数民族聚居区，人们对南传佛教的敬仰与推崇所形成"村村有寺塔"、"男子择出家为僧侣"的传统一直保留至今。据有关统计资料，在 20 世纪 50 年代中期，仅西双版纳及德宏两地区就约有南传佛教寺院 1000 余座，其中傣族寺院占近 90%，沙弥约 6000 多人，比丘以上僧侣 1000 多名[1]。在 20 世纪 50 年代后期，在德宏、临沧、西双版纳等地成立了佛教协会，为中国佛教协会分会。

20 世纪 60 年代至 70 年代中期，由于众所周知的原因，南传佛教受到冲击，寺院大多被毁，僧侣被遣散还俗，在靠近边境的地方，不少僧侣等神职人员外流出境，寺院基本上都处于无人问津的混乱败落状况。党的十一届三中全会以后，随着国家政治、经济、社会秩序的恢复好转以及国家宗教政策的正确贯彻实施，南

---

[1] 杨学政主编：《云南宗教史》，第 224 页，云南人民出版社，1999 年版。

传佛教逐渐得以恢复并向前发展。进入 20 世纪 80 年代以来，正常宗教活动受到法律保护，滇西南少数民族地州佛教协会恢复组建，各县级佛教协会也相继成立。多数被毁佛寺佛塔陆续修复或重建。正常宗教法事及节日活动逐渐恢复开展，信教群众宗教生活需求得以满足。至 20 世纪 80 年代末，西双版纳、德宏两州范围内，寺院佛塔已超过千座，沙弥 5000 多人，比丘以上僧侣 700 余名①。以德宏州为例，1980 年至 1989 年期间，各级政府拨款修复佛塔的资金达 55 万余元，其中用于重建修复寺塔 42 万多元，资助佛协活动经费约 13 万元。②

滇西佛教至今仍保留着历史上形成的四个教派，即摆庄派、润派、尕列派、左抵派。其中摆庄派和尕列派在德宏傣族村寨影响比较大。在西双版纳则流行的是润派。左抵派因其严格的戒律规矩、清苦的僧侣生活，历史上信众就不多，目前更少，影响较小。佛寺除一些历史悠久、名气较大的外，分布于各村寨的一般都比较简朴随便，没有宏伟华丽的殿堂和精雕细作的装饰。在信教群众中，受过五戒并专注修持的虔诚信徒数量不多，而且大多是年龄在 50 岁以上的长者。在 20 世纪以前，各教派之间虽无大的矛盾与冲突，但由于对佛教教义、戒律各自不同的理解与行为，主要表现在宽松与严格上，各教派之间存在一定的成见隔阂。目前南传佛教派别门户之见已逐渐消除，彼此团结尊重，关系融洽，特别是在教派门类比较齐全的德宏州，从 1982 年以后，各教派均遵从州佛教协会的决议，统一举行浴佛节、入夏安居、出夏安居等重大宗教节日法事活动，呈现出各教派共庆佛教节日、僧俗群众同欢乐的新局面。

云南傣族等少数民族地区大多与缅甸接壤，邻近泰国，这片

---

① 杨学政主编：《云南宗教史》，第 224 页，云南人民出版社，1999 年版。
② 张建章主编：《德宏宗教》，第 187 页，德宏民族出版社，1992 年版。

地区的南传佛教历史上与境外南传佛教有着密切的渊源关系。摆脱同境外宗教势力的联系与控制，成为独立自主、"自治、自养、自传"的宗教，也是当代我国南传佛教的新特点、新任务。按"宗教自办"原则，现境外南传佛教僧侣可以到我国境内朝圣拜佛，但不允许干涉或主持佛事活动，也不能担任我方佛寺的住持。当代南传佛教在教义教理、经典戒律、节日法会等方面保留了较多的传统成分，但因其正处于一个新的历史时期，就其自身来说，也正随着社会文明程度的不断提高而进步。

二、南传佛教寺院"自养"的现实考察

我国南传佛教寺院经济的情况与其他寺庙经济的情况有很大的差别，当代寺院僧侣的生活总体上继承了历史上的由民间供养的惯例，只不过寺院废除了封建领主制，寺院僧侣不分上下，都是国家的主人。

在当代中国，南传佛教和其他佛教教派一样，早已消除了支配社会生活的特征，成为公民个人精神信仰。对于滇西南近100万傣族同胞来说，南传佛教悠悠数百年的传承历史所形成的民族传统意识，使之仍然是他们的主要宗教信仰。滇西南南传佛教一般是以村落为单位修建，僧侣也多为本村寨子弟。近年来，戒律环境较为宽松的南传佛教教派，僧侣生活较为丰富多彩，特别是处于经济比较发达的寺院僧侣，对某些传统教规戒律自主作出了程度不同的改革。例如，德宏州尕列派寺院瑞丽喊撒寺，率先改革过去南传佛教僧侣不做世俗劳动的规矩，僧侣们不仅自己动手轮流劈柴做饭、种菜养鱼、磨豆腐，改善生活条件，而且积极栽花植树、除草铺路、美化寺院及周围环境，形成了"农禅并重"的新局面。

随着改革开放，社会主义市场经济的全面发展，商品经济观念也逐渐在南传佛教僧侣中产生。一些僧侣的短内衣上缝有钱

袋，便于积蓄；有的僧侣直接参与寺院理财；而如现瑞丽姐勒佛塔等著名佛寺佛塔，已开始向日趋增多的观光游客收取门票费。多数寺院有收录机、电视机、照相机等现代设备。沙弥等年轻僧侣大多有自己的积蓄，可购买喜爱的物品，还可以参加如看电影、打象脚鼓这样的公共娱乐活动。僧侣们日常生活中可以使用自行车，出远门则可以乘坐各种现代化交通工具。

由于南传佛教寺院宗教开支及僧侣生活来源于民间供养，在当代傣族社会生活中，对寺院施舍和负担僧侣的吃、穿、住等需求仍然是傣族群众的传统习惯。僧侣日常饭食一般由村民们各家轮流负责，值日人家往往尽其财力备好肉蛋等食物，宁可自己不食也要先送往寺院。有的地方则是村民集资交米，由寺自行开伙。例如芒市菩提寺，1982年寺院管理小组将所属教区分为9个片，每片配制一个"嘎栓木"（鱼状木牌）在各家轮流传递，接到此牌的人家就负责送饭至寺院供僧侣食用；五云寺由东理、北里等9个村寨供养，每天有7户村民值日送饭。1987年初，菩提寺改每日送饭为集资交米，由布庄轮流买菜做饭自行开伙。寺内僧侣4人，教户200多家，每家出钱一元，大米3斤，交寺院管理小组安排使用。除日常供养外，每逢有佛事活动，各家各户都给佛寺赕大米、糍粑、面条；每年佛节，信教群众都向寺院布施黄布，供僧侣缝制袈裟和为佛像披霞。同时，傣族群众还集资、捐物、出力为修建寺塔尽义务，如瑞丽姐勒塔重建落成加冠法会，仅群众布施捐资人民币就一万多元。在一些地区，一般年老的信众均充当一个或几个年轻学僧沙弥的教父母，每年都要给他们提供伞、穿戴衣物及零用钱。加上日常向佛像供奉的香烛、花果、布料等费用，傣族信教群众用于宗教信仰方面的费用，相对来说还是占据了他们生活支出不低的比例。[①]

---

① 杨学政主编：《云南宗教史》，第234页，云南人民出版社，1999年版。

第十一章 南传佛教寺院"自养"经济 289

赕佛仍然是寺院获取收入的重要途径。在滇西南傣族地区，由于南传佛教长期流传而形成的各种风俗习惯随处可见。在傣族群众的日常生活中，每逢一些较重大事情，都有佛寺或僧侣的参与。如新生儿降生，父母将其抱到寺院，请长老念经并赐名；青年人举行婚姻礼、新房落成迁居、家人染疾生病、有人出门远行、操办丧礼等，均迎请僧侣至家中诵经念头佛；现代化的商店开张、企业开业，甚至新汽车、拖拉机的使用等喜庆场面，也能见到僧侣们念经的身影。同样，围绕寺院进行的各种佛事活动也是傣族人民生活中不可缺少的内容，一些大的法事已成为全民参加的传统节日。当代傣族地区传统宗教节日有"浴佛节"（俗称泼水节）、"入夏安居"、"出夏安居"、"献经节"、"塔摆"、"烧白柴"、"豪干节"、"堆沙塔"等等。其中以"浴佛节"最为隆重热烈。20世纪80年代以来，"泼水节"已成为各地傣族固定的民族节日，节日程序比较规范，而且内容也有新的增加。伴随泼水活动的还有民族集体舞蹈、武术、花展、文艺演出、电影、联欢晚会等文娱体育活动，还进行物资交流、商品展销等商业活动，整个节日活动持续数日。[①] 与此同时，我国与周边邻近南传佛教界的相互交往活动也积极稳妥展开，僧侣代表团互访，接纳境外信徒参拜赕佛。

宗教旅游也是南传佛教寺院获得收入的途径之一。近年来，随着云南西双版纳等地区成为我国乃至东南亚的旅游热点，南传佛教的许多佛寺与佛塔成为人们旅游的一个亮点。西双版纳曼飞龙佛塔、曼角佛塔，德宏白治州芒市菩提寺、瑞丽金塔、盈江宝塔等均被列为国家、省、市的重点文物保护单位。成为人们去西双版纳旅游的必去之地。西双版纳傣族自治州勐腊县已被列为国家级旅游开发区，拥有七个国家旅游景区，景区内曼崩塔为重点

[①] 杨学政主编：《云南宗教史》，第236页，云南人民出版社，1999年版。

景点。德宏自治州的梁河县的勐底佛塔、观音寺、太平寺、青龙寺等也是重要的旅游景点。在最新的云南省旅游总规划中，宗教旅游是一个重要项目。位于西双版纳勐海县的大勐笼寺、景真八角亭，景洪的曼阁佛寺、曼飞龙笋塔，德宏州的菩提寺、姐勒佛塔、景罕塔等，都是云南省重要的人文旅游资源。南传佛教寺院将与热带雨林风光相融合形成云南省自然人文旅游的好去处。

佛寺、佛塔等南传佛教旅游无疑为各寺院创造了一个良好的经济收入途径。旅游业本身就有"以一业兴百业"的功能，随着宗教旅游业的展开，必将促进南传佛教寺院第三产业的发展，对改善目前各寺院的僧侣生活，真正实现"以寺养寺"创造良好的条件，同时，也将减轻信教群众和国家的经济负担。

第十二章 道教宫观"自养"经济

新中国成立后,佛道教逐渐获得了新生,在政治上废除了封建特权和剥削压迫制度,在经济上有了自己的空间。在20世纪50年代进行社会主义改造运动中,农禅并重、自立自传自养成为各寺观的主要潮流,但"文革"的冲击中断了寺观经济这一历史转型。十一届三中全会以后,拨乱反正,宗教信仰自由政策得以恢复,佛道教寺观经济有了新的发展,从发展趋势来看,普遍都有从传统意义的"农禅并重"向市场商业化的转变。但佛道教寺观经济的发展,从总体上都是以"自养"为目的,并且是在政府有关寺观"自养"政策的保护和监督下进行的,这也是寺观经济与其他经济形态的重要区别。

第一节 历史上道教宫观的"自养"情况

历史上,由于道教深受封建统治的青睐,与佛教一样,成为我国传统文化"儒、释、道"的重要组成部分。由于道教的基本教义主张"无为而治",得到统治阶级的认同,道教一度被奉为"国教",其势完全可以与佛教媲美,得到统治阶级与贵族阶层的大力扶持,因而,道观经济与佛教寺院经济一样,具有明显封建性质,是我国封建经济的一个组成部分。

一、道教宫观观产的形成

如果中国古代宫观的类型也同寺院一样可以分为官寺、私寺、民寺三种的话，那么宫观经济的情形就与佛寺没有两样。在中国，属于自然宗教的寺庙主要是原始祠庙。由于道教对原始宗教的全盘吸收，使道教的财产十分丰富，"正像中国佛教和道教是中国僧众集团最为庞大的宗教一样，中国佛寺和道观的观产也是中国各式庙中最为雄厚的"，[1] 这说明道教在历史上的财产形成在一定时期不亚于佛教。

但事实上，中国早期道教并不严格要求信徒出家，故而除了少数精英道士——常常是神职人员而外，道观僧众集团并不庞大。只是在宋元之际，由于全真教等派的崛起，严格要求出家修行，寺庙僧众集团才日益膨胀，形成与佛教难分高下的局面。与此一致，道观的观产成倍增长，影响日重。[2]

据《三国志·张鲁传》载，早期五斗米道均作义舍"置义米肉悬于舍，行路者量腹取足"。由此可以看出中国早期道教寺庙已有恒定的经济收入。这些经济收入的来源大概分为两个层次：下层教徒必需的入道资费（受道者出五斗米）与上层教徒自愿的带产入道。李家道时，"然虽不屠宰，每供福食无有限剂，市买所具，务于丰泰，精鲜之物不得不买。或数十人厨，费亦多矣"。[3] 这种僧众消费逐渐奢化的倾向很明显是与一定的寺庙经济联系在一起的。晋、宋之际，道教在组织形式上出现了具有重要意义的变化，兴起了道馆制度。道馆是出家道士集体进行宗教活动与修行生活的场所，它的出现，标志着道教僧众集团的扩大，这就要求道教经济必须有一个根本的转变以与之适应。这一时期，道教寺庙的经济来源不再依靠征收道民的"天租"，除了道师传授经典、替人作斋祈福治病所得报酬外，主要依靠帝王、官府和贵族富豪之家的赏赐和施舍供养。在这种基

---

[1] 段玉明著：《中国寺庙文化》，上海人民出版社，1994年版。
[2] 段玉明著：《中国寺庙文化》，上海人民出版社，1994年版。
[3] 葛洪：《抱朴子·道意篇》。

础上，一些道馆开始拥有相当数量的自己的房舍地产和供养驱使的馆户。据推测，馆户即当时依附于道馆的奴户。

隋、唐时期，是道教的鼎盛时期。其原因，一方面是佛寺经济膨胀的刺激，一方面是李唐王朝的偏爱，当时道教与唐室的结合，成为皇族宗教。为此宫观经济急速发展，形成与佛寺难辨雄雌的格局。唐高祖敕建亳州老君庙，同赐封户20余户。唐玄宗在全国遍建玄元皇帝庙，各观准有道士37名，尽赐庄园、奴婢以供自养[1]。唐时出于经济原因主张废佛的议论总是殃及道教，说明此时期宫观经济的影响之大。隋、唐之后，佛、道二教再次得宠，倾家破财的自愿捐助在士庶公贵之中重新掀起高潮。宋徽宗时，在全国大建神霄宫，各宫均拨田产千亩以为恒产，各宫道士乘机豪夺巧取，土地占有达数万亩之多。至兴道改佛，道教寺僧肆无忌惮地侵占佛教寺院和财产，如西京佛寺崇德院被改为神霄宫，其寺21000亩田产即尽为道教侵占。这些田产众多的宫观不向国家纳税，直接影响到国家的财政收入，以致金兵围困汴京时政府不得不从宫观搜检钱财以充军费[2]。王喆立教之初，令出家者住寺修行，居住条件力求俭朴，自解草莱，营造庐舍，耕田自给，颇得当时社会士人的好评。及至宋代，全真道观纷纷背离初旨，大兴土木，购置田产，成为拥有大量土地和田舍的封建贵族集团，道观僧众不再自食其力而过上了坐食租米的生活。

道教之分派，始自宋、元之间，最具影响的是全真派（要求道士必须住观修行）和正一派（道士不一定住观修处，可在家中修行）。一支道派，实际上是以宗教为联系纽带的一个大家族，有共同尊奉的祖师，有共同遵循的代代相嗣的系谱，有共同的戒规，有共同奉信的经典和信行的道术，有共同的祖庭，在本道派内丛林财产

---

[1] 段玉明著：《中国寺庙文化》，上海人民出版社，1994年版。
[2] 段玉明著：《中国寺庙文化》，上海人民出版社，1994年版，

公有，如北京的白云观。元世祖时，令张留孙居崇真宫以掌祠事，赐予良田、粟园若干顷。而易州龙兴观，观地不计亩数，菜园4所，宫观所需无所不备。元成宗时，曾有贯翁作先天观于龙虎山南僻静胜处，观前田可耕地稼者百余亩，其山破荒发坚，悉种花果草木，茂林处处。对佛寺可以大开赐门的元朝政府，对于具有同样社会效果的道观也不会过于吝啬。并且可以推论，宫观经济在元代也应该是达到了一个新的高度。然而宫观道士以此作为后盾，为所欲为，无恶不作，对国家经济、政治的稳定造成极大的破坏。

明时，洪武十五年（1382年）间，朱元璋明令禁止僧侣、道士买卖土地；二十七年（1394年），又设钻基道人，"以主差税"，① 明时宫观经济对国家影响之大由此可见。从此以后，随着历代帝王崇道加剧，宫观经济愈益雄厚，至明世宗时达到顶点。然而明朝道教虽然规模盛大，但宫观经济势力却并不大。朝廷对宫观土地的数量有一定限制。对宫观土地的赏赐，除洪武年间曾对京城宫观有一些数量不大的记载外，未有较大数量的赏赐。在明代，大土地所有者往往是皇室、宗藩、贵戚、宦官、勋臣、官僚及地方势豪，同时宫观田地必须由朝廷征收赋税。因宫观田地编册如民科收赋税，农民也就没有把田地投献给宫观的必要，这在客观上限制了宫观土地的集中。因而明代的宫观经济始终没有发展起来。清朝时，雍正九年（1731年），敕修龙虎山上清宫、赐银为龙虎山诸宫观置买香火田数千亩，耗银万3余两。而北京白云观在清末民初占有土地5800余亩，年收入近30000元。② 正一、全真两派其他宫观恒产的情况由此可以得其大概。

再如武当宫观由于官府干预和生计所迫，地产逐渐被卖掉，到民国十一年（1923），武当各宫观庵庙道人自种和收租课粮仅有

---

① 《太祖实录》卷184。
② 段玉明著：《中国寺庙文化》，上海人民出版社，1994年版。

588.42石，许多庵庙已难以维持生计，只有靠"募化度日"[①]。清代以后，道教遭受革命运动和内忧外患的冲击，更趋衰弱。1911年，满清帝制被推翻，成立中华民国，江西都督府取消了龙虎山张天师的封建特权，"天师"之号成了一种世俗惯称的沿袭。1919年五四运动时期，青年学生掀起科学和民主的思潮，浸透着封建宗法思想的道教受到了强烈的冲击，其教义、教理中的封建伦理基础也发生了动摇。1928年，国民党颁布神祠存废条例，民间的道教俗神祭祀受到限制，部分道教观庵被改为学校、机关、军营。遭此打击，道教教团进一步萎缩。由于当时的大多数人包括部分上层人士将正宗的道教活动误会为占卜、推命、看相、驱邪等迷信活动，道教在急剧的社会变革中被看作低级的封建迷信组织而受到知识阶层的遗弃。1949年第六十三代龙虎山天师张恩溥移居台湾，在台北市觉修宫成立天师府，从此张天师正一教成为台湾道教的领导核心，而正一派传承在大陆暂时中断。

总而言之，历史上道教财产的主要来源：一是皇帝的赏赐。如明代自永乐皇帝大修武当宫观之后，武当宫观内的神像、供器、法器等几乎全由皇室奉送和御赐，就连宫观内所使用的香烛灯油及道士制作道服用的冬夏布匹，也由皇帝从国家正税中支出。明代武当道士号称"官道"，专为朝廷建醮祈福，他们食用的粮菜，全由皇帝拨给田地佃户，犯人耕种加工。这一政策是明成祖朱棣制定的，一直执行到明末；二是百姓布施。中国民间百姓及官僚士绅凡信仰佛、道教者，皆乐于向宫观寺庙布施功德钱以为建筑维修、僧道生活之费。

二、宫观经济的基本形式

历史上宫观经济的经营形式从总体上与佛教没有太大的差

[①] 《续修太和山志》卷一。

别，但是据资料显示主要以农业和寺街、邸店、庙会经营等为主。

其一、农业生产。道观往往把通过各种途径所获得的田地租给佃户耕种，从而获取佃地的租课收入。如湖南玄都观有田25亩，自种水田4亩，山土3亩，蔬菜自给，林木柴山纵横十余里，油茶林可供食用。常住道士80余人。[①] 位于城郊或农村的宫观，有的出租土地，有的自耕自食。唐、宋以前，地租形态一般采用劳役地租的形式，这一租佃关系下的非生产资料占有者在经济上和人身依附关系上，都是较少自由的。唐宋以后，随着中国封建经济发展到顶峰，人身依附关系相对削弱的契约租佃制普遍盛行，地租形态逐渐由以劳役地租为主向以实物地租为主转化。实物地租是指生产资料所有者在地租形态上通过产品占有的形式获得租佃对象的剩余劳动。实物地租又有分成与定额两种，成为中国封建社会后期的主要地租形态。也是道教宫观经济农业租赁的主要形式。在武则天至睿宗时期，诸寺观广占田地及水碾，侵害百姓，两京寺庄大为膨胀，成为严重的社会问题。宋、元以后的道教普遍受到禅宗的影响也颇重视农业劳动，从而使中国后期寺院寺产的自营成分明显加重。由于这种自耕乃是以寺内僧众的无偿劳动作为前提，因而在实质上可以看作是农奴制经营的转型。[②] 明代中期，在山外新垦民地17,550亩，每征黄豆1517石4斗7升7合，为道众蔬菜之用，名曰"佃粮"，另外又征黄豆157石4斗4升7合，名曰"种办"，每斗折钱45文，建国前黄庭观有田29亩，计征钱700余缗。如建国前长沙云麓宫主要靠位于岳麓山下鹅埠河一带数十余亩粮田为生，承包收租，

---

① 湖南省地方志编纂委员会编：《湖南省志》，第27卷，《宗教志》，第218页，湖南人民出版社，1999年版。

② 段玉明著：《中国寺庙文化》，上海人民出版社，1994年版。

加上微薄的香火、茶水收入补充①。

其二,寺街、邸店的经营。位于城市的宫观往往靠房租或从事生意买卖,而宫观邸店的来源与田地一样,不外是购置、赏赐、捐舍诸途。如南岳最大的道观九仙观在清雍正十三年(1735年)有田727.3亩,土地来源出自官家赠与和信士捐助②。但一般来说,宫观邸店经营方式多为租赁,租息则视店况、时代、地区各种因素而定。旧时,四川灌县二王庙庙产除田地、山林而外,另有河街一条,占有铺面房屋300余间,其中有烧房(酿酒)、案卓(屠宰坊)、栈房(旅店)、烟馆(卖鸦片)、饭店、纸蜡行(卖纸钱香蜡)杂货店等等。每当庙会,道士们采用昼夜轮班住店的办法,分别安排善男信女进香时间,仅让进香者在栈房稍事休息,使栈房床位日夜周转,牟取暴利。③泰山南天门的"天街"当时是一条商业街道,湖北均县武当山下的草店、等等,都应该看作是寺街的发展。山寺而外,不直接位于城镇之中的寺庙如四川灌县的二王庙,也有自己所属的寺街。

其三,庙会。庙会是宫观经济的重要形式。"庙会"也称"庙市",是中国传统的集市形式之一。但与一般意义上的"集市"概念又有所不同,它包含二层涵义:宗教活动与商贸活动。发展到后来,宗教、文化与商贸活动结合在一起,无可分割,商贸活动往往成为庙会主要活动内容。"凡遇庙会,商贾舟楫,朝献踵至,一市为之鼎沸"④。庙会实际上成为城镇稳定集市的重要补充形式。近代,在有的地方,群众把真武提升到了主宰一切

---

① 湖南省地方志编纂委员会编:《湖南省志》,第27卷,《宗教志》,第218页,湖南人民出版社,1999年版。
② 湖南省地方志编纂委员会编:《湖南省志》,第27卷,《宗教志》,第218页,湖南人民出版社,1999年版。
③ 胡昭曦:《四川古史考察札记》,第275页,重庆出版社,1986年版。
④ 《古今图书集成·神异典》卷30引《括异志》。

的保护神地位，祈福、消灾、解厄，无不求助于真武，真武庙比较集中的山西、河南、湖北一带，每年农历三月初三是真武大帝的生日，也是各地举行盛大庙会的时节。而四川青羊宫一年一度的花会（老君会），据称起于唐、宋，每年农历二月十五日老君生辰举行。由于气候温和、土地肥沃、雨量充足，成都地区很早即以盛产花木著称。唐朝宋以后，花木交易与青羊宫庙会会合，于是逐渐形成成都郊区以及附近的郫县、彭县、灌县、新繁、温江等地的花农，纷纷将其培养的花卉花种搭棚支帐，摆搬以售，在青羊宫内形成一个赛花、赏花、购花的盛会。四川所产各种鸣鸟，如画眉、鹦鹉、白燕、四喜、黄莺、八哥等，也在会内出售。不仅如此，花会还是一个重要的物质交流会。花会期间，四川各地所出特产纷至沓来。郫县豆瓣、德阳酱油、漳川豆豉、涪陵榨菜、新都桂花糕、仁寿芝麻酥等杂货糕点，嘉定大绸、成都锦缎等日用百货，以及各式竹器、木器、农具、农副产品等等，都是会上受人欢迎的畅销物资。与此同时，成都著名小吃和川菜也在会上设点贩卖，富有地方色彩的川戏、曲艺，更在会上大显身手，每至会期，摩肩接踵，熙来攘往，热闹非凡。①

其四，香税。香税是对朝山香信士一个特殊税种，尤以清时期泰山、武当山两处的香税制度最为著名。关于香税的定义，《岱史》曰："曷云乎香税也。四方祈禳之士女捧瓣香谒款神明，因捐施焉，而有司籍其税以助国也。夫概天下香税，惟岱与楚之太和山也。"这说明香税是明清国家财政收入的补充部分，具有确定的税率及强制性等特点。由于太和山香税主要用于本山宫观维修和为皇室建醮之需，故应归入宫观收入。自永乐间大修宫观之后，全国各地朝武当的信士信女日益增多，自愿布施捐献的钱物如云委川赴，源源不断。这些钱物虽有用于宫观维修等正当开

---

① 段玉明著：《中国寺庙文化》，第368~369页，上海人民出版社，1994年。

支的，但也有相当部分被几任提督、太监私吞。

除此之外，香火和经忏收入也是宫观经济的来源。宫观香火包括信众的功德和斋醮收入。凡宫观必有香火，有香火就有香资，只香资收入多少而已。南岳大庙每年七八月一届香火，道徒一年基本生活即所差无几。长沙陶公庙常年香火不断，道徒兼营香烛纸钱。尤其是每年春秋两季庙会，四方善男信女云集，香火更盛，收入可观。有些道观为地方补灾除祸，举行斋醮活动，也有一些固定收入。正一派道士散布在各地农村，具有亦农亦道的特点，除平日从事农业生产外，为丧家做超亡道场就成了他们的主要经济来源。[①] 经常性的香客布施功德钱物，历年已久，难以计算。另外，高利贷的形式在宫观经济中也占一定比重。但道教与佛教还略有不同的是：在经济上，总的说来，有地主庄园性质的宫观是少数，大多数是属于既有宗教收入又有劳动收益的所谓宗教职业者，宗教收入为主要经济来源。

历史上，明代尤其是明初对道教的整顿和管理，也建立起中国封建社会最完备的管理措施，在中国宗教管理史上具有重要地位。但在具体执行过程中，由于其管理制度终归是封建政体下的制度，其确立、演变、具体实施、完善和废除等，均受封建王朝最高统治者个人意志的左右，以致其政策无连续性和稳定性可言。再加上明朝由盛至衰，由于社会和时代的关系，各项制度不能完全实施，在具体的执行过程中有成功也有失败，而一些制度的破坏是政策制度者自身开始的。但总的说来，明代对道教的管理是卓有成效的：在明初就基本确立了有利于维护王朝政权的管理方式和措施。洪武以后，各朝基本上沿袭并有丰富和补充。这套管理方式包括完备化的管理机构的设置、专一化的管理职能、

[①] 湖南省地方志编纂委员会编：《湖南省志》，第 27 卷，《宗教志》，第 218 页，湖南人民出版社，1999 年版。

法律化的处罚条例……，它们是对以往历代宗教管理制度的集大成之举。通过对道教的管理，为明初社会经济的恢复和发展提供了充足的劳动力，保证了赋税征收对象的增加，防止了道教势力的恶性膨胀。但是由于种种原因也由于历史发展的大趋势，这一套管理制度随着明王朝由盛至衰，也逐渐丧失了其积极作用。

第二节 当代宫观"自养"经济的形式

新中国成立后，我国道教原来依附的经济基础和社会制度发生了巨大的变化。道观中的封建特权被取缔。中下层道士成为国家的主人，有的道观逐渐成为文物与旅游场所，而不再有道教活动。道教宫观原来的经济来源也发生了根本性变化。过去来自帝王、官吏、富绅的大宗赏赐不可能再有，经过土地改革，出租土地或放高利贷进行盘剥也不能继续下去。国家在土地改革运动中也给居住道观的道士分了土地，由他们集体参与经营。如新中国建立后土地改革时，青城山各庙道士同样分得一份土地。1950年成立天师洞庙务管理委员会，道观内的封建等级管理制度也得到了全新的改变。我国道教道观的管理历来有定规，组织严密，分工明确。各道观均为子孙丛林。新中国成立后，原来由几千年封建制度所形成的道教宫观管理体制能不能适应新的时代要求，道教与佛教一样废除了封建家长制的丛林制度，在保持原有宗教活动的组织体系外，各地道观纷纷建立起由选举产生的民主管理机构，大部分道观都建立了民主管理委员会。

1957年成立的中国道教协会，在党和政府的宗教信仰自由政策的保护下，也进入新时代。道教在政治态度上也发生了根本转变，逐步改变超脱尘世，不问政治的状况，能够适应新社会的要求，接受共产党的领导，走社会主义道路。开始主张道士参加农业、手工业及服务业的生产劳动,以实现其"自养"。宫观经济方面也发生重大改变。土地改革没收了宫观的多余土地,取消了地租收入,道士们开始从事生产性劳动以自食其力。对道教界生活困难者,政府则给予适应的照顾。成立的宫观民主管理委员会,改变了封建性很强、等级森严的宫观管理制度。

道观的经济收入在新中国建立以前,主要依靠收取地租,以维持寺观中的经费开支。此外,还有看管香火、应赴香火、应赴经忏、信众布施、放高利贷,在道观中经营商品、房屋出租等。新中国成立后,各地道士,纷纷组织起来,从事手工业生产和农业生产劳动及旅游服务业。产业从无到有,从小到大,由手工操作到机械操作,使生产不断得到发展,为祖国建设作贡献,从而改善和提高了各自的生活水平。道观经济的经营范围也比建国前扩展了许多。

党的十一届三中全会以后,道教和我国其他宗教一样迎来了恢复和发展的新时期。道教界的冤假错案得到平反,修复并开放了一批重点宫观;被占房产和散落在外的财产陆续得到清退;道教组织重新恢复活动,流散的道士陆续回到道观内;各地正常的道教生活得到恢复。道教宫观经济中,为推动道教徒为祖国建设多做贡献,逐步实现宫观"自养",如著名的四川都江堰市青城山道协办了道家酒厂和茶厂,湖北武当山道协办了制药厂,江西茅山道院办了泥塑厂,北京白云观办了服务社。还有许多地方的宫观也大都根据各自的条件,从事农业、手工业、育林护林、种植果木、采药等,取得显著成绩。佛教寺院更是香火袅袅,呈现出发展的景象。

当代道教宫观经济的经营形式与历史相比,不再是以农业种植为主要形式,在社会主义市场经济体制下,伴随着社会经济的发展,道观经济的形式也呈现多样化,出现农、工、商、贸、旅游并举的局面，但公益服务业仍成为各道观经济的主要形式，物质资料生产的经营项目较少，只有少量的农牧业和手工业。

一、宫观农业与商业

新中国成立后，我国广泛地开展了土地改革运动，彻底地消灭道教宫观的封建剥削制度。就占有田产而言，土地改革后，田租不复存在，但宫观农业经营形式仍然存在，在一些城郊地区还是主要形式。通过土地改革，农村道观中的道士分得一部分土地，开展生产自养。许多道观普遍开展多种经营，扩植果树，广种蔬菜，开荒种茶。如玄都观是南岳（湖南省）中较大的一处道观。建国后，玄都观被辟为佛道生产合作社，社员均为道士。道众一面坚持道教的日修功课，一面从事农业生产，以资自给，宫观同时辟出一部分田地设招待所，供游人食宿这也成为观中的一项经济收入来源。

道教宫观也普遍实行"农禅并重"制度，特别是山区的一些道观，经济收入的主要来源为农林业。道士一面悟道，一面从事劳动。但是城市中的道观，由于没有田地，农业的经营基本消失，主要以发展商业、旅游业为主。

改革开放以后，各地的道教宫观逐步转移到了以旅游、接待和香资收入为主要经济来源"自养"途径上来。在名胜风景区，各宫观均设有招待所，从事各种公益服务，如工艺品店、经书流通部、书画销售部、素食餐厅、小卖部、茶社等多个铺子和摊点，道观门口也卖自己生产的香烛，从而把游客、香客的消费吸引到道观内来，力图通过自己出售的东西，来满足大众的需要。事实上，像这样的服务部，在全国各大道观均有设置，成为各宫观经济收入的稳定来源之一，既实现了以观养观，自食其力的要求，又使宫观生活水平日益提升。

二、宫观旅游业

道教的名山和著名宫观都是我国传统文化旅游资源的瑰宝，具有重要的旅游价值。改革开放以来，我国道教以道观景观和文物优势开发了旅游业。有的宫观开设了宾馆、饭庄、茶室、冷饮部，成为综合性小社会。道教还恢复了传统的庙会市场。所有这些共同构成了我国特有的旅游景观和资源，吸引着四方游客纷纷前来。

道教文化是中国旅游文化的重要组成部分，对中国旅游文化的发展起了重要的促进与保护作用。如道教以成仙得道，返璞归真为宗旨，认为高山是神仙所居，因此，当代中国许多旅游风景点都得益于道教文化的传播而名扬天下，如古代道教有修道成仙之说或传为神仙居住之地的十大洞天、三十六小洞天、七十二福地等胜景都在风光雄奇秀丽的名山之中，至今仍是人们所向往的旅游景点。而武当山、青城山、泰山、崂山等，旅游资源潜力极大，几乎可以成为我国传统的自然和人文旅游的标志和旅游热门景点。中国摩崖与石窟造像与佛教诚然有着很深的关系，但并不是说只有佛教才有这一艺术形式，四川省保留的一些道教摩崖与石窟造像也具有深厚的旅游价值。

四川道教摩崖与石窟造像

地　　点	年代	龛窟
四川绵阳玉女泉	隋唐	30
四川安岳玄妙观	唐	75
四川剑阁鹤鸣山	唐	4
四川丹棱龙鹄山	唐	30
四川大足石门村圣乐洞	北宋	7
四川大足南山玉皇观	南宋	4
四川大路产舒成岩半边庙	南宋	4

（段玉明：《中国寺庙文化》，第565页，上海人民出版社，1999年版。）

而所有名山，无一例外都有著名宫观建筑，以泰山为例，泰山最重要的建筑之一——碧霞元君祠，历经九百多年风雨至今保存完好，现为全国道教重点宫观之一。每当云海翻滚时，高低错落、铜顶熠熠发光的碧霞祠，时隐时现于山巅云际，如天上的仙宫琼阁一般，每年都吸引众多游客到此游览。1987年联合国教科文组织将泰山列入《世界文化和自然遗产名录》，泰山从此走向世界，成为全人类的共同财富。而在青城山不但宫观遍布，宛如琼宫玉宇，而且自然景观出众，特产丰富，每年都吸引中外游客纷至沓来。

近年来随着人民生活水平的不断提高，文化生活需求增加，道观旅游热逐年升温。旅游业的发展促进经济繁荣，有的道观仅门票一项收入就颇为丰厚。此外，旅游还促进了道观内服务项目的发展，茶水、点心、素食部、纪念品乃至不同水准的招待住宿等，经济收益也颇为可观。由此可见，寺观旅游业是各道观实现"自养"的重要途径，不仅带动本寺观第三产业的发展，也是道观所在地区经济发展的重要推动力量。

三、庙会经济

庙会作为中国传统的民俗文化活动，既是古代文化的缩影——"活化石"，又是传统民俗文化的再生态，具有深厚的文化内涵和美学意境。从审美的角度，以审美鉴赏的高度及整体美、意境美的层面，会发现庙会活动中蕴含丰富的本体美、天人合一的和谐美、身心愉快的生活美、恢弘阔大的繁盛美、异彩纷呈的民族风格美。逛庙会是一种身心愉悦的生活享受，蕴涵着一种"生活美"，庙会中有宗教美（心灵美）、市场美、文艺美以及建筑美、环境美的体现。从庙会活动类别来看，游艺、文艺、展览、民俗商品等大都是满足人们精神需要而存在，这些活动大都与民俗活动有关，或者为了满足人们的精神慰藉，或者为了实现审美、娱乐、游玩的庙会活动功能，具有浓郁的生活气息。保持着清新质朴的风格与民众亲近的庙会活动，使民众的生活更为丰富多彩。

千百年的历史沿革，使佛道教与中国的民间习俗有着千丝万缕的联系。庙会现象在寺观经济中已是一种非常明显的经济现象，甚至是寺观收入来源的一种重要途径。

北京白云观作为北方地区的全真教第一丛林，在民间有广泛的影响力。过去，观中比较隆重的节日就有5次：正月初七、初八为"燕九节"，是长春真人丘处机的诞辰；三月二十五是道教教主太上老君的生日；四月十四是吕洞宾的诞辰。节日庆典时，人们到白云观摸石猴、打金钱眼、拴娃娃、求顺星，祈求平安吉祥。每年春节前后的庙会更吸引了无数游人和信徒，尤其是正月的"燕九节"，观中特别热闹。相传这一天是丘处机的生日，每逢这天信徒们要为他祝寿，后来逐渐成为全民参加的盛会。而"燕九节"的前一天晚上又被称为"会神化"，据说丘处机死后每年都会在这个时候变成士绅、游人、乞丐等重返观中，有幸与他相逢的人能逢凶化吉，祛病延年，因此这天晚上前来烧香礼拜碰运气的人络绎不绝。如今，白云观不仅再次向游人开放，而且还恢复了极具道教特色的民俗庙会和部分民俗活动，成为人们了解中国宗教文化与传统习俗的重要场所。据笔者近两年春节期间亲自走访白云观访查了解到，仅初一至十五，近半个月的庙会活动，就给白云观增加了可观的收入，每年仅春节期间的收入可达数百万元。

全真教祖庭——白云观

说起全真道，人们往往想到的不是创教者王重阳，而是他的弟子丘处机。在全真道宫观中，丘处机出现的机会也远远多于他的师傅。这是因为，重阳祖师虽然创立了全真道，但真正使全真道得到朝廷的承认，并在民间发扬光大的则是丘处机。丘处机生前传道、死后埋骨之地白云观，也格外受到朝廷和民间尊崇，成为全真龙门派祖庭，享有"全真第一丛林"之誉。

白云观位于北京西便门外，始建于唐，是唐太宗为祭祀老子而建造的，当时叫天长观。观内至今还有一座汉白玉石雕的老子坐像，据说就是唐代的遗物。此像线条古朴自然，成为白云观的镇观之宝。公元1174年，白云观重建，规模更胜从前，成为北方最大的道观。元初，丘处机应元太祖成吉思汗之邀西行归来在这里住持，改名"长春宫"。丘处机仙逝后，其弟子于长春宫东建处顺堂（今丘祖殿）安置灵柩，并以此堂为中心建下院白云观。明永乐年间，以处顺堂为中心重建，并更名白云观，始定现在的格局。现中国道教协会设在此观。

上海城隍庙

上海城隍庙的庙会影响也是相当大的，并已成为上海历史文化不可或缺的一个组成部分。城隍庙历时六百年，几经沧桑，随着上海巨变和宗教政策的落实，昔日老庙如今换了新颜。城隍庙历来由正乙道士作为住持加以管理。其经济收入主要依靠经忏、卖经、立位、普堂、通疏、香金、乐助、灯油、签卷。其宗教活动一般以正月初一、正月十五为最盛。明清两代，城隍庙道士的主要宗教节日为"三巡会"、农历二月二十一日的城隍诞辰和农历三月二十八日的城隍夫人诞辰。城隍出巡排场阔绰，仪仗极盛，一路上浩荡总有几里路长。除宗教节日外，城隍庙的香火仍然很旺，每天下午几乎都成为庙会集市。历史上，城隍庙摩肩接踵的游人，鳞次栉比的商铺，琳琅满目的小商品，江南水乡风格的九曲桥，苏州园林风格的豫园，品种繁多的茶点，诱人馋涎欲滴的"城隍庙奶油五香豆"以及城隍庙香烟缭绕的殿堂，成为上海的一道著名风景线，历代沿革经久不衰。建国后，在党和政府的领导下，城隍庙恢复了道观的完整建筑面貌，由道教实行了民主管理，宗教活动得以正常进行。每年都有数以万计的中外道教信徒进香礼拜，平时也是上海群众的主要游览场所。特别是十一届三中全会后，随着宗教政策的逐步落实，城隍庙每至春节和香期，数以万计的信教群众自发地到大殿前烧香，烛光闪闪、烟雾缭绕。1994年"上海城隍庙修复委员会"正式宣布成立。现在，上海城隍庙置身于"上海豫园旅游商城"之中，周围是始建于明朝嘉靖年间的江南名园——豫园，九曲桥湖心亭，绿波浪酒楼，还有一处明代建筑风格的国际购物中心，美食小吃街、工艺品公司、南北土特产小商品总汇、娱乐购物中心，它们与重焕青春的老城隍相映成趣，相得益彰，美不胜收，真正做到了集逛庙、购物、小吃、游乐为一体，让海内外客人重温旧日的"白相城隍庙"的温馨与快乐①。

中国民间的城隍信仰

城隍本是民间信仰的地方守护神，其职掌守御城池，保障地方治安。后来道教将其纳入道教俗神体系，将其职掌也扩大为除凶翦恶、安邦护国、调和风雨、管理亡魂。

---

① 朱良锏：《话说上海城隍庙》，载《中国宗教》，1997年第1期。

俗语说："天高皇帝远"，旧时代老百姓最怕的是地方官吏。说到地方官，最低行政长官要算县令了。虽是小小的七品芝麻官，却是兵刑谷学总揽于一手，实权在握。在道教的神仙世界中也有一位相当于县令老爷的阴间父母官，那就是城隍。城隍原是民间的神祇。据说安徽芜湖的城隍祠建于东吴赤乌年间。南北朝时都有祭祀城隍的记录，到了唐代，城隍之设已很普遍。明代对城隍更为重视。"洪武元年，诏封天下城隍神，在应天府者以帝，在开封、临太平府和滁二州者以王，在凡府州县者以公、公侯、以伯"。后来又改称某处城隍。洪武四年，"特敕郡邑里社各设，无祀鬼神坛。以城隍神主祭，监察善恶。未几，复论仪注：新官赴任必先谒神与誓，期在阴阳表里以安下民。盖凡祀祭之文，仪礼之详，悉出上意，于是城隍之重于天下蔑以加矣。"（明·何孟春：《馀冬序录抄摘内外篇》卷二）城隍的"神通"也越来越大，"其神天地储精，山川钟秀，威灵显赫，圣道高明"，"有求必应，如影随形"，"代天理物"、"护国保邦"，"普救生民"（《太上老君说城隍感应消灾集福妙经》）谁还敢不对之顶礼膜拜？不过，城隍大多是由在该地历史上有过功绩或有过重要影响的人担任。比如，宋代镇江、庆元、宁国、太平、芜湖等地的城隍为汉将纪信。明代南京城隍为文天祥。

上海的城隍庙文化推动了上海经济的发展，一些专家认为，中国今天的许多市场多由庙会演变而来，以货易货的形式演绎而成。上海城隍庙对上海市的形成起到过巨大的作用。现在的上海城隍庙对在旅游上形成庙寺经济集团体系，促进上海旅游业的发展所起到的作用非常明显。

庙会经济现象很明显的功能在于：一是创造了很多的就业机

会；二是繁荣了社区经济；三是活跃了寺观所在地的市场经济。这种经济现象，是透过传统文化现象反映出来的，说明中国百姓对自己传统文化的热爱和崇拜。

四、宫观经济的进一步发展

我国道教道观的管理历来有定规，组织严密，分工明确。各道观均为子孙丛林。民国年间，天师洞、上清宫等处共有土地684亩，足以自给。新中国建立后土地改革时，青城山各庙道士同样分得一份土地。1950年成立天师洞庙务管理委员会。1985年，召开了四川省、成都市及灌县（现都江堰市）三级现场办公会议，确定了"政府管山、道士管庙、兴办旅游在庙外"的原则。经批准，将天师洞、祖师殿、上清宫、圆明宫、玉清宫等道观，作为开放的宗教活动场所，在人民政府宗教事务部门领导下，交由道教协会管理。当年即成立"青城山道教宫观管理委员会"，并制定出管理制度。

多年来，青城山道众贯彻清修与劳作并重的传统，在青城山道教协会带领下，全山道众发扬道教"以劳作而食为天赋"的优良传统。用自己的辛勤劳动，发展生产，为旅游服务。在实现自养的基础上，新建道教乳酒厂，形成道家特产品牌——"洞天乳酒"，建立了饮料厂、茶厂，形成道家特产——洞天贡茶和道家泡茶，形成了富有特色的"道家菜肴"；截止1997年，新修宫观建筑面积16150平方米，新修凉亭35座，整修游山道路10公里，桥梁3座，同时发展了旅游服务性企业，在实现自养有余的条件后，努力兴办公益事业，受到各方面的赞誉[1]。

道教是中国土生土长的宗教，道教文化是中华传统文化的重要组成部分。在新世纪里，道教面临着面向世界、回应现实、发

---

[1] 王纯五主编：《青城山志》，第199页，四川人民出版社，1998年版。

扬传统、济世利人的时代要求。

当今世界，科学技术的迅猛发展和经济全球化的浪潮，使不同地域之间的人们的联系更加密切，物质生活也更加丰富，同时也引发了诸多需要全人类共同面对的新问题，如人心的、社会的、伦理的、生存环境等问题。如何应对现代化带来的这一系列问题，既是世界各大宗教共同面对的机遇与挑战，也将是影响各大宗教未来走向的重要因素。对道教来说，就是如何在现代社会中明确自己的生长点，以何种姿态应对挑战，既发扬优良传统、又能适应时代变革的要求。简言之，就是要完善自我，融入大我，传扬文化，融入生活，从而实现道教应有的文化的宗教的普世价值。

传扬文化，用现在的话说就是要强调"文化道教"的努力方向。根源于悠久华夏文明的道教，历来高度注重文化建构。道教重要经典《元始无量度人上品妙经》曾说："无文不光，无文不明，无文不成，无文不度，无文不生。"道教认为文化源于自然，是"无上大道"的显现。由此，道教形成了有言、有教、有理、有义、有传、有授的道德化学说，积累了丰富的经典和著述，构成了独具自己特色的探索人生、社会与宇宙奥秘的文化体系，并对我国传统文化的各个方面和华夏民族思想都产生了重大影响。道教文化中所特有的尊道贵德的教义宗旨、成仙得道信仰理想、齐同慈爱的包容精神、顺应自然的行为原则、济世利人的社会责任、抱朴守真的价值取向、性命双修的养生学说、天人和谐的生态智慧、清静恬淡的人生境界、崇俭抑奢的生活信条等等，在现代文明发展进程中仍有着重要的价值。

文化的传扬，是以落实于人们的社会生活为依托的。道教文化中蕴含着丰富、深邃的生活智慧，需要我们努力挖掘大力弘扬。只有将道教的文化精神和思想智慧落实于生活，圆融于生活，才能更好地实现道教济世利人的社会教化责任。为此我们曾提出要"践行生活道教,德臻人间仙境"。道教认为,道是蕴藏在人的生命和生活中的,《西升经》中说:"道在人中,人在道中;鱼在水中,水在鱼中,道去人死,水干鱼终。"因此,道不远人,人应守道。若能遵道行,虽则和光混俗,而真性不昧,这样就能即世间而超世间,不离生活而又升华生活。

要实现传扬道教文化,净化社会、升华人生价值理想,对当今道教界来说,关键在于不断完善自我。其一是要坚持自我的宗教情怀和文化精神,又要兼容并蓄,融入"大我"。不断完善道教文化体系,完善和丰富教义思想体系,完善传播道德教化方式,融入世界,融入社会,积极与社会主义社会相适应,与时代的发展相适应。其二是既要继承又要发扬,继承是要忠于自己的文化传统,发扬是要不断更新发展,把握好道教在现代文明、现代社会中的生长点,把握时代的机遇与挑战,了解道教生存和发展的现代社会基础,理解现代人的文化意识和精神需求,随方设教,以裨益于现实社会和人们的现实生活。其三是加强道风建设和人才建设。道教文化的发扬光大和道教事业的健康发展,有赖于道教徒风范、素养的提高和道教人才的辈出。葛仙翁在《道教真经序》中说:"大道何为哉!弘之由人。"即所谓"大道之行,传宗在人"。人能弘道,道亦载人,人和道是一个良性互动的关系。只有涌现出一批又一批的学修兼备的弘道人才,道教文化才能得以传扬,道教事业才能健康发展。

《太上老君内观经》中说:"信道易,行道难;行道易,得道难;得道易,守道难。"对我们来说,提出一个发展设想是相对容易的,但能否切实可行,能否取得成功,能否持之以恒,将道教文化发扬光大,将道教济世利人的精神真正落实于人们的生活中,则需要社会的支持和同道们的共同努力。

第十三章　寺观经济的特种产品

说到寺观"自养"经济经营的形式，本书在前文分别对汉传佛教寺院及道观经济的具体形式进行了探索，发现当代寺观经济在许多具体形式上秉承了历史上寺观经济的经营特点，但同时，在新时代也有新的发展，如开设现代宾馆、网站等，体现了寺观经济与时俱进的风格特征。本章专门对寺观经济的几种特殊经营品种如素食、禅茶一味和佛道教音乐等形式进行探索，从中体现寺观经济的与众不同。

第一节　寺观的素食[①]

现代科学家和社会活动家认为，食素是一种值得提倡的运动。爱因斯坦说"我认为素食者所生成性情上的改变和净化对人类都有相当好的利益，所以素食对人类很吉祥。"当世界即将步入21世纪的刹那，1999年12月31日晚上11时59分59秒，世界各地的数百万名素食者、拯救动物和环保分子同时发出一个宣告，鼓励更多的人成为纯粹的素食主义者，将人类与动物的关系从虐待和暴力改为慈悲与关爱。

素食在世界范围内流行的原因，专家认为有三：一是宗教信仰有所扩张，信教人士增多；二是人们普遍开始重视自身健康；三是生态环境保护意识加强。

[①] 参见丁大同编著：《佛家素食》，天津人民出版社，2004年版。

自古以来，许多佛教寺院的素菜和由寺院开办的素斋馆在社会上就享有盛誉。如北京的法源寺、杭州的灵隐寺、镇江的定慧寺、扬州的大明寺、上海的玉佛寺、龙华寺、浙江的普陀寺等，皆以素馔著称于世。到了近现代，北京的全素斋和功德林素菜饭庄、天津的大悲禅院素斋、山西的五台山素斋以及上海的功德林、杭州的灵隐寺、成都的宝光寺、文殊院等处的素食，都享誉国内外。而我国规模大一点的道观也设有素餐厅，如青城山的上清宫，四川青羊宫等。本章主要介绍汉传佛教寺院的素食经营。

北京功德林素菜饭庄。位于前门南大街的功德林素菜饭庄，是北京有名的一家佛教净素饭庄。功德林饭庄是杭州常寂寺维均法师的弟子赵云韶于1922年创立于上海。1984年开业的北京功德林饭庄，是完全仿照上海功德林建造和经营的，现为北京市旅游定点餐馆，匾额由已故中国佛教协会会长赵朴初先生所书。功德林饭庄以扬州风味为主，结合北方人的口味，选料精良，刀功精细，烹调方法丰富，讲究原汁原味原汤，擅长素菜素烧。以素仿荤，形态逼真，鲜美可口，又是极为形象的艺术品，观之享受，食之营养，益于健康。功德林饭庄的月饼更具特色，其主辅料，均产自没有污染的山区，采用传统手工操作，酥层均匀，色泽金黄，独具特色。

天津大悲禅院素斋。位于天津河北区天纬路的天津大悲禅院，是天津市保存完好、规模较大的一座佛教寺院。1992年10月，天津市佛教界兴办了大悲禅院素斋，是天津唯一的佛教素食斋舍。其营业面积二百多平方米，主要经营带有天津风味特色的素菜、素包、素面，为佛教信众和素食爱好者服务，受到信众、游客的一致好评。1992年5月，大悲禅院为弘扬我国佛教饮食文化，发起创建了天津市大悲禅院素斋素净素食品厂，制作佛教素斋系列食品。本着将佛教食品精品惠及大众的原则，挖掘佛教的饮食文化精髓，采用佛教传统秘方严格制作素食品。

山西五台山素斋。在山西五台山寺院或素斋馆里，可以品味到丰盛而清香可口的佛素斋。这些素斋菜色、形、神兼备，且风味独特。传统的有"开花献佛"、"罗汉全斋"、"金粟员佛"、"清凉茶果"、"出三界桃"、"慈航普度"六菜全筵。还有出自现代僧厨之手的创新素菜："土豆过油"、"山花烂漫"、"雪山台蘑"、"皆大欢喜"等风味美食。

湖北五祖寺素食。五祖寺位于湖北省黄梅县城北 16 公里的东山，又称东山寺，建于唐永徽五年（654 年），距今已有一千三百多年历史。五祖寺是中国禅宗第五代祖师弘忍禅师的道场，也是六祖慧能领受禅宗衣钵的圣地。五祖寺素食早在唐代就很出名，其独到之处，是深受楚乡烹调技艺的熏陶，保持着浓郁的鄂东乡土气息，工艺考究，用料单纯，注重本味，简中出奇。五祖寺素食原是唐代禅宗五祖弘忍用来招待海外游方僧侣和朝廷官员的素味菜肴。据《五祖仙山胜境全图》记载，当年寺内设有大案小案（即大厨房和小厨房）和斋堂，可供一千余名僧徒和香客、游人就餐。寺内炒菜的大锅，有三五寸厚，号称升火三年不热，退火三年不冷。

镇江焦山定慧寺素菜。明清时期，寺院素菜名品迭出，以镇江焦山定慧寺最负盛名。近年来，焦山浮玉斋素菜馆别具特色，名扬中外。欧美各国和东南亚等数十个国家成千上万的游客嘉宾，慕名远道前来品尝浮玉斋全素席。日本石毛直道教授曾率日本民族食品访华团专程光临焦山，他品尝了浮玉斋的全素席后，连连称道："中国素菜在世界上是首屈一指的，而焦山浮玉斋菜在中国素菜中又是佼佼者！"

上海寺院素菜。上海寺院素菜有独到特点。龙华寺的素斋，色、形、味俱佳，从清末起，就是上海人喜爱的美食。光绪十五年（1889 年），曹钟焌在《己丑上海游龙华寺杂咏》中曾热赞龙华素食："古刹崔巍近水淮，青冥宝塔白云街。年年士女春三月，忙煞烧香吃素斋。"圆明讲堂的素斋是以福建菜为基础，兼取四川、广东菜风味，尤擅长以时鲜的蔬菜、瓜果、干果入菜，清淡合时，风味隽永。沉香阁的素斋则以广东菜风味见长，家常风味，清淡可口。在上海寺院素菜中，最有名的还是功德林素食、玉佛寺素菜和静安寺素斋。玉佛寺的素菜以精工细作的江南寺院菜而闻名。此外，玉佛寺还以二百多种素点心闻名海内外。

上海静安寺素斋。静安寺坐落在上海市南京西路，1983年被国务院确定为汉族地区佛教全国重点寺院。静安寺原叫"沪渎重元寺"，创建于三国时代东吴赤乌十年（247年），至今有一千七百多年历史。

静安寺香积斋的素斋有数百年的历史，选料精细，鲜嫩爽滑，香味俱佳。以仿形仿味著称，不仅形似，而且味似，达到了以假乱真的地步。还讲究时令鲜嫩，如生扁豆苗、滚龙丝瓜，翡翠交笋等菜，用料都是时令刚到，直接向菜农购买。所烹调的菜肴，不仅美味鲜嫩，营养丰富，也有食疗作用。

福建南普陀寺素菜。福建地方风味菜简称"闽菜"，是中国的八大菜系之一。闽菜中的素菜风味独特，品种繁多，多用面筋、豆腐为主料，以香菇、冬笋、木耳为辅料，以传统的烹调技艺，做出清雅鲜美的特色菜。其中以厦门南普陀寺、福州鼓山涌泉寺和泉州开元寺的素菜为代表。

南普陀寺坐落于福建厦门八大景之一"五老凌霄"下，始建于唐朝。因与浙江普陀山普济寺同奉观音菩萨，故称南普陀寺，是目前国内僧人较多的寺院。寺内普照楼素斋馆烹饪的素菜有悠久历史，既有民间素菜的原汁原味和寺院素菜连葱蒜都不使用的纯素风格，又有宫廷素菜用料考究、做工精湛的品位；既讲究色、香、味，又讲究形、神、器。以前能到这里吃素菜的，尽是些达官贵人及文人墨客，因此南普陀素菜厅被本地人叫做"官厅"。近几十年来，南普陀素菜作为厦门寺院素食的代表，经营典型的传统寺庙素食,具有浓郁的寺宴风味和闽南烹饪特色。许多政要、名流、诗人、画家品尝了南普陀寺的素菜,都赞不绝口,纷纷留题、留画。原中国烹饪协会会长姜习赞誉南普陀寺素菜为"素菜瑰宝",著名园艺学家陈从周教授题名"菜根香"。1999年11月29日,来自佛教王国的泰国上议院议长米猜·雷初攀品尝了普照楼素菜后,当即题词以赠。

成都宝光寺素菜。宝光寺是我国南方四大佛寺之一,位于成都市北郊十八公里处,被国务院列为全国汉族地区重点寺院之一。相传始建于东汉,隋代时,名大石寺。唐末黄巢起义时,唐僖宗逃至新生都,赐寺名"宝光"。"文化大革命"期间,周恩来总理亲自派一个团的兵力驻守,宝光寺得以保全。党和国家领导人朱德、周恩来、邓小平、江泽民、尉健行、吴邦国、田纪云等先后来寺游览,盛赞宝光寺是"新都胜景"、"文物荟萃重地"、"香城宝地"。众多国际友人及海外佛教界人士也前来观光、旅游、朝拜和开展文化交流活动。宝光寺的积香厨素菜,早在20世纪30年代初就享有盛名。1980年,宝光寺又开办了素菜餐厅,主厨的向宝成师傅,拜达聪和尚为师,继承和发展了达聪烹饪素菜的高超技艺,他和厨僧隆荣等制作的素菜,受到中外顾客的称赞。

云南鸡足山佛寺素菜。鸡足山,古名青巅山,又名九曲岩,因山形似鸡足而得名。位于云南大理宾川县境内西北部,西与苍洱海风景区毗邻。鸡足山的佛教斋菜驰名中外,有烧炒、冷盘、汤食等三大类。素菜,通常以豆制品、面筋为主料,配上当地产的鸡山冷菌、香蕈、黄精肉、鸡山竹笋及各式鲜菜,用植物油烹制而成。供宾客享用的素菜大多数模仿荤菜,制成佛家"素八大碗"、"素十大碗",有袈裟肉、佛珠鱼、佛珠鸡、素火腿、素千张、素鸡蛋、素猪肝片、素排骨、素粉蒸及八宝饭等多种。

在佛家素食中,面食也是独具特色的。杭州灵隐寺的斋点、泉州菩提素食馆的莲花饼、上海玉佛禅寺的素点心等，都是很有名的。佛家饼糕也与俗家不同，十分出名的有河北赵州云门寺云门饼、天台饺饼筒、扬州大明寺香煎藕饼、南京南门外报恩寺软香糕、四川峨眉山峨秀糕、天台十景糕、阜新喇嘛糕。佛教对于僧人食用果品，同样是有规定的，如反对僧尼嚼槟榔等。在寺院素食中，也有以水果、花卉入馔及冷盘雕刻的，扬州大明寺所制"银杏百合"就是一道水果入馔的名肴。

素食是值得提倡的。在当代，已经有相当多的人开始爱上素食。荤菜因含有太多的脂肪和胆固醇，常吃对健康不利，而素食食品形状逼真，色味香俱全，令人垂涎，看着美，吃着香，而且吃素食也不长脂肪，不用担心会增肥。随着市场的开放、旅游业的发展和多元文化的普及，有更多的佛教寺院开设面向俗众的素餐菜馆，精美的素菜佳馔正得到越来越多的人们的喜爱。佛家素食主张的一些理念，也在不断地融入到现代人的生活理念之中。从种种迹象可以看出，受佛家素食主张的影响，新素食主义正在世界范围内兴起，素食正在成为越来越多人的饮食新宠。

第二节　禅茶一味——茶

在佛教界，古来就有"茶中有禅、茶禅一体、茶禅一味"的说法，意指禅与茶同为一体，品茶成为参禅的前奏，参禅成了品茶的目的，二位一体，到了水乳交融的境地。中国茶道从萌芽阶段开始，就与佛教有千丝万缕的联系。高僧大德或写茶诗、吟茶词、作茶画，或与文人唱和茶事，这些活动无疑丰富了茶文化的内容。佛教精神与茶文化相结合，出现了有别于文人茶道①的僧人茶道。在僧人的饮茶活动中,佛教为茶道提供了"梵人一如"的人生哲学思想。僧人希望通过茶把自己与山水、自然融为一体,在饮茶中得到精神开释。僧人在饮茶过程中,追求得到精神解脱,得到"开悟"。饮茶可得道,茶中有道,佛与茶便联结起来。

中国茶的发现、培植、传播和名茶的研制,佛学僧人立下了大功,许多寺院都产名茶,如普陀佛茶、君山银针、屯溪绿茶、庐山云雾茶、龙井、武夷岩茶、黄山毛峰、铁观音等。有几大泉属佛教名泉,如虎丘寺石泉、庐山招贤寺下方桥潭水、丹阳观音寺井、扬州大明寺井等。在佛学中,有参禅饮茶的风习,饮茶被发展为僧人的一种生活制度。僧人把饮茶从日常的饮用提高到具有审美价值的茶艺,再提高到具有禅境意蕴的茶道,从中发展出一种僧茶文化。有些佛学僧人与茶结缘颇深,其中对中国茶史有巨大贡献的是出自佛寺的茶学家、茶圣陆羽,他所著的《茶经》②至今有科学研究价值。

僧人的茶缘 在佛家中,饮茶是僧人生活方式中的一部分。茶为僧家所好,坐禅修行,均以茶为饮。与佛教的静坐静虑相结合,坐禅与饮茶结下不解之缘。由于茶能提神益思,克服睡意,成了禅者最好的"朋友"。僧人们坐禅时,每焚完一支香就要饮茶,以提神集思。

茶为何成了佛家僧人的首选饮料?这是因为"茶有三德":坐禅时通夜不眠,满腹时帮助消化,茶可抑制性欲。僧人、居士日常修持之法就是坐禅,要求静坐、敛心,达到身心"轻安",

---

① "文人茶道"是"艺"(制茶、烹茶、品茶之术)和"道"(儒道精神)的完美结合。

② 《茶经》是世界上第一部关于茶叶的科学著作。其中,陆羽所提出的种茶、制茶、煮茶和饮茶法,即使在今天仍有重要参考价值。

观照"明净"。坐禅的时间很长,难以坚持,有的僧人年轻嗜睡,更难熬,饮茶可提神驱睡魔。饭罢不久就坐禅,易患消化不良,饮茶可生津化食。寺院虽是清净之地,但近红尘,难免神不守舍,饮茶可以集中注意力,对参禅有利。这种参禅饮茶的僧人风习,也成为在家修持的居士们的课业。明代乐纯著《雪庵清史》并列居士的"清课"中,就有"焚香、煮茗、习静、寻僧、奉佛、参禅、说法、作佛事、翻经、忏悔、放生"等。"煮茗"居第二,列于"奉佛"、"参禅"之前。

茶事 茶在寺院中还被作为祭品,用于尊天敬地或拜佛祭祖。以茶供奉佛祖、菩萨时,称为"奠茶"。一般寺院中用于祭佛的,都是选留最好的茶叶。我国南方很多寺院都种茶,所收茶叶一饷香客,二以供佛,三为自用。

饮茶在寺院中不仅有助坐禅、拜佛祭祖的功效,还有联络僧众感情、增强团结的作用。因此,饮茶被发展成了禅僧人众的日常生活制度。佛教寺院持续不断的茶事活动,对提高茗饮技法,规范茗饮礼仪等都大有帮助。饮茶的日常制度中,包括一系列庄重肃穆的饮茶礼仪。一般在寺院法堂的左上角设有"茶鼓",按时敲击,以集合僧众饮茶。平日寺院住持请全寺僧人吃茶,称为"普茶"。在寺院一年一度挂单时,要按照"戒腊"(即受戒)的年限先后饮茶,称为"戒腊茶"。逢佛教节庆大典,或朝廷钦赐袈裟、锡杖时,还要举行庄严、盛大的"茶仪"。

茶宴 唐宋时期的佛寺中,常兴办大型茶宴。特别是在宋代,不少皇帝敕建禅寺,朝廷在举办钦赐袈裟、锡杖的庆典或祈祷会上,往往要举行盛大的茶宴,以款待宾客。参加茶宴的人,都是寺院高僧及当地社会名流。在茶宴上,要谈佛经与茶道,并赋诗,把佛教清规、饮茶谈经与佛学哲理、人生观念都融为一体,形成了别致的茶文化。南宋开禧年间,曾举行过多次上千人规模的大型茶宴。饮茶规范被纳入《百丈清规》。

清茶款待香客 寺院根据饮茶活动中的不同礼仪要求，设置了专门的饮茶地点和专司饮茶事宜的僧人，分别冠以茶名，形成寺院茶制。在我国的各寺院中，都专设了"茶堂"，供僧人或饮茶辨析佛理，或招待施主佛友，品饮清茶。有的寺院还设有"茶头"，专司烧火煮茶、献茶待客。有的寺院则在寺门前站立"施僧人"，为游人惠施茶水，以行善举。宋代时，每遇诸山寺院作斋会时，有的寺院施主往往以"茶汤"助缘，供大众饮用，为佛门子弟乐善好施的"善举"，称为"茶汤会"。在佛教寺院内接待来访施主，也多用一杯清茶来款待。

僧人茶道 僧人把饮茶从日常的饮用提升到具有审美价值的茶艺，再提高到具有禅境意蕴的茶道，从中发展出一种僧茶文化。僧人茶道的精神底蕴深广，其境界淡泊，所求高远。日本茶道基本上属于禅宗茶道。日本茶道宗师于利休曾解释茶道所内含的精神说："须知道茶之本不过是烧水点茶。"他向人说明，茶道就是要人从微不足道的日常琐碎而平凡的生活中，去感悟宇宙的奥秘和人生的哲理。禅也是要求人们通过静虑，从平凡的小事中去彻悟大道。茶性苦，从茶的苦后回甘、苦中有甘的特性中，可以使人产生多种联想，帮助修习佛法的人从品茗中品味人生，参破"苦谛"。僧人茶道的最核心内容，就是"禅茶一味"。赵朴初二首诗中说："七碗受至味，一壶得真趣。空持百千偈，不如'吃茶去'。"这首茶诗的意蕴，是说茶禅相连。

饮茶 饮茶有诸多益处，可以清热解暑，消睡提神等。陆羽认为，饮茶的意义不仅在于此，饮茶是一种艺术，是修养身心的手段和无可比拟的精神享受。它特别讲究茶的色、香、味，认为那种"以汤冲泡"的"庵茶"以及用枣、橘皮等再煮几沸的茶如同沟渠间的弃水一般，不是真正的茶。

佛门名茶 中国茶的发现、培植、传播和名茶的研制，佛学僧人立下了大功。名山有名寺，名寺有名茶。僧众为满足饮茶之需，广栽茶树，采制茶叶。在我国南方，几乎每个寺院都有自己的茶园，而众僧也都善采制、品饮。寺内住持召集大批僧尼开垦山地，广植茶树。一般寺院的四周都环境清幽，适宜茶树的栽种，因而许多寺院都出产名茶。最早的茶园多在寺院旁，稍晚才出现民间茶园。

今天，凡成为我国名胜的各大寺观均开设了茶铺或茶店，专供人们饮茶休息，到寺观去品茶是许多游客，特别是茶文化爱好者十分向往的事情。而"禅茶一味"成为许多寺观"自养"经济的一个内容，但寺观不以此为盈利目的。

第三节 寺观香品与香的供养

人类社会早在数千年前就开始使用各种各样的香料以增香除臭、驱虫辟秽、防治疾病，无论是帝王将相、文人雅士，还是僧道医巫、各界百姓，对于各种香品无不喜爱，与之相应的香具也是林林总总，由此形成了独具特色的香道、香文化。袅袅香烟，灵动飘逸，上通苍穹，感动鬼神，下怡性情，净化环境，因此香在大多数的宗教和各种祭祀活动中都是必不可少的供品—用品，在佛道教中更是有着特殊的意义与作用。

佛经关于香的记载非常之多，如《佛说戒德香经》、《阿含经》、《华严经》、《楞严经》、《悲华经》、《六祖坛经》、《瑜伽师地论》、《玄应音义》、《大唐西域记》以及许多密宗经典等等。佛经中记载的香品的种类难以计数，现今使用的绝大多数香料在经典中都有记载。如沉香、檀香、龙脑香、安息香、牛黄、郁金、苜蓿香、麝香、雄黄、芎䓖、松脂、桂皮、白芷、香附子、丁香、苇香、竹黄、细豆蔻、甘松、藿香、茅根香、芥子、马芹、龙花须等，制成品有熏烧用的"烧香"，有涂敷于身上的"涂香"，有香料浸制的香水香汤,有香料研磨成的香泥,有片状、块状的香木,也有粉状的香末;有单品香料,也有多种香料和合而成的合香。

随着佛教的发展,特别是大乘佛教的兴起,佛教用香也日益广泛。佛教认为"香为佛使","香为信心之使",因而香被视为一种重要的供品,在各种佛事活动中,焚香上香几乎是必有的内容。从日常的诵经打坐,到盛大的浴佛法会、水陆法会、佛像开光、传戒、放生等等佛事活动,都少不了香,因香而有的仪式与名词术语也特别多。如信众入寺礼佛燃香,被称为"香客";携香入寺礼佛之行被称为"敬香"或"进香";信徒进香所施的钱被称为"香资";寺庙的信徒众多,即以"香火鼎盛"来形容;僧人做法事首先必唱《炉香赞》;同时主法的法师必行至"香案"前燃香,称为"拈香"或"捻香"。斋主做佛事时也须随主法僧人佛前敬香,称为"上香";若是代他人做佛事,则称为"代香"。施主设斋食供僧时,先以香分配给大众,而行烧香绕塔礼拜的仪式,称为"行香"。礼佛重在虔诚恭敬而不著相,此为礼佛的上乘境界,被称为"心香":同信佛法,同在佛门,彼此往来的契合者,称为"香火缘"或"香火因缘":佛门道友共同结合而成的念佛修持团体,亦称淡"香火社"①。

一些佛、菩萨和佛国净土还以香命名,佛典中也记载了许多他们的故事,如香积如来、师子香菩萨、香手菩萨、金刚香菩萨、香象菩萨、麈音神王、鬻香长者、香严童子、众香国等等。佛教中的天龙八部护法神之一的乾闼婆神,以食香、从身放香著称,亦称为"香神"。

香在佛教中是一种很重要的供养。佛经中常以涂香、花、净水、烧香、饮食、燃灯六种供养分别比喻持戒、布施、忍辱、精

---

① 常正:《香品、香具与香文化》(下),载《法音》,2005年第8期。

进、禅定、智慧六度;《法华经》之"法师品"列出了"十种供养":花、香、璎珞、末香、涂香、烧香、缯盖、幢幡、衣服、伎乐,其中四种都是香品;藏密中通常陈设八种供养:阙伽水(水中有乳、青稞、芝麻、吉祥草、炒米、白花、白檀等七物)、濯足水、花、烧香、灯明、涂香、美食、伎乐。在密宗中,供养佛部、莲花部、金刚部等圣众的香还有所不同,中央佛部(毗卢遮那佛,表法界体性)供沉香,东方金刚部(阿閦佛,表大圆镜智)供丁香,南方宝部(宝生佛,表平等性智)供龙脑香,西方莲花部(阿弥陀佛,表妙观察智)供白檀香,北方羯磨部(不空成就佛,表成所作智)供熏陆香(乳香)。《大方广佛华严经》卷十三中,描述有广大不可思议的香供养:"百万亿黑沈水香,普熏十方;百万亿不可思议众杂妙香,普熏世界;百万亿最殊胜香,普熏十方;百万亿香象香彻十方;百万亿随所乐香,普熏十方;百万亿净光明香,普熏众生;百万亿种种色香,普熏佛刹。不退转香,百万亿涂香,百万亿榆檀涂香,百万亿香香,百万亿莲花藏黑沈香云,充满十方;百万亿丸香烟云,充满十方;百万亿妙光明香,常不绝;百万亿妙音声香,能转众心;百万亿明相香,普众味;百万亿能开悟香,远离瞋恚,寂静诸根,充满十方;百万亿香王香,普十方;雨百万亿天华云雨,百万亿天香云雨,百万亿天末香云雨。"《华严经》卷十五中记载行者"以善根回向,供养诸佛,以无量香盖,无量香幢,无量香幡,无量香宫殿,无量香光,无量香焰,无量香住处,无量香佛世界,无量香须弥山王,无量香海,无量香河,无量香树,无量香衣,无量香莲华","以如是等无量无数众香庄严以为供养"。作为供养的香品种类十分丰富,除了用于熏烧的"烧香",香料制作的香水、涂在身上的涂香、研成粉末的末香等都是常用的供物。其中在浴佛节用来浴佛的香水为多种上等好香制成,《浴佛功德经》记载的是"取牛头榆檀、白檀、紫檀、沈水、熏陆香(即乳香)、郁金香、龙脑香、零陵香、藿香等,于净石上磨作香泥,用于香水"。

人类使用天然香料的历史极度其久远,在古代四大文明的发源地,最早使用香料的时间,其有据可考的历史可以溯及3000至5000年之前。从现有的史料可知,中国对香料植物的利用在春秋战国时期就已开始了。我国佛道教大约是在汉代开始引入香品的使用,道家思想在汉代的盛行以及佛教传入中国,也在一定程度上推动了这一时期香文化的发展。魏晋南北朝时期,无论道家还是佛家都提倡用香。唐代已形成佛家有佛家的香,道家有道家的香。佛教在唐代的兴盛对香文化也是一个重要的推动。佛经和僧人对香大加推崇,几乎在所有的佛事活动中都要用香。不仅敬佛供奉时要上香,而且在高僧登台说法之前也要焚香;在当时广为流行的浴佛法会上,要以上等香汤浴佛;在佛殿、法坛等场所还常要泼洒香水。唐代皇帝大多信佛,皇室参加佛事活动甚为频繁,其用香量之大就更是可想而知了。宋代之后,不仅佛家、道家、儒家都提倡用香,而且香更成为普通百姓日常生活的一个部分。延续至今,香一直成为各佛寺道观寺观流通处必备的经营物品之一。

丛林中专司焚香、燃灯的职务称为"香火"或"香灯";司掌时间的职务,称为"香司":僧人打坐以烧一炷香作为时间标准,因而坐禅亦谓之"坐香";起坐后跑动绕佛,则谓之"跑香";用于警策修行的形如宝剑的木板,谓之"警策香板";若修持者犯了错,被予罚于佛前长跪,称为"跪香"。学者插香以请禅师普说或开示之仪式,称为"告香"。对大众预报告香仪式所悬挂之牌,即称"告香牌";依此仪式之普说,即称作"告香普说"。又,住持率领僧团集体到佛前发露忏悔,亦称为"告

---

① 常正:《香品、香具与香文化》(下),载《法音》,2005年第8期。

香"①。

　　由于香灵动高贵而又朴实无华,玄妙深邃而又平易近人,因而在佛道教中不仅被当作重要供品,而且常被用来比喻高尚的德行、修正境界与佛国和道家的庄严。如《戒德香经》说,持守戒德的人具有"戒香",此无上之香普熏十方,非世间众香所能相比。佛教徒修习戒、定、慧三学,则级成就戒香、定香、慧香,这被视为无漏真香。《六祖坛经》中,慧能大师即以戒香、定香、慧香、解脱香、解脱知见香讲述了五分法身之理;诸经描述佛于说法之时,周身毫毛孔这窍会散出妙香,而且其香能普熏十方;《华严经》说"华藏庄严世界海"中央有"无边妙华光香水海":香水海美妙无比,"一切妙宝,庄严其底,妙香摩尼,庄严其岸,毗卢遮那,摩王宝王,以为其网,香水映彻。具众宝色,充满其中,种种宝华,旋布其上,栴檀细末,澄垄其下。"在香水海四周,又有无数的香水河右旋围绕,"以金刚为岸,净光摩尼以为严饰,常现诸宝色光云。"《维摩诘经》记载:在娑婆世界之极上处,有佛土名为"众香",其香气于十方世界中"最为第一","香作楼阁,经行香地,苑园皆香,其食香气,周流十方无量世界。"其处之佛为"香积如来",以香开示众生,天人坐于香树下,闻妙香即可获得圆满的功德。因而这个佛国又被称为"香国"。受此经影响,禅寺中的厨房也被称为"香积厨"或"香厨"。

　　同时,佛教认为焚香有助于修道,所以提倡在打坐、诵经、礼佛等修持功课中使用熏香,在寺院内外也是处处熏香,以营造良好的修行环境。也因此,香炉(或熏炉)成为大乘比丘十八物之一,亦为佛前与佛坛之三具足(即香炉、花瓶、烛台,也称三供)、五具足(一香炉、二烛台、二花瓶,也称五供)之一。一般备置香炉(又称为居香炉),最常见于印度古代之雕刻遗迹;持于手上者为柄香炉;用于跨越,以清净身体,呈象形之状者为象炉（象征传说中的香象渡河，谓香象涉水最深，直到河底，比喻佛菩萨证道最深、最彻底），亦可用于床饰与桌饰。自手持之小香炉至置于室外之大香炉，有各类形状，材料种类亦极多，有金、银、铜、金铜、白铜、赤铜、青铜等金属制品，亦有陶制、琉璃、象牙、紫檀制品等。置香炉中，以博山香炉为著名，其水盘中央有一山形之盖，当中有一细柱顶立，系汉代之大铜器，后世则用作化具，于六朝、唐代，曾盛行一时。另有火舍香炉，类似密教法具之火舍，为一三脚平浅器皿，附有半圆形之盖，盖上有桃形与云形之透雕。此外尚有形如灯笼而无笠之金山寺香炉，与形状普遍之鼎形香炉。鼎形香炉有三脚支架，两侧有耳，半球状盖，常附有雕刻。无耳者称三足香炉。

由于绝大多数的香料本身就是药材，如沉香、檀香、丁香、木香、肉桂、龙脑香（冰片）、麝香、降香、安息香、甘松香等，所以佛教很早就用香来治病。用于治病的香品，也称为"香药"，是"佛医"的一个重要组成部分。佛医学关于香药的知识使我国中药材的种类得到了扩展，增加了沉香、熏陆香（乳香）、鸡舌香、藿香、苏合香等新生药材，而且在《本草纲目》等经典医书中增加了"芳香开窍类"药材。佛教"七香汤"是指以陈皮、茯苓、地骨皮、肉桂、当归、枳壳、甘草等七种香药煎沸而成的汤汁。中国民间很早就有在早晨饮七香汤的风俗，律宗称为"甘露汤"，禅寺常用此汤在佛诞日浴佛，或煎七香汤给大众饮用。

由此可见，佛教的香文化十分丰富，已成为我国香文化的一个重要组成部分。值得一提的是，我国的香随同佛教一起于公元六世纪传到了日本，中国的香文化据说是由唐代的鉴真大师传到日本的，发展至室町时代（1333—1573），形成了日本独具特色的香文化——香道。香道是以"乐香"为基本的世道，讲究严格的礼仪与专业的技艺，她与茶道、花道一起构成日本传统的"雅道"。茶、花、香在茶室这一特殊的场所，得到了协调统一的发展,人们从中共同体味的是一份闲寂优雅,追求的是"和敬清寂"、"静妙求真"、"心安自健康"的境界。日本香道主要有西派、志野派、峰谷派,传衍至今。

但是,目前就佛教界自身来说,对于佛教的香文化还缺乏研究,对于信众香客的入寺烧香也缺乏必要的正确的引导和有效管理,实际上入寺烧香的人很多,真正认识香所代表的意义、能用心来敬香的人极少。存在着盲目烧香、滥烧香的现象,不仅给世人造成一种迷信、功利的观感,还造成了一定程度的环境污染和不必要的资源浪费。

在宗教礼仪中,各种香品以其馨香袅袅的特点,常用来清洁环境、烘托气氛,但更重要的是,它们被当作一种载体,用以表达一份虔诚、一份敬仰、一种灵悟净妙之心。因此,佛教界一方面应对佛事用香的原料、配方、制作、流通、应用的情况进行调查摸底,对周围的售香情况进行监督,对入寺烧香加强管理,对不法商贩兜售的劣质有害的香和带迷信色彩的香予以抵制;一方面应指导信众正确认识香和香文化,以及教导信众如何礼化敬香,以提高对香的鉴赏能力,更应大力易风易俗,提倡合理烧香、文明敬香。

礼佛上香是有特定的仪式的。据《礼佛仪式》记载:"礼敬赞德先须至于香台,端身息虑,思念圣德,目睹尊容,双膝着地,手擎香炉,而举偈言:戒香定香解脱香,光明云台遍法界,供养十方无量佛,闻香普熏证寂灭"。也主要是说,佛教敬香重在用心,以一瓣心香,通过敬焚有形如幻之香,专申供养,正心诚意,而契入无相净妙的戒香、定香、慧香、解脱香、解脱知见香,从而与十方常住三宝感应道交,如此敬香方能得最殊胜的功德[1]。

---

[1] 常正:《香品、香具与香文化》(下),载《法音》,2005年第8期。

入寺敬香，一般用线香，只需在每个殿堂前燃香一支或三支，一支寓意一心皈敬所礼拜的佛菩萨，三支寓意为皈敬佛法僧三宝，或礼敬十方过去、现在、未来三世诸佛，或寓意戒香、定香、慧香。不必每尊佛像前都要燃香[①]。各地常见许多香客盛行烧头香（抢在大年初一凌晨入寺烧香）、烧高香（又粗又长的香）、滥烧香（成捆成把的烧香和到处烧香），所用香也是形形色色，且多为劣质有害之香，系用锯末染色加香精配制而成。如此一来，把一个清净幽雅的佛门圣地搞得乌烟瘴气，不仅佛像文物备受烟熏火燎，而且寺院时有发生火灾之虞，同时还给世人造成一种迷信和不文明的印象，实有损佛教形象，也不符合香文化所体现的精神。现代化学香精类香品之所以能畅行开来，主要由于大多数香客只是把烧香作为礼拜祭祀的仪式，既然不闻香，不品香，只是烧香、看香，也就自然忽视香的用料、配方与品质，而只关注香品外形的美观、烧香的数量、价格的低廉或香味的浓艳了。可喜的是，近年已有不少寺院开始大力推行文明敬香，禁止外来香入寺，而由寺院免费提供三支香。同时鼓励信众以新鲜花果供佛。

第四节　佛道教音乐

佛道教音乐是佛道教文化体系的一个组成部分。佛道教音乐，作为弘法的舟楫，历来为高僧大德所重视，作为中国传统音乐的重要组成部分和民族文化的珍贵遗产，目前正被越来越多的人视为瑰宝。目前，佛道教音乐正在以文化产业的形式出现，在社会上获得好评。

[①] 常正：《香品、香具与香文化》（下），载《法音》，2005年第8期。

一、佛教音乐

佛乐是佛教徒举行各种宗教仪式时演唱的音乐，最早起源于印度。早在西汉时，佛乐传入我国。一般认为，中国汉地佛乐的发展起源于梵呗。佛教常用呗来赞叹三宝，梵呗随着这一风气而传入中国。后来中国人自己也开始创制梵呗。呗赞的产生丰富了中国音乐的内涵，促进了中国音乐的发展。东晋南北朝时期，随着佛教的大发展，佛乐也甚为兴盛。西域的龟兹乐、于阗乐纷纷传入内地。南朝梁武帝敬信佛教，曾亲自创制《善哉》、《灭过恶》、《除爱水》、《断苦轮》等正乐十篇，皆述佛法。北朝盛行各种佛事活动，如行象、六斋等，歌声绕梁，谐妙入神。隋唐时代，佛教音乐更加发展。而唐代的佛曲已经融入不少民间音乐的成分，并且更加大众化通俗化。唐代是音乐家辈出的时代，最为出名的是唱导僧人文淑，他开讲经变时四方听众辐集，填咽寺舍，人山人海。净土僧人善导也创制了不少佛教乐曲。宋元后，佛乐采用南北曲撰成。佛乐经历了漫长的发展过程，在今天各地寺庙中，遗风犹存。如北京智化寺京音乐、五台山佛乐等等。不少音乐作者，正与佛教界合作，努力整理这些佛教音乐，以期进一步继承和发扬佛教文化。

目前，对佛教音乐的整理已充分运用了现代技术。其中一部分录音、录像制品已投入流通。上海音乐学院与上海市佛协联合录制的法事音乐录像带和"中国音像大百科"录制的"中国佛教音乐系列"录音带，是这方面的代表。从1987年至今，"中国音像大百科"版的佛乐系列磁带已出版：《津沽梵音》（2盒）、《五台山佛乐》（5盒）、《潮州佛乐》（4盒）、《常州天宁寺唱诵》（3盒）、《九华山水陆》（4盒）、《云南佛乐》（3盒）等[1]。这批磁

---

[1] 田青主编：《中国宗教音乐》，第10页，宗教出版社，1997年版。

带不但被国内学术团体和研究者视为中国佛教音乐的"原汁原汤"而倍受推崇,也受到广大信众的欢迎。

有些专业音乐工作者和佛教界人士还共同组成了佛乐团,这些佛乐团有的全部由过去的艺僧组成,有的由过去的艺僧和专业音乐工作者联合组成。最早成立的北京佛乐团(1986年组建),曾出访北欧和新加坡,使"北京智化寺"的名气远播海外。而技艺高超的五台山佛乐团(1989年组建)在出访香港和英国的演出中,备受瞩目,这表明佛教音乐已迈出国门,走向世界。

二、道教音乐

道教音乐是道教斋醮法事中使用的音乐,它是中国传统音乐文化的一个重要组成部分。道教音乐,历史悠久。《魏书·释老志》记载;"张陵受道于鹄鸣,因传《天官章本》千有二百,弟子相授,其事大成,斋祠跪拜,各成法道。"可见当时已有道教自身的一套科仪。北周甄鸾《笑道伦·戒木枯死二十二》说:"又按三张之术,畏鬼科曰;左佩太极章,右佩昆吾铁,指日则停空,拟鬼千里血。又造黄神赵章杀鬼,朱章杀人。或为涂炭斋者,黄土泥面,驴辗泥中,悬头著柱,拍打使熟。今观其文,词义无取,有同俗巫解奏之曲。"可见初期的道教音乐,是继承巴蜀巫师歌舞娱神的传统,具有浓厚的地方特色。

道教音乐,可分为声乐和器乐两大类型。

声乐类型主要有以下几种形式;

韵曲(又称"腔赞"或"赞子"),是一种旋律性强、调式调性明确,音阶形式与曲体完整,采用咏唱形式演唱的道教歌曲。

吟诵曲(亦称吟诵调),是一种以语言音调为基础,歌腔风格较弱,其调式调性相对独立或不够独立,但又具有一定的声调起伏和完整的五声音阶的音乐体裁。

朗诵曲（亦称朗诵调），是一种完全按照语言声调高低，词曲结合紧密，调式调性不鲜明，音阶形式不完整（仅限于四声音列），音调起伏小，结构缺乏独立性，演唱风格具有朗诵特点，介于吟诵和念白之间的一种声乐体裁。

道教音乐中又分细乐和大乐两类。细乐，又称"小乐"，是四川道观中主要采用的一种器乐形式。通常以笛子或铛子、铰子为主奏乐器，配以其他小件乐器组组成的乐队所合奏的音乐均属此类，它发音柔和、音量较小。主要包括笛子曲牌、法器牌子和铛铰牌子。大乐，一般是民间道坛主要采用的一种器乐形式。通常指以唢呐或大锣、大鼓（堂鼓）做主奏乐器，配以其他发音刚强、音量较小的乐器组成的乐队所合奏的音乐。

2006年8月26日，第六届道教音乐节汇演于成都市娇子音乐厅拉开帷幕。新加坡道教乐团、香港道教团、台湾高雄文化院国乐团、上海城隍庙道乐团、武当山道教武术音乐团、青城山仙乐团和成都青羊宫道乐团七支著名道乐团共同呈献了一台精彩的道乐仙曲。道教音乐汇演成为展示道教文化、体验道教文化的重要途径之一。

结 束 语

　　宗教作为一种社会历史文化现象，已经有上千年存在和发展的历史。全世界三分之二多的人口信仰各种宗教，宗教已日益成为影响世界政治、经济、文化发展的一个重要因素。宗教和经济有着奇特关系。虽然几乎所有宗教的经典贬斥财富、崇尚清贫，但又无法摆脱经费的困扰。历史证明，各大宗教无不从事经济活动，而在市场经济发达的今天，宗教对经济的依赖愈加明显。

　　亚当·斯密在《国富论》中曾经提出宗教是影响经济发展的一种重要社会力量。宗教作为一种社会历史文化现象，在本质上是一种社会意识，"是对支配人们生活的外部力量的幻想的一种反映"。经济是指人们的社会物质生活过程，主要是物质资料的生产、分配、交换和消费的活动，是人们在物质资料生产过程中结成的各种社会关系的总和，即社会的经济基础。经济是人类得以生存和发展的基础，经济发展到一定程度则是宗教产生的前提。事实上，宗教作为一种上层建筑、意识形态，是一定经济基础上的产物，它也必然会对其所赖以存在的经济基础产生反作用。宗教在其产生、发展的漫长历史中，其教义、组织、活动场所、教徒以及宗教仪轨等都与社会经济有着千丝万缕的联系，不可能脱离社会经济而独立存在。宗教作为一种意识形态，它也必须通过一定的物质媒介和社会机制得到传播和发展，这也是宗教形成和发展不可缺少的物质条件和社会条件。本书所探讨的佛道教寺观经济问题就充分说明了这一点。

　　新中国建立后，我国佛道教不仅在教义上不断调整，适应社会经济发展，而且各派信徒直接投身于市场经济大海之中。在我国著名寺观附近大都有一条街或大至一个地区因为寺观而形成了专门经营与宗教用品有关的商店，吸引人们前来购买，并推动了周围房地产、旅馆、饭店等行业的发展，四川成都文殊院就是一个典型。佛教四大名山与道教著名道观所在地的情况也大致如此。另外，这使佛道教真正成为"自食其力"的"自养者"，可以减少信教群众的经济负担。寺观经济的发展促进了商品、市场的发展，推动了社会经济文化的交流。佛道教的发展对商品交易市场的形成、商道的开通，都起到过积极的推动作用，就是当今世界的税收体系、福利制度也可以从早期的佛道教寺观的功能中找到雏形。如果把宗教消费更多地用于社会性服务，特别是宗教的慈善事业的社会服务最能够获得社会的赞誉，这对于宗教实体声誉和经济都产生了良性的反馈作用。这种社会服务的宗教消费也能在一定程度上起到缓解社会贫富矛盾的作用。当然，不可否认寺观经济也可能给社会带来消极的影响。如道教对超自然力的信仰，在一定程度上影响信徒投入经济活动的积极性；佛教的传统避利性不利于市场经济的发展，具体来说：参加宗教活动人数的比例越高，经济增长越缓慢。如西藏和平解放前，总人口120万人，僧尼就有12万之多，约占总人口的10%。日益增长的庞大的僧侣集团不仅不参加生产劳动，不创造社会财富，相反还大量消耗着社会劳动成果。从政府巨额的馈赠、封赐、教徒的捐赠、布施所得的惊人财富可显示僧侣的巨大消耗。寺院僧侣在种种封建特权与神权的庇护下成为一个享有免税免差并且不必生产劳动而获得物质生活的薪俸领取者。这种不劳而食的僧侣集团的人数、规模在西藏社会的膨胀远远超出了西藏社会经济的承载能力，导致生产与消费的失衡甚至畸形发展，而最严重的后果致使西藏长期在"政教合一"的封建农奴制经济中缓慢徘徊。另外，过度的宗教经济的积累和消费，对社会经济导致不可估量的影响。其中宗教对经济的最直接影响，莫过于宗教性消费使大量财富从生产部门或再生产过程中游离出来,转向非生产领域。在许多生产力落后的少数民族中,宗教性消费几乎耗尽了所有的剩余产品,严重地妨碍了生产性积累,妨碍了再生产的扩大,乃至妨碍了生产力的发展[1]。这不仅是历史的总结,而且是一种经济规律,因为这种情况的出现,必然会导致社会财富大量地积集于宗教教团而不能用于社会扩大再生产,如果达到了社会经济难以承受的程度,就会导致国家和社会普遍贫困化。历史上,中国唐代君王李炎和五代君主周世宗的反佛事件就是这种恶果的反弹,并且还可能对部分劳动者产生一些消极影响。

总之,经济发展的一个很重要的内容就是对稀缺资源的合理配置和使用。随着经济全球化进程不断发展和我国社会主义市场经济体制的不断深化,佛道教世俗化趋势已不可阻挡。怎样合理使用这些佛道教文化资源,解决好宗教团体及宗教组织的自养问题,减轻国家和信教群众的经济负担,积极引导宗教与社会主义社会相适应,是当今我国社会科学和政府管理部门需要重视的一个课题。

---

[1] 徐亚非等著:《民族宗教经济透视》,第69页,云南人民出版社,2000年版。

参 考 资 料

1. 曹中建主编：《'96 中国宗教研究年鉴》，中国社会科学出版社，1998。

2. 曹中建主编：《中国宗教研究年鉴 1997/1998》，宗教文化出版社，2000。

3. 曹中建主编：《中国宗教研究年鉴 1999/2000》，宗教文化出版社，2001。

4. 潘显一等主编：《宗教与文明》，四川人民出版社，1995。

5. 牟钟鉴、张践著：《中国宗教通史》（上、下），社会科学文献出版社，2000。

6. 龚学增主编：《宗教问题概论》，四川人民出版社，1999。

7. 赵匡为著：《我国的宗教信仰自由》，华文出版社 1999。

8. 释永信主编：《少林寺》，宗教文化出版社，2005。

9. 中华文化通志编委会编：《道教志》，上海人民出版社，1998。

10. 中华文化通志编委会编：《佛教志》，上海人民出版社，1998。

11. 覃光广等编著：《中国少数民族宗教概览》，中央民族学院出版社，1988。

12. 徐玉成编著：《宗教政策法律知识答问》，中国社会科学出版社，1997。

13. 国家宗教局政策法规司编：《中国宗教法规政策读本》，宗教文化出版社，2000。

14. 次仁俊美主编：《西藏宗教与社会发展关系研究》，西藏人民出版社，2001。
15. 陈麟书编著：《宗教学原理》，四川大学出版社，1986。
16. 商成通：《万世法门》，新世界出版社，1997年。
17. 况浩林著：《中国近代少数民族经济史稿》，民族出版社，1992。
18. 段玉明著：《中国寺庙文化》，上海人民出版社，1994。
19. 施正一著：《施正一文集》，中国社会科学出版社，2001。
20. 施正一主编：《广义民族学》，光明日报出版社，1992。
21. 徐亚非等著：《民族宗教经济透视》，云南人民出版社，2000。
22. 魏强等著：《藏族宗教与文化》，中央民族大学出版社，2002。
23. 赵志忠著：《清王朝与西藏》，华文出版社，2000。
24. 于本源著：《清王朝的宗教政策》，中国社会科学出版社，1999。
25. 陈庆英主编：《藏族历史宗教研究》，中国藏学出版社，1996。
26. 才旺瑙乳等著：《藏域春秋》（上、下），青海人民出版社，1998。
27. 李申主编：《高科技与宗教》，天津科学技术出版社，2000。
28. 宗伟主编：《中国宗教六讲》，中国友谊出版公司，1993。
29. 潘明权著：《上海佛教寺院纵横谈》，宗教文化出版社，1996。
30. 多杰才旦等主编：《西藏经济简史》，中国藏学出版社，1995。
31. 冉光荣著：《中国藏传佛教寺院》，中国藏学出版社，1994。

32. 尹伟先著:《明代藏族史研究》,民族出版社,2001。

33. 赵萍等编著:《简明西藏地方史》,民族出版社,2000。

34. 中央党校民族宗教理论室编:《新时期民族宗教工作宣传手册》,宗教文化出版社,1999。

35. 黄奋生编著:《藏族史略》,民族出版社,1985。

36.《藏学研究论丛》第5、6、7辑,西藏人民出版社,1993.1994.1995。

37. 况浩林编著:《简明中国近代经济史》,民族出版社,2000。

38. 何孝荣著:《明代南京寺院研究》,中国社会科学出版社,2000。

39. 陈麟书编著:《宗教观的历史·理论·现实》,四川大学出版社,1996。

40. 楼宇烈等主编:《中国宗教交流史》,湖南教育出版社,1998。

41. 梅进才主编:《中国当代藏族寺院经济发展战略研究》,甘肃人民出版社,1990。

42. 世界宗教研究所编:《中国佛教基础知识》,宗教文化出版社,1999。

43. 世界宗教研究所编:《中国道教基础知识》,宗教文化出版社,1999。

44. 西安市政协文史资料委员会:《西京佛教》,陕西人民出版社,2000。

45. 潘太凤、姬乃甫著:《中国寺庙掌故与传说》,中国展望出版社,1985。

46. 刘立千著:《藏传佛教各派及密宗漫谈》,民族出版社,1997。

47. 苏鲁格、那本斯来著:《简明内蒙古佛教史》,内蒙古文化出版社，1999。

48．段启明、戴晨京、何虎生著：《中国佛寺道观》，北京燕山出版社，1997。

49．彭启胜主编：《青海寺庙塔窟》，青海人民出版社，1998。

50．宗教研究中心编：《世界宗教总览》，东方出版社，1993。

51．政协新疆维吾尔自治区委员会民族宗教和社会法制委员会编：《引导宗教与社会主义社会相适应文集》，2002。

52．中共中央文献研究室综合研究组、国务院宗教事务局政策法规司编：《新时期宗教工作文献选编》，宗教文化出版社，1995。

53．拉科·益西多杰著：《塔尔寺史话》，民族出版社，2001。

54．王作安卓新平主编：《宗教：关切世界和平》，宗教文化出版社，2000。

55．江平著：《民族宗教论文集》，中央党史出版社，1995。

56．［美］保罗·韦斯冯·沃格特著：《宗教与艺术》，四川人民出版社，1999。

57．国家宗教事务局宗教干部培训中心编：《马克思恩格斯列宁宗教问题著作选编及讲解》，宗教文化出版社，1999。

58．田青主编：《中国宗教音乐》，宗教出版社，1997。

59．《当代宗教研究》杂志。

60．《世界宗教研究》杂志。

61．《中国穆斯林》杂志。

62．《法音》杂志。

63．《中国西藏》杂志。

64．《世界宗教文化》杂志。

65．《中国宗教》杂志。

后　　记

　　在一年接近尾声的时候，这本书的修改及校对工作还在紧张地进行之中。本书是中央民族大学国家"十五""211工程"建设项目。也是在本人已有著述《寺庙经济论——兼论道观清真寺教堂经济》基础上，专门对我国佛道教寺观经济形态进行探讨的一本专著。

　　众所周知，早已中国化的佛教与中国土生土长的道教是严格意义上的宗教，其传播与发展的历史在我国均有2000多年的历史，佛教文化、道教文化与儒家文化，一起构成了中国传统文化的核心内容及中华民族基本的民族精神。佛道教文化不仅形成了"儒、释、道"的传统文化体系，佛道教寺观经济的发展历史也很久远，并具相当规模，寺观经济是佛道教传播与发展的经济基础，并且成为我国封建经济的重要组成部分。

　　在我国宗教与经济学术研究领域里，对寺观经济的研究还显得十分不足。宗教领域方面的研究大都是侧重于教义、教规、文化、历史等诸方面，而对宗教经济方面的研究相对较少，至少宗教经济或者寺庙经济的研究十分薄弱。就是在经济研究领域的方面，人们也是很少注意到对经济进行宗教因素的研究，近年来，随着旅游业的发展，人们开始比较多地注意到宗教文化旅游的重要性，但对此进行系统研究的仍十分有限。鉴于此，本书继续对宗教与经济研究领域中的薄弱环节进行探讨，并以佛道教寺观经济形态研究为主线展开，探讨寺院地主经济、"农禅合一"的经济形态、金融性的"无尽藏"经济、"政教合一"制下的寺院经济以及社会主义条件下的寺观经济，基本上做到了对寺观经济的历史考察与现实分析。这也是对《寺庙经济论——兼论道观清真寺教堂经济》一书中关于佛道教寺观经济的深化研究。由于该项研究仍是一个庞大的体系，个人的力量实显不足，本人不过是略尽微薄之力。

在该书的撰写过程中得到我的导师施正一先生的进一步指导，得到经济学院领导和同事的许多支持，得到我的爱人更多的指点，在此，一并表示深深感谢。另外，也向为此书出版付出心血的责编、美编等同志，表示衷心感谢。

作者

2006 年岁末